高等院校应用型人才培养"十四五"规划旅游管理类系列教材

旅游企业会计

主　编◎陈安萍　王琳艳
副主编◎王培培　刘　青　林月香　王育峰

Lüyou Qiye Kuaiji

华中科技大学出版社
http://www.hustp.com
中国·武汉

内 容 提 要

本书按照旅游企业经营过程，共分为十一章，分别为认知旅游企业、旅游服务质量保证金的核算、旅游产品销售的核算、旅游服务采购的核算、旅游企业结算业务的核算、旅游企业费用的核算、旅游企业税金的核算、旅游企业财务报告的编制、旅游企业财务分析与财务战略、旅游企业绩效管理、旅游企业会计实验报告的撰写。本书配有丰富的教学资源，便于实现线上线下混合式教学。本书贯彻了"业财一体化"的设计理念，将旅游企业经营业务与财务会计知识相融合，内容编排由浅入深，案例引用恰当，课后训练内容丰富，教学结构合理，具有很强的实用性。

本书既可作为财经类、旅游类专业教学用书，也可作为旅游企事业单位从业人员的培训用书或自学参考书。

图书在版编目(CIP)数据

旅游企业会计/陈安萍，王琳艳主编．—武汉：华中科技大学出版社，2022.10
ISBN 978-7-5680-8367-6

Ⅰ．①旅… Ⅱ．①陈… ②王… Ⅲ．①旅游企业-会计 Ⅳ．①F590.66

中国版本图书馆 CIP 数据核字(2022)第 179249 号

旅游企业会计 　　　　　　　　　　　　　　　　陈安萍　王琳艳　主编
Lüyou Qiye Kuaiji

策划编辑：汪　杭
责任编辑：汪　杭　王梦嫣
封面设计：原色设计
责任校对：李　琴
责任监印：周治超
出版发行：华中科技大学出版社(中国·武汉)　　电话：(027)81321913
　　　　　武汉市东湖新技术开发区华工科技园　　邮编：430223
录　　排：华中科技大学惠友文印中心
印　　刷：武汉市籍缘印刷厂
开　　本：787mm×1092mm　1/16
印　　张：18.75　插页：2
字　　数：458 千字
版　　次：2022 年 10 月第 1 版第 1 次印刷
定　　价：59.80 元

本书若有印装质量问题，请向出版社营销中心调换
全国免费服务热线：400-6679-118　竭诚为您服务
版权所有　侵权必究

Introduction 出版说明

党的十九届五中全会确立了到2035年建成文化强国的远景目标,明确提出发展文化事业和文化产业。"十四五"期间,我国将继续推进文旅融合,实施创新发展,不断推动文化和旅游发展迈上新台阶。国家于2019年和2021年先后颁布的《国家职业教育改革实施方案》《关于深化本科教育教学改革 全面提高人才培养质量的意见》《本科层次职业教育专业设置管理办法(试行)》,强调进一步推动高等教育应用型人才培养模式改革,对接产业需求,服务经济社会发展。

基于此,建设高水平的旅游管理专业应用型人才培养教材,将助力旅游高等教育结构优化,促进旅游专业应用型人才的能力培养与素质提升,进而为中国旅游业在"十四五"期间深化文旅融合、持续迈向高质量发展提供有力支撑。

华中科技大学出版社一向以服务高校教学、科研为己任,重视高品质专业教材出版。"十三五"期间,在教育部高等学校旅游管理类专业教学指导委员会和全国高校应用型本科旅游院校联盟的大力支持和指导下,在全国范围内特邀中组部国家"万人计划"教学名师、近百所应用型院校旅游管理专业学科带头人、一线骨干"双师双能型"教师,以及旅游业界精英等担任顾问和编者,组织编纂出版"高等院校应用型人才培养'十三五'规划旅游管理类系列教材"。该系列教材自出版发行以来,被全国近百所开设旅游管理类专业的院校选用,并多次再版。

为积极响应"十四五"期间我国文旅行业发展及旅游高等教育发展的新趋势,"高等院校应用型人才培养'十四五'规划旅游管理类系列教材"应运而生。本套教材依据文旅行业最新发展和学术研究最新进展,立足旅游管理应用型人才培养特征进行整体规划,对高水平的"十三五"规划教材进行修订、丰富、再版,同时开发出一批教学紧缺、业界急需的教材。本套教材在以下三个方面做出了创新:

一是紧扣旅游学科特色,创新教材编写理念。本套教材基于旅游高等教育发展新形势,结合新版旅游管理专业人才培养方案,遵循应用型人才培养的内在逻辑,在编写团队、编写内容与编写体例上充分彰显旅游管理应用型专业的学科优势,有利于全面提升旅游管理专业学生的实践能力与创新能力。

二是遵循理实并重原则,构建多元化知识结构。在产教融合思想的指导下,坚持以案例为引领,同步案例与知识链接贯穿全书,增设学习目标、实训项目、本章小结、关键概念、案例解析、实训操练和相关链接等个性化模块。

三是依托资源服务平台,打造新形态立体教材。华中科技大学出版社紧抓"互联网+"时代教育需求,自主研发并上线的华中出版资源服务平台,可为本套教材作立体化教学配套服务,既为教师教学提供便捷,提供教学计划书、教学课件、习题库、案例库、参考答案、教学视频等系列配

套教学资源,又为教学管理提供便捷,构建课程开发、习题管理、学生评论、班级管理等于一体的教学生态链,真正打造了线上线下、课内课外的新形态立体化互动教材。

本编委会力求通过出版一套兼具理论与实践、传承与创新、基础与前沿的精品教材,为我国加快实现旅游高等教育内涵式发展、建成世界旅游强国贡献一份力量,并诚挚邀请更多致力于中国旅游高等教育的专家学者加入我们!

华中科技大学出版社
2021 年 11 月

前言

经济的发展促使业务与财务走得更近,让会计记录的数据能真实反映业务的本质,为企业决策提供有用信息,提升企业适应社会变化的能力。2021年是"十四五"开局之年,面对纷繁复杂的变化环境,财务人员更需要沉入业务端,借助信息技术,遵循国家法律及法规,及时、准确揭示企业业务活动,寻求企业增效途径。本书打破传统旅游企业会计的知识框架,以"业财一体化"为设计理念,将旅游企业日常业务与财务会计知识相融合,既考虑了旅游企业的业务特点,又涵盖了旅游企业财务人员的岗位需求,能够切实满足教学与实践的需要。

本书以塑造学生综合实战能力为目标,遵循会计规范,结合会计学原理和财务会计知识,依照旅游企业业务流程,共分为十一章,分别为认知旅游企业、旅游服务质量保证金的核算、旅游产品销售的核算、旅游服务采购的核算、旅游企业结算业务的核算、旅游企业费用的核算、旅游企业税金的核算、旅游企业财务报告的编制、旅游企业财务分析与财务战略、旅游企业绩效管理、旅游企业会计实验报告的撰写。本书包含"学习目标""知识框架""案例导入""学习引导""分析思考""拓展阅读""知识卡片"等要素,同时,借助厦门网中网旅游企业会计实训平台、超星学习通数字化课程等丰富的教学资源,实现线上线下混合式教学,充分体现"以学生为主体,以教师为主导""教学做一体化"的教育教学改革思路。

本书内容编排由浅入深,使学生掌握旅行社销售、采购等业务所涉及的国内旅游、入境旅游、出境旅游等会计核算。通过系统的实战演练,让学员从创建旅行社开始,学会期初建账、填制凭证、审核、过账、结账、报表分析,动手与动脑相结合,通过"做中学、学中做",激发学生的潜能,培养学生具备从会计核算视角对旅行社的经营业务进行总结和分析的职业能力,以充分发挥会计核算支持企业决策的作用。

本书既可作为财经大类、旅游大类专业教学用书,也可作为旅游企事业单位从业人员的培训用书或自学参考书。

本书由上海旅游高等专科学校副教授陈安萍、讲师王琳艳主编,各章的分工如下:第一章、第三章、第四章、第五章、第十一章由陈安萍执笔,第七章至第十章由王琳艳执笔,第二章及第六章由上海思博职业技术学院讲师王培培执笔。厦门网中网软件有限公司总经理刘青、研发经理林月香负责旅游企业会计实验资料及平台维护,上海旅游高等专科学校讲师王育峰提供旅游企业实操资料,陈安萍进行统稿。

  本书在编写过程中得到上海国旅国际旅行社有限公司财务副总监方思捷,港中旅(厦门)国际旅行社有限公司总经理施炜,上海申花国际旅行社有限公司旅游事业部副总经理庄建强,四川新国国际旅行社有限公司总经理严月梅,新疆中信国际旅行社有限公司财务经理刘月,上海青倾国际旅行社有限公司财务负责人万辉、计调主管田慧萍,上海中妇旅国际旅行社魅力假期卢湾营业部原财务经理吴祖良,百事活(上海)旅行社有限公司原财务主管彭鑫等人士的大力支持,并借鉴了财经类有关的文献资料、会计法及旅游相关法规,在此一并表示感谢。

  自 2007 年以来,编者在从事教学工作中注重资料的积累,依据企业管理需求和人才培养的规律,逐步完善编写框架,经过 2 年时间的打磨终于成稿。虽然,我们对本书做了很多努力,但由于编者水平及时间、精力有限,可能仍存在不足之处,恳请读者批评指正,以便今后不断完善。

编 者
2022 年 4 月

Contents 目 录

第一章 认知旅游企业 1

第一节 认知旅游行业 /3
第二节 创办旅行社 /10
第三节 构建旅行社会计核算制度 /20
第四节 期初建账 /25

第二章 旅游服务质量保证金的核算 30

第一节 旅游服务质量保证金的管理 /32
第二节 旅游服务质量保证金的会计核算 /38
第三节 旅游服务质量保证金的综合业务 /41

第三章 旅游产品销售的核算 48

第一节 设计旅游产品 /51
第二节 制定旅游产品价格 /61
第三节 旅游企业收入的核算 /69

第四章 旅游服务采购的核算 79

第一节 旅游服务采购的内容及方式 /81
第二节 旅游服务采购的流程 /87
第三节 审核旅游服务采购合同 /93
第四节 旅游企业成本费用的确认与计量 /98
第五节 旅游企业采购服务的内控管理 /106

113 第五章 旅游企业结算业务的核算

第一节　结算方式的选择与资金管理　　　　　　　　　　/116
第二节　出境旅游结算业务的核算　　　　　　　　　　　/120
第三节　国内旅游结算业务的核算　　　　　　　　　　　/132
第四节　入境旅游结算业务的核算　　　　　　　　　　　/135

147 第六章 旅游企业费用的核算

第一节　旅游企业销售费用的核算　　　　　　　　　　　/150
第二节　旅游企业管理费用的核算　　　　　　　　　　　/154
第三节　旅游企业财务费用的核算　　　　　　　　　　　/160
第四节　旅游企业应付职工薪酬的核算　　　　　　　　　/162

167 第七章 旅游企业税金的核算

第一节　旅游企业增值税的核算　　　　　　　　　　　　/169
第二节　旅游企业附加税及其他税费的核算　　　　　　　/175
第三节　旅游企业所得税的核算　　　　　　　　　　　　/179

188 第八章 旅游企业财务报告的编制

第一节　认识旅游企业财务报告　　　　　　　　　　　　/191
第二节　编制旅游企业利润表　　　　　　　　　　　　　/195
第三节　编制旅游企业现金流量表　　　　　　　　　　　/200
第四节　编制旅游企业资产负债表　　　　　　　　　　　/206
第五节　编制财务报表附注　　　　　　　　　　　　　　/210

214 第九章 旅游企业财务分析与财务战略

第一节　认知旅游企业财务分析　　　　　　　　　　　　/216
第二节　旅游企业财务指标计算及运用　　　　　　　　　/221
第三节　旅游企业经营业绩分析　　　　　　　　　　　　/225
第四节　撰写财务分析报告　　　　　　　　　　　　　　/232

第五节　旅游企业财务战略　　/244

247　第十章　旅游企业绩效管理

　　第一节　关键绩效指标法　　/249
　　第二节　经济增加值法　　/252
　　第三节　平衡计分卡　　/258
　　第四节　绩效棱柱模型　　/264

269　第十一章　旅游企业会计实验报告的撰写

　　第一节　旅游企业会计人员职业素养　　/272
　　第二节　撰写个人实验报告　　/277
　　第三节　撰写小组实验报告　　/282

287　附录
288　参考文献

第一章 认知旅游企业

学习目标

知识目标
(1) 了解旅行社的产生和发展；
(2) 熟悉旅行社的职能和基本业务；
(3) 掌握旅行社的组建形式主要内容；
(4) 了解旅行社适用的会计规范。

能力目标
(1) 能依据旅行社经营管理需要设计合理的组织结构；
(2) 能完成申请设立旅行社的全流程操作；
(3) 能设置反映旅行社精细化管理的会计明细科目；
(4) 能独立完成旅行社期初建账工作。

素养目标
(1) 具有遵纪守法的意识和良好的团队合作品质；
(2) 具备务实、钻研的学习态度。

知识框架

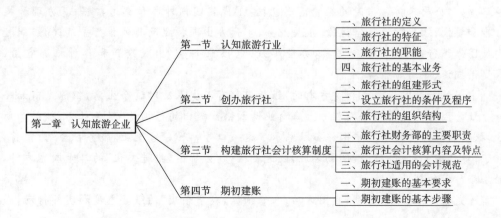

教学重点

(1) 创办旅行社的要求及程序；
(2) 建立旅行社组织机构和财务部组织机构；
(3) 建立旅行社会计核算制度。

教学难点

设立旅行社的可行性分析报告　期初建账的要求及程序

案例导入

陈光甫创办中国第一家旅行社

1923年8月1日，第一家由中国人创办的旅行社——上海商业储蓄银行旅行部宣告成立。其创办人是著名银行家陈光甫。旅行部成立一个月后，即在杭州设立分部，以后陆续扩大规模，5年间，共设立分部11处。

旅行部刚开始经营的业务比较简单，以客运为主，代售沪宁、沪杭甬两铁路线火车票，随着市场拓宽，又承揽旅游观光业务。1924年春，旅行部组织了国内第一个观光团，由上海乘专列赴杭州旅游，日程活动事先详细制定，沿途还配备专业导游，车内餐饮由当时上海知名餐馆提供。1925年春又组织了赴日本旅游的"观樱团"，为期5周，开启了我国国际包价旅游的先河。1927年，该旅行部出版了中国第一本旅游杂志——《旅行杂志》(1954年停刊)。随着在铁路沿线和长江主要港口城市设立办事处，旅行部业务量不断攀升。1927年经上海银行董事会开会研究，决定投资5万元(后增资至50万元)旅行部从银行独立出来，1927年6月1日更名为"中国旅行社"。更名后经营业务不断拓展，先是代售国内火车及轮船票，后与美、日等国的铁路公司及美、法、英、日等国的轮船公司洽商，代售国外铁路、轮船公司客票。当时的经营范围包括：①代售国内外各种交通票据；②办理和提供住宿和餐饮；③代理海陆空运输、报关业务；④代办出国护照及其他旅行手续；⑤组织赴国内外团体旅行；⑥发行旅行支票，办理邮政、电报业务；⑦出版期刊和各种旅游宣传品；⑧提供翻译、导游等服务。

中国旅行社在设立之初是亏本的，银行内部有不少人反对这个生意，但陈光甫始终坚持办社。因为陈光甫在早期创办上海商业储蓄银行提出的行训是"服务社会，辅助工商实业，抵制国际经济侵略"，中国旅行社继承了这一口号，以"顾客至上，服务社会"为宗旨，确立了"发扬国光，服务行旅，阐扬名胜，改进食宿，致力货运，推进文化"的二十四字方针，开始了旅行社的创业之路。

陈光甫终以"人争近利，我图远功，人嫌细微，我宁烦琐"的服务态度和实际行动，赢得了众多顾客的好评，旅行社也在与外商的竞争中站稳了脚跟，并逐渐扭亏为盈，1936年盈利60万元。

中国旅行社有着一套严格的管理制度和独到的宣传教育方法。陈光甫曾对旅行社人员说："吾人有必须注意者，吾人经营斯业，宗旨在辅助工商服务社会，平时待人接物宜谦恭有礼，持躬律己宜自强不息，务求旅游者之欢心，博社会之好感，庶几无负创业初衷。"中国旅行社第一任经理朱成章延续了这一服务宗旨，为累积经验，他曾多次身穿招待员制服上车站迎送旅游者或亲自驾车为旅游者购票，提出了一系列便民措施。

陈光甫首创中国旅行社，以服务社会为理念，悉心经营，开拓发展，使之成为民国历史上第一家大型旅游服务企业。

（资料来源：根据陈永发《旅行社经营管理（第二版）》，以及 https://www.dotour.cn/2573.html 整理。）

在本章中，我们将了解旅行社的经营范围，开展的业务类型，学习创办旅行社，掌握旅行社建账技能。

第一节　认知旅游行业

学习引导

旅行社数量增长迅猛

旅行社数量随着中国旅游政策的开放得到迅猛增长，从1993年末全国纳入统计范围的旅行社3 238家，发展至2020年第四季度末达到40 682家，增长约11.56倍。旅行社被称为是旅游业的"三驾马车"之一，对中国旅游业的发展起到至关重要的作用。

分析思考

旅行社数量的增长意味着国家对于旅游的监管会越来越严格，请你结合自身的体会，说一说你参加过旅行社组织的哪些旅游活动？

思考：

(1) 旅行社在经营中应该遵循哪些法律或法规？
(2) 旅行社具有哪些功能？可以开展哪些经营业务？

一、旅行社的定义

1841年7月5日，英国的托马斯·库克采用包租火车的方式组织570人参加禁酒大会。这次活动被公认为世界第一次商业性旅游活动。1845年托马斯·库克在伦敦设立了自己的办公室，成为世界上第一位专职的旅行代理商。随着与世界交往的增多，中国首家旅行社诞生于上海。1923年8月1日，爱国商人陈光甫打破外商垄断，创办了我国第一家旅行社——上海商业储蓄银行旅行部。旅行部于1927年6月1日从银行分离出来，更名为"中国旅行社"。

旅行社（Travel Agency）是为旅游者提供各种服务的专门机构，在不同的国家和地区概念界定不同。

世界旅游组织将旅行社定义为"零售代理机构向公众提供关于可能的旅行、居住和相关服务，包括服务酬金和条件的信息；旅行组织者或制作商或批发商在旅游需求提出前，以组织运输交通、预订不同方式的住宿和提出所有其他服务为旅行和旅居做准备"[①]。

在现代旅行社的发源地欧洲，人们认为旅行社是一个以持久营利为目标，为旅游者提供有关旅行及居留服务的企业。这些服务主要包括出售或发放运输票证；租用公共车辆，如出租车、公共汽车；办理行李托运和车辆托运；提供旅馆服务、预订房间，发放旅馆凭证或牌证；组织参观游览，提供导游、翻译和陪同服务以及邮递服务。它还提供租用剧场、影剧院服务；出售体育盛会、商业集会、艺术表演等活动的入场券；提供旅游者在旅行逗留期间的保险服务；代表其他驻国外旅行社或旅游组织者提供服务。

中国对于旅行社的定义随着旅游业的发展而变化的。1996年10月，国务院颁布的《旅行社管理条例》对旅行社的定义为，旅行社"是指有营利目的，从事旅游业务的企业"。2009年5月1日起施行的《旅行社条例》指出，旅行社是"从事招徕、组织、接待旅游者等活动，为旅游者提供相关旅游服务，开展国内旅游业务、入境旅游业务或者出境旅游业务的企业法人"。《旅行社条例实施细则》自2009年5月3日起施行，2016年12月对《旅行社条例实施细则》进行了修改，明确了旅行社所展开的相关旅游服务，主要包括：

(1) 安排交通服务；
(2) 安排住宿服务；
(3) 安排餐饮服务；
(4) 安排观光游览、休闲度假等服务；
(5) 导游、领队服务；
(6) 旅游咨询、旅游活动设计服务。

旅行社还可接受委托，提供以下旅游服务：

---

① 罗贝尔·朗加尔.旅游经济[M].北京:商务印书馆,1998.

(1) 接受旅游者的委托,代订交通客票、代订住宿和代办出境、入境、签证手续等;

(2) 接受机关、事业单位和社会团体的委托,为其差旅、考察、会议、展览等公务活动,代办交通、住宿、餐饮、会务等事务;

(3) 接受企业委托,为其各类商务活动、奖励旅游等,代办交通、住宿、餐饮、会务、观光游览、休闲度假等事务;

(4) 其他旅游服务。

二、旅行社的特征

(一) 劳动密集型

旅行社是服务型企业,企业的生产活动主要是通过员工的劳动来完成,需要各岗位员工将产品研发、产品销售、服务采购、接待等工作很好地联系起来,并为旅游者提供高质量的、令人满意的服务,因此,旅行社是典型的劳动密集型企业。

(二) 智力密集型

目前,在文旅融合背景下,旅行社的从业人员需要重新设计旅游产品。这对从业人员的知识丰富度和广度都提出了要求,旅行社的专业设计人员不仅要具备丰富的美学、心理学、历史、地理、文学、企业管理知识,还需要时刻关注旅游者需求变化、细分市场营销策略、掌握旅游目的地政治、经济、金融情况变化。

(三) 关联性

旅行社是中间服务商,不像实体生产厂商有专门的车间批量化生产产品。旅行社的资源是分散在企业外部,企业无法掌控的,因此,旅行社所有的产品研发以及服务采购都依赖与外部的协作关系,比如平衡好与旅游服务供应商的采购产品价格、数量、结算期;同时平衡好与客户的服务咨询、销售价格、数量、团款结算的关系。

(四) 敏感性

旅行社的经营和发展受到诸多外部因素影响,这些来自外部的因素如自然灾害、气候变化、公共安全事件等是旅行社自身无法控制的,一旦发生类似事件,对于旅行社来说都是沉重打击。例如,新冠肺炎疫情暴发后,大部分旅行社的业务处于停摆状态,直到跨省、跨区旅游恢复后,经营业务量才逐步增多。

(五) 季节性

旅行社经营有淡季和旺季之分。在旺季时,景区客流量大,酒店住宿紧张,旅行社人员工作处于饱和状态;而在淡季时,景区客流减少,住宿价格下降。因此,旅行社要充分运用价格杠杆作用,挖掘产品价值,从而提高企业经济效益。

(六) 进入门槛低

相比其他行业的企业设立而言,旅行社进入门槛较低,如设立经营国内游的旅行社只需认缴注册资本 30 万元,采用现金或银行担保的方式缴纳 20 万元质量保证金,以及拥有固定的营业场所、必要的营业设施,就可以设立经营国内旅游业务和入境旅游业务的旅行社。

（七）现金流动要求高

旅行社经营中的现金流动主要来源于旅游者缴纳的团款或预付款，这些款项被用于支付企业的运营费用。对于大部分中小型旅行社而言，在预订交通、住宿等项目时，需要预付大量的款项，这对旅行社资金管理提出了较大挑战，需要做好规划，及时收款，按期付款，确保现金高效地流动。

三、旅行社的职能

旅行社最基本的职能是设法满足旅游者的各种旅游需求，同时协调住宿、交通、餐饮、景点、娱乐、休闲场所和商店等旅游服务供应部门的关系，然后将设计的旅游服务产品销售给旅游者。组织、协调资源，进行旅游产品开发、产品销售、服务采购等环节涉及旅行社与行业链条的各个方面，体现了旅行社的职能（见表1-1）。

表1-1 旅行社职能表

旅行社基本职能	主要表现形式
加工生产职能	设计、开发包价旅游产品和组合旅游产品
宣传销售职能	销售包价旅游产品和组合旅游产品，代销单项旅游服务产品
组织协调职能	组织各种旅游活动，协调与各有关部门、企业的关系
资金支配职能	分配旅游资源和旅游收入
接待服务职能	为旅游者提供导游、领队服务，以及旅游目的地之间的联络
信息反馈职能	向有关部门、企业提供旅游市场信息，向旅游者提供旅游目的地、有关部门和企业及其产品的信息
安全监督职能	考察旅游线路，签订安全责任合同，购买旅游保险

（资料来源：根据刘爱月《旅行社经营与管理》整理。）

（一）加工生产职能

旅行社依靠对服务设施的组合利用来创造经济效益和社会效益。旅行社通过对服务设施的利用进行活动的组织、加工、计算，设计出符合旅游者需要的旅游产品，销售给旅游者并获取相应的经济利益。

（二）宣传销售职能

与其他旅游企业相比，旅行社承担着更多的宣传、介绍、推销的职能。从宏观上看，旅行社是一个地区的整体旅游推销者。

（三）组织协调职能

旅游活动涉及范围广阔，在旅游消费过程中，绝大部分使用的资源不是旅行社自身所拥有的。旅行社通过合同或协议，取得对交通工具、住宿设施、游览内容、餐饮机构、文娱活动、特色商品、导游服务等的使用权后，对旅游活动进行组织、加工、协调和监督，以保障旅游者在安全、顺利、舒适的条件下完成旅行。

（四）资金支配职能

旅游过程涉及交通、住宿、餐饮、游览、文娱、安全、服务等诸多方面的内容与环节，旅行社要在满足旅游者需要的前提下，合理安排旅游服务设施与旅游活动的内容，合理安排旅行的时间和顺序，并在每一环节把握资金周转的合理性，既要保证旅游产品消费，又要降低成本。

（五）接待服务职能

接待服务是旅行社导游、领队直接面对旅游者服务的重要环节，需要选派专业水平高、责任心强、带团经验丰富的导游、领队按照旅游计划为旅游者提供专业服务，做好各旅游目的地之间的安排，为旅游者提供出入境等相关服务活动，确保各项旅游活动按照旅游计划执行，如发生变更，则要及时与旅行社计调、销售等部门沟通，妥善解决。

（六）信息反馈职能

作为直接面对市场的企业，旅行社必须充分发挥信息反馈职能，大量收集第一手市场资料，及时向政府旅游主管部门提供市场信息，反馈存在的各种问题，促使政府管理部门调整工作方向和管理政策，不断调节市场供求；同时，旅行社要及时将交通、游览、安全、价格、产品等信息提供给旅游者和各地旅游供应商，既引导旅游者合理消费，提高企业的经济效益，又便于各地旅游产品资源供应商及时更新产品和价格，形成旅游上下游企业之间的良好协作关系。

（七）安全监督职能

旅行社作为旅行过程的实施者，对参加旅游活动的旅游者负有保障生命安全的重大责任。虽然在旅游计划实施之前，旅行社一般都要事先对旅游目的地的环境和各项服务设施进行考察，并与供应商签订安全责任合同、购买相应的旅游保险，但在旅游计划实施过程中，旅行社委派的工作人员依然承担着对旅游者进行监督、检查、提示、警示、反馈等责任。

四、旅行社的基本业务

旅行社经营的产品不是物质性产品，而是一种服务，是围绕旅游者的相关需求所展开的业务。

（一）按旅游市场范围划分

1. 入境旅游业务

入境旅游业务，是指旅行社招徕、组织、接待外国旅游者来我国旅游，香港特别行政区、澳门特别行政区旅游者来内地旅游，台湾地区居民来大陆旅游，以及招徕、组织、接待在中国内地的外国人，在内地的香港特别行政区、澳门特别行政区居民和在大陆的台湾地区居民在境内旅游的业务。旅行社根据入境旅游者在境内的停留时间不同，将入境旅游业务分为入境过夜业务和入境一日游业务。

2. 出境旅游业务

出境旅游业务，是指旅行社招徕、组织、接待中国内地居民出国旅游，赴香港特别行政区、澳门特别行政区和台湾地区旅游，以及招徕、组织、接待在中国内地的外国人，在内地的

香港特别行政区、澳门特别行政区居民和在大陆的台湾地区居民出境旅游的业务。我国旅行社组织居民乘坐外籍邮轮（无论是否登陆境外旅游目的地）的旅游活动属于出境旅游业务。

3. 国内旅游业务

国内旅游业务，是指旅行社招徕、组织和接待中国内地居民在境内旅游的业务。根据旅游线路的距离及旅游者在旅游目的地的停留时间，境内旅游业务可以分为长途旅游业务、短途旅游业务和一日游旅游业务。另外，我国旅行社组织居民乘坐中国籍邮轮在我国沿海地区的旅游活动属于国内旅游业务。

4. 边境旅游业务

边境旅游业务是指经批准的旅行社组织和接待我国及毗邻国家的公民，集体从指定的边境口岸出入境，在双方政府商定的区域和期限内进行旅游活动的业务。

（二）按为旅游者提供服务的流程划分

旅行社是从事组织、招徕、接待旅游业务的营利性组织，需要从旅游者的需求出发，所以，从旅游者做决策开始到结束旅游活动，旅行社提供的业务可分为旅游产品设计与开发业务，旅游产品促销、销售业务，旅游产品采购业务，旅游服务接待业务和其他业务。

1. 旅游产品设计与开发业务

进行产品设计与开发是旅行社生存的基础。如果缺乏产品的开发能力，推出完全仿制的产品，那么旅行社的产品就没有市场竞争力。因此，旅行社要在产品设计及开发上制定资金投入预算，安排人员进行产品设计、产品试产与试销、产品投放以及产品效果评估，来提升企业产品在市场上的竞争力。

2. 旅游产品促销、销售业务

旅游产品设计后，需要上架销售。只有被销售出去，才有资金流入企业，增加收入。因此，旅行社需要考虑销售策略、确定适合的销售对象、选择合适的销售渠道、制定合理的产品价格和开展相应的旅游促销活动。

3. 旅游产品采购业务

旅行社产品采购是旅行社为了设计、开发或组合各种旅游资源，向交通、餐饮、景区、娱乐、保险、金融等企业或部门预订或直接购买各种旅游服务项目的业务活动。旅游产品采购业务包括旅游活动的吃、住、行、游、购、娱六个方面，采购资源的成本高低，影响着企业所能实现的利润水平。因此，旅行社在采购中既要控制好数量，又要把好质量关，实现企业利润目标。

4. 旅游服务接待业务

旅游服务接待业务是旅行社按照旅游接待计划为旅游者在旅游目的地提供导游讲解，安排旅游者参观游览，并为旅游者预订住宿、餐饮、交通，以及协调旅游目的地之间关系的业务活动。由于旅游接待业务直接面对旅游者提供服务，操作难度较大，旅行社需要对接待的每个细节严格把质量关。

5. 其他业务

随着信息技术的发展、旅游者消费需求偏好改变、企业之间商旅活动的增多、旅游交通的迅猛发展,旅行社开始提供差旅服务业务、商务会奖业务、自由行业务、邮轮旅游业务等。

（三）按旅游者的组织方式划分

目前,旅行社从以成本为导向设计旅游产品,转向以市场为导向开展旅游业务,一般将旅游经营业务划分为团体旅游业务和散客旅游业务。

1．团体旅游业务

团体旅游业务,是指旅行社事先制定旅游日程、路线、交通工具以及收费标准,旅游者购买人数超过 10 人即可成行的旅游业务。通常包括：①将旅游者组成旅游团队；②安排旅游团队前往旅游目的地进行旅游活动；③提供相应的旅游接待服务；④成团规模达到一定数量则可以享受景区景点团队门票优惠或折扣。

根据旅游者的来源,旅游团队分为两种类型：一种是独立成团,即出游形式以"团进团出"方式进行,单独配备导游或领队,不限人数；另一种是散客成团,即经旅游者的同意,将来自不同旅行社的旅游者组成一个团队,委托某一家旅行社统一负责安排相关旅游接待服务,在实际工作中,将这类业务称为"散客拼团",简称"散拼"。

2．散客旅游业务

散客旅游业务,是指旅行社为一名旅游者或数名旅游者(人数不足 10 人)提供旅游信息咨询、单项旅游要素预订、导游讲解、接送站、自由行等服务产品的业务形式。通常,旅行社是按照所提供的单项服务内容向旅游者收取一定的手续费。

旅游新业态下,依据旅游者的需求来设计或定制旅行产品成为发展趋势。团队旅游业务的概念更多地演变为旅游企业及时依据旅游者的需求开展定制旅游服务,这种旅游服务对象的人数从一人到多人不等。随着人们闲暇时间的增多、消费能力的提升、散客规模的扩大,旅行社涌现出越来越多的定制旅游业务。

拓展阅读　　发达国家旅行社行业的发展趋势

第二节 创办旅行社

学习引导　　　　如何申请设立旅行社

上海旅游产业同上海经济整体发展同步进行,旅游收入增速超过接待人数增长,保持着协调发展的良好态势,国际国内旅游总收入突破性增长,在对上海旅行社业长期看好的情况下,李强看准了这个创业机会,计划开办一家名为"北京华新旅行社有限公司"的旅行社,那么,他该如何申请设立旅行社呢?需要提交哪些资料?

分析思考

各地旅游局基本实现旅行社业务审批电子化,为了尽快了解旅行社设立程序,各地进行简化办事流程,提高办事效率。登录上海一网通办(https://zwdt.sh.gov.cn/govPortals/index.do),在搜索框内输入"设立旅行社"字样,了解《旅行社条例》中关于旅行社设立的相关规定。

思考:
旅行社设立的条件有哪些?

一、旅行社的组建形式

旅行社创办首先要明确组织形式,然后按照《旅行社条例》及其实施细则的相关规定申请并设立旅行社。

（一）国有独资公司

国有独资公司是指国家单独出资,由国务院或者地方人民政府授权本级人民政府国有资产监督管理机构履行出资人职责的有限责任公司。

（二）股份有限公司

股份有限公司是指公司资本为股份所组成的公司,股东以其认购的股份为限对公司承担责任的企业法人。设立股份有限公司,应当有 2 人以上 200 人以下为发起人。

(三) 有限责任公司

有限责任公司,又称有限公司。有限责任公司指根据《中华人民共和国市场主体登记管理条例》规定登记注册,由 50 人以下的股东出资设立,每个股东以其所认缴的出资额对公司承担有限责任。有限责任公司包括国有独资公司以及其他有限责任公司。

(四) 股份合作公司

股份合作企业是指以合作制为基础,由企业职工共同出资入股,吸收一定比例的社会资产投资组建,实行自主经营、自负盈亏、共同劳动、民主管理、按劳分配与按股份分红相结合的一种集体经济组织。

(五) 外商投资企业

外商投资企业是指依照中国法律在中国境内设立的,由中国投资者与外国投资者共同投资,或者由外国投资者单独投资的企业。

外商投资企业申请经营旅行社业务,应当向所在地省、自治区、直辖市旅游行政管理部门提出申请,并提交符合《旅行社条例》第六条规定条件的相关证明文件。依照外商在企业注册资本和资产中所占股份和份额的比例不同以及其他法律特征的不同,可以将外商投资旅行社分为三种类型:合资经营、合作经营、外商独资。

(1) 合资经营,由中外合营各方共同投资、共同经营,并按照投资比例共担风险、共负盈亏的企业。对于外商在注册资本中的份额一般是有法定要求的,通常采用有限责任公司的形式。

(2) 合作经营,中外合作各方通过合作企业合同约定各自的权利和义务的企业。对于外商在注册资本中的份额一般无强制性的要求,企业采取灵活的形式开展经营活动、约定利润分配以及风险分担的形式,所以称为契约式经营。

(3) 外商独资。企业的资本全部是由外商出资和拥有。这里不包括外国公司、企业和其他经营组织在中国境内设立的分支机构。

依据《旅行社条例》第二十三条规定,外商投资旅行不得经营中国内地居民出国旅游业务及赴香港特别行政区、澳门特别行政区和台湾地区旅游的业务,但是国务院决定或者我国签署的自由贸易协定和内地与香港、澳门关于建立更紧密经贸关系的安排另有规定的除外。

二、设立旅行社的条件及程序

(一) 旅行社设立的条件

根据《旅行社条例》及《旅行社条例实施细则》中的规定,申请设立旅行社,经营国内旅游业务和入境旅游业务的,应当具备下列条件:

1. 固定的营业场所

设立旅行社需要有固定的营业场所,这种场所可以是旅行社拥有产权的营业用房,也可以是旅行社长期租用他人的场所,租赁期限不少于 1 年。作为旅行社固定的营业机构,场所面积不能过小,一般来讲旅行社的营业场所面积要大于 30 平方米。

2. 必要的营业设施设备

旅行社经营必要的设施设备包括2部以上的直线固定电话、传真机、复印机,以及可联网的计算机,对业务用车没有限制。

3. 资金要求

(1) 注册资本。旅行社建立时需要对资本进行注册。《旅行社条例》规定,经营国内旅游业务和入境旅游业务的注册资本不少于30万元。旅行社取得经营许可满两年,且未因侵害旅游者合法权益受到行政机关罚款以上处罚的,可以申请经营出境旅游业务。

(2) 旅游质量保证金。经营国内旅游业务和入境旅游业务的旅行社,应当存入质量保证金20万元;经营出境旅游业务的旅行社,应当增存质量保证金120万元。质量保证金的利息属于旅行社所有。

(3) 旅行社每设立一个经营国内旅游业务和入境旅游业务的分社,应当向其质量保证金账户增存5万元;每设立一个经营出境旅游业务的分社,应当向其质量保证金账户增存30万元。

旅行社应自取得旅行社业务经营许可证之日起3个工作日内,在国务院旅游行政主管部门指定的银行开设专门的质量保证金账户,存入质量保证金,或者向作出许可的旅游行政管理部门提交依法取得的担保额度不低于相应质量保证金数额的银行担保。

4. 人员要求

具有旅行社从业经历或者相关专业经历的经理人员和计调人员;有不低于旅行社在职员工总数20%且不少于3名、与旅行社签订固定期限或者无固定期限劳动合同的持有导游证的导游。

不具备上述任一条件,或者不符合上述任一条件要求的企业无法设立旅行社。

(二) 旅行社设立的程序

1. 酝酿阶段

(1) 了解旅游业的大环境。要了解全国及本地区旅游业的发展水平和发展趋势,这些情况对旅行社的设立有较大影响,此外还必须了解国家相关的政策与法规。

(2) 调查竞争对手。调查本地旅行社的经营动态、主营线路、竞争优势、产品特色、价格策略、目标群体,有利于市场定位和细分。

(3) 建立服务协作网络。旅行社需要向旅游者提供含吃、住、行、游、购、娱在内的众多服务,但其本身无法提供如此庞大、繁杂的服务,因此联络餐厅、宾馆、交通公司、景区等相关企业,使之成为合作伙伴,从而建立庞大的协作网络。协作网络是任何一家旅行社开展业务的前提和保障,也是衡量旅行社实力的一个关键因素。

(4) 建立客源渠道。客源是旅行社的生命线,客源组织情况决定旅行社的经营状况。

2. 准备阶段

(1) 资金筹措。开办旅行社所需资金由创办费和营业费两大部分组成。创办费是旅行社筹建期间发生的各种费用,如申请营业许可证费用、咨询费、办公场所租金等。营业费是旅行社开张后与业务经营有关的各项支出,如工资、营业推广费、线路考察费、接待服务费、利息费用等。

(2) 经营选址。旅行社的经营场所有两种情况：一是申办人的自有场所，二是租借场所。在申办时，应向旅游行政管理部门提供产权证明或使用证明，租期不得少于一年。旅行社的营业场所应尽可能地接近市场、写字楼等人流密集的区域，且空间形象应当与企业所要树立的形象相匹配。旅行社的营业场所应考虑顾客前来的便利程度，以及营运成本费用的高低等。

(3) Logo 设计。Logo 是商标的标识，包括文字、图形、字母、数字、三维标志和颜色等要素的组合。旅行社在设计 Logo 标识时要考虑旅行社的发展定位、市场细分、价值理念、良好意愿等因素。

(4) 招聘员工。旅行社应根据预先设想的组织规模组建管理层，如总经理、副总经理、部门经理等。然后招聘基层员工，如销售员、导游员、财务人员、人力资源部人员等。

(5) 办公设施、办公用品的配置。办公设施和办公用品的购置要做好清点、存档和标号工作，务必从一开始就成为一个财务管理清晰的旅行社。

(6) 收集、订阅资料。收集、订阅资料即需要做好旅游资料的收集，订阅旅游杂志、报纸，整理编制出本社的旅游资料等工作。旅游资料具体包括旅游线路总汇、旅游线路推荐、景点推荐、各单项服务介绍、企业简介等。

(7) 建立预订系统和相关制度。科学的预订系统可以提高旅行社的工作效率和质量，随着互联网技术发展，网络预订客户所占比重不断扩大，线上与线下的结合，需要旅行社建立完善的预订协调制度，来提升客户流量的转化成功率。

3. 申办阶段

在准备工作完成后，创建旅行社就进入了申办阶段，在申办时应当向相关部门提交有关的书面材料，申请旅游业务经营许可及开设旅游服务质量保证金账户。

(1) 书面材料的准备。旅行社设立应当向省、自治区、直辖市旅游行政管理部门提交有关的书面材料，主要有设立申请书；法定代表人履历表及身份证明；企业章程；经营场所的证明；营业设施、设备的证明或者说明；工商行政管理部门出具的企业法人营业执照。

(2) 申请旅游业务经营许可。申请设立旅行社，经营国内旅游业务和入境旅游业务的，应当向所在地省、自治区、直辖市旅游行政管理部门或其委托的市级旅游行政管理部门提出申请，并提交相关证明文件。申请经营出境旅游业务的，应当向国务院旅游行政主管部门或其委托的省、自治区、直辖市旅游行政管理部门提出申请，同时提交原许可的旅游行政管理部门出具的，证明其经营旅行社业务满两年且连续两年未因侵害旅游者合法权益受到行政机关罚款以上处罚的承诺书和经工商行政管理部门变更经营范围的企业法人营业执照。

(3) 开设旅游服务质量保证金账户。旅行社应当自取得旅行社业务经营许可证之日起3个工作日内，在国务院旅游行政主管部门指定的银行开设独立的质量保证金账户，存入质量保证金，或者向作出许可的旅游行政管理部门提交依法取得的担保额度不低于相应质量保证金数额的银行担保。经营国内旅游业务和入境旅游业务的旅行社，应当存入质量保证金20万元；经营出境旅游业务的旅行社，应当增存质量保证金120万元。质量保证金的利息属于旅行社所有。旅行社每设立一个经营国内旅游业务和入境旅游业务的分社，应当向其质量保证金账户增存5万元；每设立一个经营出境旅游业务的分社，应当向其质量保证金账户增存30万元。

(4)办理注册登记。申请设立旅行社的申办人在取得旅行社业务经营许可证60个工作日内,持正式的批准文件和旅行社业务经营许可证到工商行政管理部门办理注册登记手续,领取企业法人营业执照。旅行社营业执照签发日期,就是该旅行社的成立日期。

(5)办理税务登记。旅行社应在领取营业执照后的30个工作日内,向当地税务部门办理开业税务登记,申领发票,根据营业执照刻制公章。

2019年,有些地方政府部门提出一网通办,旅行社的申办程序简化了许多,只需通过一个窗口即可办理完所有流程。

模拟实践　　　　如何设立一家旅行社

一、拟定旅行社的名称

资金和经营场地落实之后,李强及其合伙人开始办理旅行社的审批手续,他们拟定旅行社的名称为"北京华新旅行社有限公司",即简称为"北京华新"。接着到工商管理部门完成企业名称预先核准登记,获得了企业名称预先核准登记通知书,再到该市文化和旅游局进行设立申报。

二、申请营业许可

李强及其合伙人到市文化和旅游局领取了设立旅行社申请书,开始准备营业许可的申请需要的材料。

1. 设立旅行社申请书

设立旅行社申请书

北京市文化和旅游局:

兹有李强、王华、张玉申请在北京市××区××大厦101室,设立一家

■ 经营国内旅游业务和入境旅游业务的旅行社

■ 经营出境旅游业务的旅行社

□ 外商投资旅行社

旅行社中文名称为:北京华新旅行社有限公司

英文名称缩写为:BJHX

该旅行社采取:有限责任公司方式设立,主要出资人及其出资额、出资方式如下:

(1)李强　　50%　　40万元人民币　　现金;

(2)王华　　25%　　20万元人民币　　现金;

(3)张玉　　25%　　20万元人民币　　现金;

总出资额为捌拾万元人民币。

特此申请,请予以审批。

申请人签字(章)

202×年12月1日

2. 公司法定代表人履历表

法定代表人履历表

姓名	李强	性别	男	
出生年月	1983年8月	民族	汉	
文化程度	大学本科	专业	旅游管理	一寸免冠照片粘贴处
职称	初级	导游证	D-2112-0021-××××	
参加工作时间		2004年8月		
身份证号码		31010619830801××××		
工作简历	起止年月	工作单位和部门		职务
	2004年8月至今	北京市××大通旅游公司		国内部经理

（身份证复印件粘贴处）　　　　　　　　法定代表人签字：

3. 企业章程

企业章程

第一部分　总则

第二部分　公司名称和经营场所

第三部分　公司经营范围

第四部分　公司注册资本

第五部分　股东姓名或名称

第六部分　股东的权利和义务

第七部分　股东出资方式和出资额

第八部分　股东转让出资的条件

第九部分　股东的机构及其产生办法、职权、议事规则

第十部分　公司的法定代表人

第十一部分　公司利润分配和财务会计

第十二部分　公司的解散事由与清算办法

4. 验资证明

李强等3人筹集资金80万元，其中30万元用于注册资金、20万元用于交纳质量保证金，其余的用于日常开支。李强将在开户银行出具的资金信用证明和北京甲会计师事务所开具的验资证明附在本页上。

企业设立验资报告

北京华新旅行社有限公司全体股东:

我们接受委托,审验了贵公司截至202×年12月30日申请设立登记的注册资本实收情况。按照国家相关法律、法规的规定和协议、章程的要求出资,提供真实、合法、完整的验资资料,保护资产的安全、完整是全体股东及贵公司的责任。我们的责任是对贵公司注册资本实收情况发表审验意见。我们的审验是依据《中国注册会计师审计准则第1602号——验资》进行的。在审验过程中,我们结合贵公司的实际情况,实施了检查等必要的审验程序。

根据有关协议、章程的规定,贵公司申请登记的注册资本为人民币80万元,由李强、王华、张玉于202×年12月1日之前缴足。经我们审验,截至202×年12月30日止,贵公司已收到全体股东缴纳的注册资本合计人民币捌拾万元(大写)。各股东均以货币出资。其中李强投资40万元,占注册资本的50%;王华投资20万元,占注册资本的25%,张玉投资20万元,占注册资本的25%。

本验资报告供贵公司申请设立登记及据以向全体股东签发出资证明时使用,不应将其视为是对贵公司验资报告日后资本保全、偿债能力和持续经营能力等事务的保证。因使用不当造成的后果,与执行本验资业务的注册会计师及会计师事务所无关。

附:注册资本实收情况明细表(见后页)。

北京甲会计师事务所(公章)　　　　中国注册会计师(签名并盖章)×××

　　　　　　　　　　　　　　　　　　中国注册会计师(签名并盖章)×××

地址:北京市××区

报告日期:202×年3月31日

注册资本实收情况明细表

被审验单位名称:北京华新旅行社有限公司　　截止到202×年3月31日　　货币单位:万元

投资者名称	注册资本		投入资本				占投入资本比例
	金额	出资比例	货币资金	实物资产	无形资产	合计	
李强	40	50%	40			40	50%
王华	20	25%	20			20	25%
张玉	20	25%	20			20	25%

编制单位:北京甲会计师事务所(公章)　　注册会计师:×××　　填表人:×××

5. 经营场所情况及证明

考虑到客源市场和方便顾客等方面的因素,李强等人通过市场调研,决定将旅行社设立在北京市××区××大厦底楼门面房内。该场所是租用场所,租期为3年。

经营场所情况及证明

营业面积	120平方米	用户来源	租赁	租期	3年
地址	北京市××区春光路21号			邮编	100000

说明：营业场所租赁合同、房地产权证明附在此页或后面

6.营业设施设备情况

李强等人在筹备旅行社时购买了2部传真机、5部电话机、5台电脑、1台复印机，其他设施设备若干。

营业设施设备情况及证明

名 称	单 位	数 量	价值/万元	备 注
传真机	部	2	0.50	
电话机	部	5	0.15	
电脑	台	5	2.40	
复印机	台	1	0.80	

注：①如以互联网形式经营的，请将网站地址在备注栏注明；②营业设施设备证明或说明附在此页后面

7.交纳旅游质量保证金承诺书

存储旅游质量保证金承诺书

北京市文化和旅游局：

兹有李强等人，保证：申请设立的旅行社获得许可后，将按《旅行社条例》规定，到指定银行存储旅行社质量保证金贰拾万元。

申请人：李强

202×年×月×日

三、旅游行政管理部门审批，申领旅行社业务经营许可证

李强将准备齐全的材料交给了北京市文化和旅游局行业管理处，北京市文化和旅游局在受理李强等人申请之日起第10个工作日通知李强等人许可设立旅行社的申请。在获得文化和旅游局同意设立旅行社后，李强等人在文化和旅游局指定的银行及时缴纳旅游服务质量保证金20万元，凭同意设立的批复和交存的旅游质量保证金凭证，李强等人顺利领到了旅行社业务经营许可证。

四、工商、税务登记

在获得经营许可证后，他们向工商管理部门办理注册登记，获得营业执照，同时需要办理税务登记，取得统一社会信用代码以及税务登记证明，另外还需开设银行账户。经过这一系列的手续，北京华新旅行社有限公司可正式对外营业。

思考：

李强创办北京华新旅行社有限公司需要经过哪几个阶段，申报过程中需要准备哪些材料？

三、旅行社的组织结构

旅行社在组织结构设计上一般分为直线制、直线职能制、事业部制、矩阵制四种。这四种组织结构各有优缺点,适用于不同规模的企业。在旅行社中应根据企业规模、经营范围、资金投入的不同设置适合企业发展的组织结构。

(一)直线制

直线制是最简单的集权组织结构形式,又称军队式结构。其领导关系按照垂直系统建立,不设立专门的职能机构,自上而下形成垂直领导与被领导关系。旅行社直线制组织结构模式如图1-1所示。

这种组织结构的优点在于形式简单,指挥系统清晰,权责关系明确;横向联系少,内部协调容易;信息沟通迅速,解决问题及时;工作效率比较高。它的缺点在于缺乏专业化分工,经营旅游业务依赖于少数的几个人,这就要求旅行社的总经理是一个经营管理的全才,但是面对多变的市场环境,这一点很难做到。规模较小的旅行社或者是业务单一的旅行社适用于直线制组织结构。

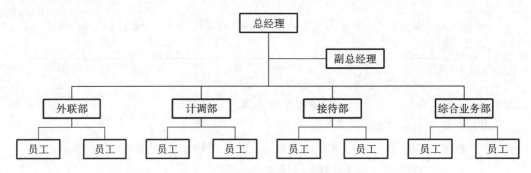

图1-1 旅行社直线制组织结构模式

(二)直线职能制

直线职能制是在直线制的基础上设立相应的职能部门,如设置办公室、财务和人事培训等管理部门,设置外联部、计调部、接待部和综合业务部等业务部门。采用总经理决策,职能部门参谋、指导、协助相结合的组织结构形式。职能部门对业务操作人员没有直接的指挥权,只能指导和监督。旅行社直线职能制组织结构模式如图1-2所示。

直线职能制组织结构是一种集权与分权相结合的组织结构形式。职能部门起指挥与参谋的作用,它可以弥补总经理在专业知识和能力方面的不足。但是,如果职能部门设置过多可能会导致旅行社内部横向协调变得复杂和困难,从而降低工作效率。直线职能制组织结构一般适用于中型旅行社,或是拥有多种旅游产品、业务范围较广的旅行社。

(三)事业部制

事业部制采用的是"集中决策、分散经营"的原则。将旅行社划分为若干个相对独立的经营单位,实行独立核算,总经理通过设定利润指标对各个部门实施控制和管理。旅行社事业部制组织结构模式如图1-3所示。

事业部制组织结构的特点包括:①在总经理的领导下,旅行社按旅游服务范围、市场或

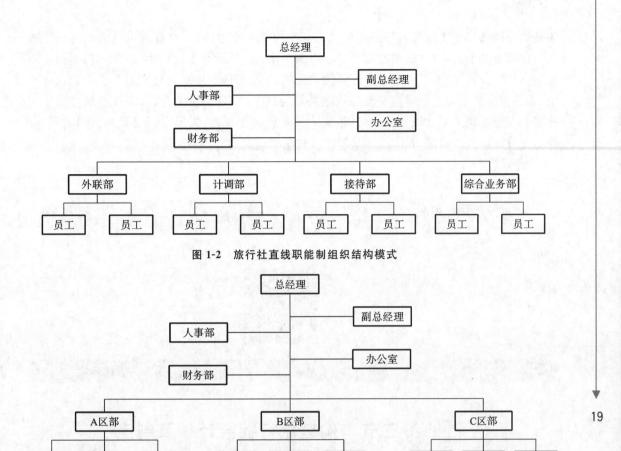

图 1-2 旅行社直线职能制组织结构模式

图 1-3 旅行社事业部制组织结构模式

产品类型设立事业部,各事业部有相对的责任和权利,并依据旅行社的整体战略方针和决策实行分权化独立经营;②各市场部门作为利润中心,实行相对独立的财务核算,总部一般按其盈利情况决定自主权;③各市场部门的独立性是相对的,它在人事政策、形象设计、投资决策等方面没有自主权。因此,这种组织机构有利于调动各经营部门的积极性,是统一管理与专业化分工的有机结合,提高了经营管理的灵活性和对市场的适应性;各部门实行专业化分工,发挥各自优势,整体与局部效益都很显著。

但是事业部制组织结构也存在缺点,主要表现为集权和分权的程度有时难以把握,处理不好会削弱统一性,协调难度大,管理成本高。人为地将相对简单的工作复杂化,增加了管理中的协调的难度,各部门利益不均,旅行社内部冲突增加。对于刚创建的旅行社,目标市场尚未完全确定,部门之间的边界尚待明晰,采用事业部制组织结构会加剧内部直接的竞争关系,不利于企业发展。因此,事业部制组织结构一般适用于大型旅游集团、综合型旅游企业等。

(四)矩阵制

矩阵制是由职能部门和为完成某一临时任务而组建的项目小组共同组成的,就是将按

职能划分的部门和按项目划分的小组结合起来组成一个矩阵,一名管理人员既能与原职能部门保持业务上的合作,又能参与项目小组的工作。在这种组织结构中,职能部门是固定不变的,而项目小组随着任务的完成而解散。由此可见,矩阵制中最大特点是具有双道命令系统,企业横向和纵向职能部门能较好地联系结合起来,实现条块结合,保证任务的完成。它的缺点在于组织关系比较复杂,项目负责人的责任大于权力,如果没有足够的奖罚机制,开展工作难度较大。目前,我国旅行社采用这种组织结构的并不多。

拓展阅读 　　一家新旅行社成立的前后

第三节　构建旅行社会计核算制度

学习引导 　　合理确定旅行社财务部职能

旅行社面临诸多资金风险,需要依据企业的规模、市场定位以及业务发展,合理设置财务部职能,帮助管理者准确把握资金来源与运用,同时明确各岗位人员的入职要求,发挥财务管理服务企业经营决策需要的作用,如表1-2所示。

表1-2　某旅行社财务部职能及初入职岗位要求

一级职能	二级职能	三级职能
财务管理	财务预算管理	(1)制定和修订旅行社财务预算与核算管理制度; (2)编制旅行社年度、季度、月度财务计划; (3)汇总各部门预算,组织编制及审核旅行社财务预算; (4)组织实施旅行社财务预算计划

续表

一级职能	二级职能	三级职能
财务管理	融资管理	(1) 制定和修订旅行社筹资管理制度； (2) 根据旅行社董事会及总经理的指示，做好资金筹措、供应与使用管理工作； (3) 与有关金融机构保持联系，积极开拓融资渠道，为公司建立有效的融资途径
	日常会计核算管理	(1) 制定和修订旅行社日常会计核算管理制度； (2) 组织进行会计核算和账务处理； (3) 准确编制、及时上报会计报表； (4) 对旅行社的账目进行管理； (5) 旅行社团费的收取与管理； (6) 旅行社各项费用的支出管理
	财务分析管理	(1) 定期进行旅行社财务综合分析和预测； (2) 针对出现的财务问题，向相关领导提出财务控制措施和建议； (3) 对旅行社新的业务项目进行财务预测与分析
	财务监督与管理	(1) 制定和修订旅行社财务监督管理制度； (2) 执行相关财务制度； (3) 监督各项财务收支； (4) 对违反财务纪律的事件及时进行处理，发现重大问题及时上报旅行社，并提出处理意见
	税务管理	(1) 制定和修订旅行社财务部门税务管理相关制度； (2) 及时了解、掌握国家有关税务政策； (3) 执行旅行社的报税工作； (4) 协调好与税务部门的关系
	财务审计	(1) 制定旅行社内部的审计管理制度； (2) 制订旅行社年度审计工作计划； (3) 对旅行社经营成果的真实性、准确性、合规性、合法性进行审计； (4) 对旅行社集团公司及各分支机构的财务收支情况进行审计； (5) 对旅行社严重违反财务纪律或严重损坏企业利益及集团中重大的财务问题进行专案审计； (6) 配合审计机关进行外部审计
初入职岗位		出纳
专业知识		财务管理、会计、税务知识等
业务范围		全面掌握现金、银行存款、票据传递等业务工作，熟悉旅行社资金结算业务流程，熟悉财务软件的基本操作，了解国家财经法规
职位目的		负责企业现金的收支管理、银行账目的核对、工资的发放工作

(资料来源：编者收集并整理。)

分析思考

旅行社的组织机构设置后,要发挥旅行社财务部在企业经营管理中的作用就需要明确旅行社财务部的职责,制定各岗位人员的任职资格和条件,建立各项财务管理制度,明确旅行社会计核算的内容与特点。

思考:
(1) 旅行社财务部在旅行社经营中发挥哪些功能?
(2) 应该如何构建旅行社会计核算制度?

一、旅行社财务部的主要职责

旅行社财务部的职能主要包括服务决策、管理资金、管理会计、管理协调。

(一) 服务决策

旅行社财务部参与重大经营项目的决策。例如,经营计划和投资项目的决策,根据旅行社发展需要,组织编制财务预决算报告,落实完成预算的措施及提出改进意见,定期进行分析,为旅行社管理者提供决策依据和信息等。

(二) 管理资金

旅行社财务部负责筹措资金,开辟财源,并对旅行社资金的投放、分配和使用实行统一的监督管理;组织有关人员及时收回各种应收账款,提高资金的利用率,保证经营资金及时到位;保管好旅行社的库存现金和各种有价证券,以及有关印章、空白支票等,以确保资金安全。

(三) 管理会计

旅行社财务部负责会计凭证、账簿、报表等会计资料的归档整理、装订立卷及妥善保管工作。按会计制度和有关规定,定期向上级主管部门及企业管理者提供财务报告及有关的会计数据、资料和信息,做到数字真实、计算准确、内容完整、说明清楚、报送及时。

(四) 管理协调

旅行社财务部负责财政、税务、审计等国家行政部门的协调联络工作;接受监事会及财政、税务、审计、外汇、旅游管理等国家主管部门及中介机构的监督、审计,提供有关数据和资料,如实反映有关情况和问题;负责各种税金的核算、缴纳以及税收业务联系;负责管理旅行社内部各部门的财务活动、确定财务核算模式、范围和内容;对资金的收支核算过程进行审核、监督、检查;负责会计电算化工作,对财务计算机程序提出编制或修改方案;负责财务人员的培训与考核等。

二、旅行社会计核算内容及特点

旅行社会计是以货币为主要计量单位,以凭证为依据,采用专门的技术方法,对旅行社的经济活动进行全面、综合、连续、系统的核算和监督,并向有关方面提供会计信息的一种经济管理活动,也是旅行社管理的重要组成部分。

旅行社是组合和销售旅游产品的中间商,它在旅游业中起着媒介和经纪人的作用。旅行社的行业特性决定了旅行社的会计核算对象具有以下特点。

（一）代收代付项目多

旅行社不直接销售旅游产品,而是将酒店、餐馆、交通部门、文化、娱乐等单位生产的单项旅游产品统一采购进来,然后对这些服务进行优化组合,再出售给旅游者,形成企业营业收入。因此,在计税时,要按扣除代收代付项目后的营业收入净额计缴有关税金。

（二）结算单位行业多

为组织安排好旅游者的游览活动,旅行社要事先与各服务单位商定服务价格,确定接待内容。事中,如有项目变更,要在各服务单位之间进行协调;事后,要与各服务单位进行结算,及时结清账款。这些服务单位有的是同行业,如酒店、景区等;有的不是同行业,如交通运输业、商品流通企业、金融保险业等,为能及时、正确地反映旅行社与各服务单位结算情况,企业应在应收款项项目下按各结算单位设置明细账,并按不同地区、季节、等级、人数等准确计算结算价格。

（三）不确定因素多

旅行社业务活动内容多涉及吃、住、行、游、购、娱等,容易受到环境、气候、政治等因素影响。例如,受气候影响,原定乘坐飞机现改为乘坐火车;或旅游者要求增减游览项目,这些均会增加会计核算上的复杂性。为如实反映企业的盈亏,便于分析和考核企业的经济效益,会计在工作中要贯彻"一团一报价,一团一计划,一团一安排,一团一结算"的原则。

（四）核算币种多样化

旅行社开展的经营业务除了国内旅游业务,还包括入境旅游业务和出境旅游业务。出入境旅游业务均涉及产品或服务的计价及结算,并按照相关外汇管理法规和外汇兑换办法办理外汇的转出、存入及兑换业务。一般出入境旅游业务采购准备期较长,业务发生日的汇率与实际结算日的汇率存在差异,因此,一般采用复币式账簿来记录与反映各项业务的汇率变动情况。

三、旅行社适用的会计规范

旅行社经济活动的发生涉及不同的利益主体,在处理各项经济业务时,应该遵守各项法律和法规。

会计规范是关于会计工作的法律、行政法规、制度的总称,是会计行为的标准,包括会计法、会计准则、会计制度。

（一）会计法

会计法是会计工作中最高层次的法律规范,是指导会计工作的最高准则,也是制定其他会计法规的依据。

（二）会计准则

会计准则是会计确认、计量、记录和报告所依据的标准和规则。会计准则是反映经济活动、确认产权关系、规范收益分配的会计技术标准,是生成和提供会计信息的重要依据,也是政府调控经济活动、规范经济秩序和开展国际经济交往等的重要手段。会计准则包括三个层次:

第一层次是基本准则,明确了组织会计核算工作的基本前提和基本要求,是说明会计核算工作的指导思想、基本依据、主要规则和一般程序,如企业会计的账务处理程序、方法等,也是制定具体准则的依据和指导原则。基本准则主要包括财务报告目标、会计基本假设、会计信息质量要求、会计要素的确认和计量原则。

第二层次是具体准则,即按照基本准则的内容要求就会计核算的基本业务和特殊行业的会计核算工作作出的规定,主要包括通用业务准则、特殊行业准则、财务报告准则。通用业务准则主要阐释各行业相同的业务,如固定资产、存货、收入、无形资产、或有事项、外币折算、非货币性资产交换、长期股权投资、租赁、合并报表等。特殊行业准则主要对一些特殊行业的基本会计业务的核算作出规定,如金融工具确认和计量、石油天然气开采、生物资产等。财务报告准则主要就各种财务报表反映的内容、列示方法和报表的格式等进行规定,包括财务报表列报、现金流量表、中期财务报告、合并财务报表等。

第三层次是应用指南,是指导会计实务的操作性指南,主要包括对具体准则的应用解释和主要会计科目和账务处理。

(三) 会计制度

会计制度是根据会计法和会计准则的要求进行会计工作所应遵循的规则、方法和程序的总称。会计制度由财政部统一制定,是具有一定强制性的法律规范。比如关于会计核算、监督机构和会计人员以及会计工作管理的制度。会计制度分为企业会计制度、政府会计制度、民间非营利组织会计制度。

旅行社属于营利性组织,适用的是企业会计制度。在我国,还存在数量较多、规模较小、多元化经营的中小旅行社,如符合国家有关规定的,可以执行《小企业会计准则》,如不符合规定的则执行《企业会计准则》。

为保障旅行社经营管理的安全性和财务信息的可靠性,在日常经营运作中要防范和化解各类风险,提高经营效率和盈利水平,旅行社应根据自身部门设置以及人员分布情况,建立内部控制制度。旅行社内部控制制度是按照企业流程管理的方式来控制企业风险,如资金使用风险、销售风险、服务采购风险、接待风险等。通过旅行社的管理层和全体员工一起参与实施控制以确保企业经营管理的合法性,保证企业财务报告及相关信息真实完整,保证企业资产安全。

拓展阅读　如何看待"旅游业鼻祖"托马斯·库克公司破产?

第四节 期初建账

学习引导　　辨析业务，准确入账

安心旅游公司是一家小型旅行社，由王华独资拥有并管理。公司有正式员工15人，本月发生如下经济业务：

（1）A公司计划举办年终奖励旅游活动，与安心旅游公司签订了服务合同，并支付了50 000元定金。

（2）收到为C公司提供的旅游服务收入的银行到账通知，收款凭证显示到账金额为80 000元。

（3）办公用房租金即将到期，办理续租手续，并支付了下季度房租8 000元。

（4）为旅游者代办签证服务取得现金收入1 000元。

（资料来源：编者收集并整理。）

分析思考

分析上述经济业务是否应记录在安心旅游公司账户中？如果需要，其在会计核算中应该如何反映？

思考：

（1）以上4笔经济业务如果未能及时入账则会给企业经营带来哪些影响？

（2）旅行社进行会计核算需要依据哪些原则？

（3）期初建账的优劣对旅行社未来经营管理会产生哪些影响？

一、期初建账的基本要求

建账就是旅行社根据具体行业要求和将来可能发生的会计业务情况，建立相应的账簿，然后根据企业日常发生的经营业务和账务处理程序进行序时登记。

旅行社获取营业执照后就要开始建账。企业建账应依据企业的规模、经济业务的繁简程度、会计人员的多少、采用的会计核算形式、运用的会计电算化水平程度等来确定。建账的目的是明确各岗位的工作内容,体现旅行社业务管理与会计核算融合的理念。

(一)明确各岗位的工作内容

旅行社经营涉及资金运动,应考虑企业筹资与投资及利润分配,以及如何及时准确记录资金运动的轨迹,反映企业资产、负债、所有者权益、收入、费用、利润。因此在旅行社内部就会设置资金结算中心、会计核算中心、业务结算中心。表1-3反映的是旅行社内部各中心的工作任务及岗位设置。

表1-3 旅行社内部各中心的工作任务及岗位设置

中心名称	工 作 任 务	岗位设置
资金结算中心	(1)依据国家有关财经法规制定财务资金核算的有关规范和要求,保证旅行社营运资金的需求和资金结算业务的正常运转,负责旅行社资金的统一调配、使用和管理。 (2)依法合理积极筹措资金、催缴欠款。 (3)办理现金收支及银行结算业务。 (4)根据收付款凭证,按时间顺序逐笔登记现金与银行存款日记账,做到账证、账款、账账相符。 (5)妥善保管有关印章、空白收据和空白支票,设立空白凭证登记簿,办理领用及注销手续。 (6)保管库存现金和各种有价证券,负责各银行账户的结算	出纳岗、往来结算岗、资金管理岗、外汇管理岗
会计核算中心	(1)以会计制度为依据,做好会计记账、会计核算、会计监督工作。按会计制度正确使用各会计科目,负责旅行社账目结转,核算旅行社经营成果,编制会计报表。根据国家有关财务规定,制定旅行社会计核算规范与要求,并组织实施。 (2)负责编制各职能部门的费用统计报表,并定期对费用的支出进行分析。负责收集、整理、登记、归档会计账簿。负责审核、报账,以实际发生的经济业务为依据,认真审核原始凭证,填制会计凭证,做好会计凭证的总复核工作,负责会计科目的设置与调整。 (3)负责编制财务预算计划。配合国务院监事会及财政、税务、审计、旅游等主管部门和中介机构,做好对旅行社总社的各项监督检查与审计工作。 (4)负责与税务部门进行信息沟通。 (5)负责向旅行社领导及有关(室)呈送报表及提供分析资料。 (6)负责电脑系统的具体操作管理(日常开、关机,整理文件,数据备份等)及系统的维护(常规维护、修理,指导其他财务人员正确操作);负责财务部会计电算化有关软件及硬件的更新换代工作	系统管理岗、总账报表岗、固定资产核算岗、工资核算岗、预算管理岗、综合管理岗

续表

中心名称	工作任务	岗位设置
业务结算中心	(1) 负责旅游团收入、成本的核算及旅游团费用的结算工作。依据旅游团行程计划和报价及采购成本,每月按时核算旅游团收支。 (2) 负责每月与外联人员核对应收账款,确保经营部门的应收款、已收款及余额,与财务部应收账款的账项保持一致。 (3) 负责审核房费、餐费、车费、景点门票费、陪同报销等旅游团费用;负责审核结算单,根据双方签订的团队合同、购汇金额,确认费用支出。 (4) 负责团队退款及赔付的财务工作。 (5) 每月准确填报旅游团统计报表,将部门旅行社团计划成本统计表、客户应收款明细表、未结算团队统计表等报送相关部门经理,并及时清理未结算的团队。 (6) 负责调整旅游团成本差异,经审核确认后,团队结算完毕,将成本差异计入部门当期损益。 (7) 协助有关人员办理与境外社团款的对账工作,审核各地接社、酒店的结算单,负责旅游团资料整理装订工作。 (8) 定期编制部门经营分析报告,并对部门收入、毛利、应收账款及可能会发生的坏账损失等内容进行综合分析,为部门加强管理提供依据,配合有关部门,做好对团队结算的各项监督检查和审计工作	国内游核算岗、入境游核算岗、出境游核算岗

(资料来源:根据郑红、张踏青《财务部操作实务》整理。)

(二) 体现旅行社业务管理与会计核算融合理念

旅行社要依据《企业会计准则》的规定设置总分类科目,但是在不影响会计核算要求和财务报表汇总及对外提供统一的财务报表的前提下,旅行社可以根据企业经营的实际需要自行增设、减少或合并某些会计科目。比如在流动资产中"其他应收款"一级科目下,增设"质量保证金"二级明细科目。

还有一些旅行社组织结构有总社、分社,业务繁多,需要将会计科目代码设置与组织管理需要相结合。例如,表1-4所列示的就是一家大型旅行社期初建账时根据经营管理需要,在销售费用会计科目(会计科目编号为5501)下进行明细科目设置,表1-5是该旅行社依据组织管理需要设置的代码。

表1-4 销售费用明细科目代码设置

一级科目代码	一级科目名称	二级科目代码	二级科目名称	三级科目代码	三级科目名称
5501	销售费用	21	办公费	01	办公用品费
				02	电脑配件费
				03	印刷费
				04	快递费
				05	邮寄费
				06	其他费用

表 1-5　旅行社组织管理代码设置

公司代码	公司名称	中心代码	中心名称	部门代码	部门名称
0	总部	0	管理中心	00	管理部
1	华旅	1	国内中心	01	财务部
2	江旅	2	出境中心	02	人事部
		3	会奖中心	03	市场部
				04	接待部
				05	销售部

表 1-4、表 1-5 可见,"550121010000"会计科目代码就表示总部管理中心管理部当期所发生的办公用品费。如果想了解华旅和江旅两大分社国内中心当期的市场部快递费发生情况,以便为择优选用快递公司提供信息,就可以分别输入"550121041103"和"550121042103"。由此可见,会计科目的设置既满足了会计核算的需要,又满足了企业对业务中心精准管理的需要,可以及时为决策者提供有用信息。

二、期初建账的基本步骤

期初建账基本步骤如下。

（一）新建账套

总账会计人员根据岗位职责负责总账账簿的建立、登记与保管。建立总账前要启用新账套,填写企业适用的会计核算制度和账套启用时间。如果是手工登记的账簿,需要登记账簿启用表,由企业相关负责人签名并加盖人员名章及本单位财务专用章。

（二）录入期初余额

总账会计人员根据自己的职责及各账户期初余额数据表,登录系统开立新账户,并录入各个账户的期初余额。在录入期初余额时要注意账户的性质和借贷方向,防止错账。

（三）试算平衡及对账

总账会计人员将总账账簿各账户期初余额录入后,需要进行试算平衡,即验证借方合计与贷方合计是否相等。总账会计人员和负责相关明细账的会计人员在试算平衡的基础上,将总账各账户的期初余额的数据与相关明细账期初余额的数据进行核对,如果核对相符,则说明总账和明细账数据录入正确。

（四）启用账套

各账户的总账和明细账期初余额均试算平衡后,说明可以启用账套。启用账套的时间选择一般为月初 1 日,这样可以分段、序时记录经济业务的发生结果。

 会计组织机构设置

 本章小结

本章主要介绍了设立旅行社的基本要求和程序,以及构建会计核算制度的相关内容;详细阐述了旅行社的基本业务、创办旅行社的条件;重点介绍了期初建账的基本要求及程序。

 课后训练

第二章

旅游服务质量保证金的核算

学习目标

知识目标

(1) 了解旅游服务质量保证金的发展历程；

(2) 掌握旅游服务质量保证金的概念；

(3) 掌握旅游服务质量保证金的缴纳金额、赔偿范围。

能力目标

(1) 能按照规定正确使用旅游服务质量保证金；

(2) 能熟悉旅游服务质量保证金的相关协议；

(3) 能进行旅游服务质量保证金的会计核算。

素养目标

(1) 培养学生一丝不苟的职业精神和职业情怀，热爱旅游业，维护我国旅游业的声誉，提升我国旅游业的整体形象；

(2) 树立正确的人生观、价值观，全心全意为旅游业服务、为人民服务、为社会服务。

知识框架

第二章 旅游服务质量保证金的核算
- 第一节 旅游服务质量保证金的管理
  - 一、旅游服务质量保证金概述
  - 二、旅游服务质量保证金的缴纳及赔偿范围
  - 三、旅游服务质量保证金的使用及支取规定
- 第二节 旅游服务质量保证金的会计核算
  - 一、缴纳旅游服务质量保证金的核算
  - 二、收到退还的旅游服务质量保证金的核算
  - 三、赔偿游客损失的旅游服务质量保证金的核算
- 第三节 旅游服务质量保证金的综合业务
  - 一、旅游服务质量保证金业务操作表单分析
  - 二、旅游服务质量保证金的综合经济业务会计核算

教学重点

(1) 旅游服务质量保证金的概念、缴纳金额、赔偿范围；
(2) 旅游服务质量保证金使用的相关规定；
(3) 旅游服务质量保证金的会计核算。

教学难点

旅游服务质量保证金的会计核算

案例导入

长城香山之旅"缺斤少两"

金秋十月进入了旅游旺季，旅行社为了抓住商机，各显神通招徕游客。上海某旅行社在许多报纸上刊登了"北京长城香山直达软卧往返六日游"的广告，上海市民张女士夫妇被这则广告内容所吸引，于 2005 年 10 月 22 日前往该旅行社代理点签订了"上海国内旅游合同示范文本"，约定于 10 月 28 日至 11 月 2 日，参与该旅行社的北京长城香山（6 天 5 夜）的旅游活动，每人费用为 1 560 元。10 月 28 日 18 时许，张女士夫妇高高兴兴登上列车，开始了北京长城香山之旅。不料，在整个旅行途中，旅行社对其承诺的旅游项目"缺斤少两"，给张女士夫妇的北京之行留下了不少遗憾。

游客：我没有看到香山红叶。

据张女士夫妇反映，10 月 29 日到达北京的第一天晚上，导游将他们一行游客带到了南三环外一个胡同内的某宾馆，游客们进入房间休息片刻后，准备洗澡时发现，洗浴龙头处于马桶与洗面池之间，洗浴的地方非常狭窄。如果要洗澡的话，只能站立到马桶上。之后，张女士打开热水龙头，水龙头中流出的热水非常小，而且电热水器的容量也不大，不够一个人洗澡的用水量，当时北京傍晚时分的气温已在 10 ℃ 以下，房间里又没有暖气，因此根本无法洗澡。张女士夫妇和其他游客当即找到导游，交涉无果后，只得打长途电话给上海的旅行社，经过多次电话交涉，旅行社最终同意第二天更换居住的宾馆。

从第二天起旅游团开始了正式的旅游行程。这个旅游团共有 38 名旅客，多为老年人，一行人兴致勃勃准备按照合同上约定的景点进行游玩。不料，颐和园长廊北侧、排云殿、万寿山因维修全部关闭，天坛、故宫、卢沟桥等也都在维修，他们只能看到这些景点内的部分景观。如在参观宛平的中国抗日战争纪念馆时，因卢沟桥在维修，游客只能看到一排排的脚手架，连卢沟桥的影子也未看到。

此次旅游名为长城香山之旅，自然这两个景点应是此次旅游的重要景点。在游香山的那天，上午 9 时半许导游带领游客到达香山脚下，进入香山的正门。之后，导游带游客

来到眼镜湖边,让游客拍照留影,并告知游客在此活动半小时后去停车场集合,然后离开香山去另一个景点。张女士等游客当即提出上香山要看红叶,导游推辞说看红叶的人太多,我们的时间非常紧,连排队的时间也不够,而且你们岁数都大了,爬不动香山的。

令众游客更为不满的是,在随后的时间里,导游带他们赶往各个购物商店,购物时间安排得却十分充裕,而且购物商店的商品价格要比外面的商店高。

说起这次长城香山之旅,张女士觉得非常遗憾,她出游前几经挑选,特别挑选了这家名声在外的旅行社。而且该旅行社宣传资料上的内容也令她心动。"游览地势险峻、峰峦叠翠、泉沛林茂的香山"。不料,该旅行社(也许是个别导游的行为)还是"缺斤少两"。而此时,正值香山满山红叶之时,张女士是第一次游香山,却没有看到闻名于世的香山红叶。

此外,旅行社的用餐安排也引起了游客的不满。游客与导游多次交涉后,在旅程的后半段,伙食的品种和质量才略有提高。行程结束前,在导游送游客去机场的大巴上,他"一言不慎"泄漏了天机。大家这时才明白,伙食质量提高的真正原因是旅程结束后,旅行社会让每名游客给导游打分,导游希望大家手下留情。

旅监所:"缺斤少两"要赔偿。

接到张女士的投诉后,记者于2005年12月31日下午,来到了上海市旅游事业管理委员会旅游质量监督所。根据《旅行社质量保证金赔偿试行标准》,该旅行社未履行合同上的约定安排游客游香山,门票应退一赔一,导游服务费也应退一赔一。

(资料来源:整理自邓曦涛《长城香山之旅"缺斤少两"》。)

在本章中,我们将了解旅游服务质量保证金的发展历程,掌握旅游服务质量保证金的缴纳金额、赔偿范围,能综合运用旅游服务质量保证金的会计核算。

第一节 旅游服务质量保证金的管理

 退还旅游服务质量保证金

2018年8月21日,赖某向L国际旅行社(以下简L社)原总经理刘某交款人民币1 600元,委托L社办理香港游。出游前,赖某向L社交了香港游押金人民币5 000元并收到由L社原总经理刘某签名并盖有该社公章的收条。该社将赖某安排到福建省H社参团,9月14日,赖某参加H社组织的旅游团赴港旅游。

赖某回来后向该社要求退还押金人民币5 000元,L社以团款人民币1 600元及押金人民币5 000元被刘某私吞,要等司法部门对刘某刑事案处理终结后再来处理以及企业困难等理由拒退押金。

福建省旅游质量监督管理机构认为,刘某作为L社原总经理,是L社原法定代表人,其在职期间以L社名义对外为旅游者办理香港游收取旅游者押金的民事行为是法人行为,应由 L 社承担法律责任,因此,L 社在旅游者按时返程后应按照约定及时退还押金,而 L 社无正当理由拒退押金的行为已侵害旅游者的合法权益,对此 L 社应承担违约赔偿责任。

至于刘某个人在职期间的职务犯罪,应由司法部门追究其刑事责任,无论结果如何,L 社均应对拒退押金行为向赖某承担民事法律责任。赖某请求 L 社退还押金依法成立。

福建省旅游质量监督管理机构于 2019 年 3 月 24 日发出处理决定,责令 L 社退还赖某押金 5 000 元,要求 L 社自接到决定之日起 5 日内一次性退还赖某人民币 2 000 元整。

(资料来源:根据 https://wenku.baidu.com/view/e9d6ab63d4d8d15abf234eb2.html 整理。)

分析思考

近期,部分地区接连发生旅行社收取游客出境游保证金不能按约退还、售卖旅游套餐不能履约、发行旅游单用途预付卡不能履约等引发旅游投诉的群体性事件,严重侵害游客合法权益,扰乱旅游市场秩序。在上述案例中,最直接的原因是旅行社自身存在极大的问题,自身制度存在严重缺陷。

思考:

(1)收取游客出境游保证金就是旅游服务质量保证金,这种说法正确吗?

(2)旅行社可以随意使用旅游服务质量保证金吗?

一、旅游服务质量保证金概述

(一)旅游服务质量保证金的演变历程

1994 年 9 月 15 日,国务院办公厅在《关于对旅行社实行质量保证金制度的复函》中明确提到,为加强对旅游行业服务质量的监督和管理,保护旅游者的合法权益,原则同意对旅行社实行质量保证金制度。1995 年 1 月 1 日,国家旅游局颁布了《旅行社质量保证金暂行规定》和《旅行社质量保证金暂行规定实施细则》,首次宣告旅行社质量保证金制度的实施。

1995 年 6 月 28 日,国家旅游局、财政部颁布了《旅行社质量保证金财务管理暂行办法》。1995 年 7 月 1 日,国家旅游局颁布了《旅行社质量保证金赔偿暂行办法》《旅行社质量保证金赔偿试行标准》。1996 年 10 月 15 日,国务院颁布了《旅行社管理条例》来替代《旅行社管理

暂行条例》，以行政法规形式规定旅行社质量保证金制度，明确了旅行社质量保证金制度的法律地位。

1997年3月27日，国家旅游局下发了《旅行社质量保证金赔偿试行标准》，同时废止了1995年下发的《旅行社质量保证金赔偿暂行办法》，进一步完善旅行社质量保证金赔偿制度，不断提升旅游质监制度。

2013年10月1日起施行的《中华人民共和国旅游法》（简称《旅游法》），使旅游相关法规上升为全国人大立法，完善了旅行社质量保证金制度。2013年9月26日，将2009年印发的《旅行社质量保证金存取管理办法》修改为《旅游服务质量保证金存取管理办法》。这些法律法规、管理办法的不断完善，使旅游服务质量保证金制度逐步健全。

根据《旅游法》及《旅行社条例》的规定，旅游服务质量保证金（简称"保证金"）是指由旅行社在指定银行缴存或由银行担保提供的一定数额，用于旅游服务质量赔偿支付和团队旅游者人身安全遇有危险时紧急救助费用垫付的资金，该资金是用于保障旅游服务质量和维护旅游者权益的专用款项，是相关法规要求旅行社企业就其旅游服务提供的一种经济担保。

（二）旅游服务质量保证金的作用

（1）加强旅行社服务质量的监督和管理，保证旅游质量，减少纠纷，降低交易风险，切实有效地保护旅游者的合法权益。

（2）保证旅行社规范经营，维护我国旅游业的声誉，提升我国旅游业的整体形象。

（3）旅游服务质量保证金实行国家、省、地（市）三级旅游质量监督与管理，有利于健全我国旅游服务质量体系。

二、旅游服务质量保证金的缴纳及赔偿范围

（一）旅游服务质量保证金的缴纳

旅行社应当自取得旅行社业务经营许可证之日起3个工作日内，在国务院旅游行政主管部门指定的银行开设专门的旅游服务质量保证金账户，存入质量保证金，或者向作出许可的旅游行政管理部门提交依法取得的担保额度不低于相应质量保证金数额的银行担保。质量保证金的利息属于旅行社所有。

经营国内旅游业务和入境旅游业务的旅行社，应当存入质量保证金20万元；经营出境旅游业务的旅行社，应当增存质量保证金120万元。

每设立一个经营国内旅游业务和入境旅游业务的分社，应当向其质量保证金账户增存5万元；每设立一个经营出境旅游业务的分社，应当向其质量保证金账户增存30万元。

旅行社自交纳或者补足质量保证金之日起三年内未因侵害旅游者合法权益受到行政机关罚款以上处罚的，旅游行政管理部门应当将保证金的交存数额降低50%，并向社会公告。旅行社可凭省、自治区、直辖市旅游行政管理部门出具的凭证减少其质量保证金。

目前，由于受新冠肺炎疫情持续影响，2021年按照国务院深化"放管服"改革工作的要求，落实《优化营商环境条例》关于"推广以金融机构保函替代现金缴纳涉企保证金"的规定，创新旅游服务质量保证金交纳方式，减轻企业现金流压力。加大政策和资金支持，拓展旅行社发展空间，推进保证金改革措施如下：

(1) 各地文化和旅游行政部门要积极与当地人民银行分支机构、银保监局建立工作协调机制,鼓励开发保证金履约保证保险产品,旅行社投保后可持保单向银行申请保证金担保。

(2) 有条件的地区可积极开展保险直接替代现金或银行保函交纳保证金试点工作。试点前,应将工作方案报文化和旅游部市场管理司备案。

(3) 支持旅行社根据自身经营条件,从存款、直接取得银行担保、凭保险保单取得银行担保方式中灵活选用一种方式交纳保证金,试点地区还可直接使用保险交纳保证金。

旅行社是旅游业发展的重要市场主体,是连接旅游供给和需求的重要纽带,在畅通旅游市场循环、扩大旅游消费、促进人文交流和社会文明等方面发挥着重要作用。保证金改革的措施大力支持旅行社积极应对经营困难,有效降低经营成本,推动旅行社经营全面恢复和高质量发展。

(二) 旅游服务质量保证金的赔偿范围

根据《旅游服务质量保证金存取管理办法》第二条规定,旅游服务质量保证金的使用用途有两个:第一,用于旅行社因自身过错未能达到合同约定的服务质量标准而赔偿支付;第二,团队旅游者人身安全遇有危险时紧急救助费用垫付。

旅游服务质量保证金是保障旅游者合法权益的专用款项,根据《旅行社条例》中的相关规定,其赔偿范围如下:

(1) 旅行社违反旅游合同约定,侵害旅游者合法权益,经旅游行政管理部门查证属实的;

(2) 旅行社因解散、破产或者其他原因造成旅游者预交旅游费用损失的;

(3) 人民法院判决、裁定及其他生效法律文书认定的旅行社损害旅游者合法权益,旅行社拒绝或者无力赔偿的。

三、旅游服务质量保证金的使用及支取规定

(一) 旅游服务质量保证金使用中的相关规定

1. 旅行社

(1) 旅行社应在国务院旅游行政主管部门指定银行的范围内,选择存入质量保证金的银行,应当设立独立账户,存期由旅行社确定,但不得少于1年。账户存期届满1个月前,旅行社应当办理续存手续或者提交银行担保。

(2) 旅行社依法缴存、保障旅游者权益的专用资金的保证金,旅行社不得动用保证金解决企业债务或经济纠纷,如不得将保证金存单用于质押等。

(3) 旅行社在旅游行政管理部门使用质量保证金赔偿旅游者的损失,或者依法减少质量保证金后,因侵害旅游者合法权益受到行政机关罚款以上处罚的,应在收到旅游行政管理部门补交质量保证金的通知之日起5个工作日内补足质量保证金。

(4) 旅行社存入、续存、增存质量保证金后7个工作日内,应当向作出许可的旅游行政管理部门提交存入、续存、增存质量保证金的证明文件,以及旅行社与银行达成的使用质量保证金的协议。

(5)旅行社符合降低质量保证金数额规定条件的,原许可的旅游行政管理部门应当根据旅行社的要求,在 10 个工作日内向其出具降低质量保证金数额的文件。

(6)旅行社不再从事旅游业务的,凭旅游行政管理部门出具的凭证,向银行取回质量保证金。

2. 银行

(1)为防止保证金存单质押,银行应在出具的存单上注明"专用存款不得质押"字样。旅行社需银行提供担保,银行应出具旅游服务质量保证金银行担保承诺书。

(2)银行提出保证金担保的,由银行向许可的旅游行政主管部门出具旅游服务质量保证金银行担保函。银行担保期限不得少于一年。担保期限届满前 3 个工作日,应续办担保手续。

(3)银行应每季度将保证金存款对账单一式两份,发送给旅行社和许可的旅游行政主管部门。银行按照不少于一年定期、到期自动结息转存方式管理保证金,中途提取部分改按活期结算利息。利息收入全部归旅行社所有。

(4)保证金实行专户管理,专款专用。银行为旅行社开设保证金专用账户。当专用账户资金额度不足时,旅行社可对不足部分申请银行担保,但担保条件需符合银行要求。银行本着服务客户的原则受理旅行社的保证金存储业务,按期办理保证金的存款、取款和支付手续,不得为不符合担保条件的旅行社提供担保。

(5)旅行社与银行双方承诺,除依照县级以上旅游行政管理部门出具的划拨质量保证金,或者省级以上旅游行政管理部门出具的降低、退还质量保证金的文件,以及人民法院作出的认定旅行社损害旅游者合法权益的生效法律文书外,任何单位和个人不得动用质量保证金。

(6)银行应根据旅游行政主管部门出具的旅游服务质量保证金取款通知书及旅游行政主管部门划拨旅游服务质量保证金决定书,经与旅游行政主管部门核实无误后,在 5 个工作日内将保证金以现金或转账方式直接向旅游者支付。

3. 旅游行政主管部门

(1)本着公平、公开、公正的原则,指定符合法律、法规和本办法规定并提出书面申请的中国境内(不含港澳台地区)商业银行作为保证金的存储银行。

(2)划拨旅行社质量保证金的决定,应由旅行社或者其分社所在地处理旅游者投诉的县级以上旅游行政管理部门作出。

(3)当旅游行政主管部门、人民法院依法划拨保证金后 3 个工作日内,将划拨单位、划拨数额、划拨依据文书等情况,通报给旅行社和许可的旅游行政主管部门。

(4)质量保证金存缴数额降低,国务院旅游行政主管部门或者省级旅游行政管理部门应当在作出许可决定或者备案后 20 个工作日内向社会公告。

(5)发生《旅游法》第三十一条规定的旅游者人身安全遇有危险时紧急救助费用垫付的情形,旅行社提出申请的,旅游行政主管部门应立即予以审核;旅游行政主管部门决定垫付的,需按实际所需确定垫付额度。申请额度和决定垫付额度均应在保证金账户现有额度内。

(二)旅游服务质量保证金的支取情形

提供保证金担保的银行因发生《旅行社条例》第十五条、第十六条规定的情形,在收到旅游服务质量保证金取款通知书及旅游行政主管部门划拨旅游服务质量保证金决定书或人民法院判决、裁定及其他生效法律文书5个工作日内履行担保责任;因发生《旅游法》第三十一条旅游者人身安全遇有危险时紧急救助费用垫付的情形,在收到旅游服务质量保证金取款通知书及关于使用旅游服务质量保证金垫付旅游者人身安全遇有危险时紧急救助费用的决定书后24小时内履行担保责任。具体支取情形如下:

(1) 发生《旅行社条例》第十五条规定的情形,银行应根据旅游行政主管部门出具的旅游服务质量保证金取款通知书及旅游行政主管部门划拨旅游服务质量保证金决定书,经与旅游行政主管部门核实无误后,在5个工作日内将保证金以现金或转账方式直接向旅游者支付。

《旅行社条例》第十五条 有下列情形之一的,旅游行政管理部门可以使用旅行社的质量保证金:

(一)旅行社违反旅游合同约定,侵害旅游者合法权益,经旅游行政管理部门查证属实的;

(二)旅行社因解散、破产或者其他原因造成旅游者预交旅游费用损失的。

(2) 发生《旅行社条例》第十六条规定的情形,银行根据人民法院判决、裁定及其他生效法律文书执行。

《旅行社条例》第十六条 人民法院判决、裁定及其他生效法律文书认定旅行社损害旅游者合法权益,旅行社拒绝或者无力赔偿的,人民法院可以从旅行社的质量保证金账户上划拨赔偿款。

(3) 发生《旅游法》第三十一条规定的旅游者人身安全遇有危险时紧急救助费用垫付的情形,旅行社提出申请的,旅游行政主管部门应立即予以审核;旅游行政主管部门决定垫付的,需按实际所需确定垫付额度。申请额度和决定垫付额度均应在保证金账户现有额度内。

《旅游法》第三十一条 旅行社应当按照规定交纳旅游服务质量保证金,用于旅游者权益损害赔偿和垫付旅游者人身安全遇到危险时紧急救助的费用。

拓展阅读 旅行社质量保证金的功能

第二节 旅游服务质量保证金的会计核算

学习引导 关于暂退旅游服务质量保证金的相关通知

为贯彻落实习近平总书记关于新型冠状病毒感染的肺炎疫情防控工作的重要指示精神,进一步做好文化和旅游系统疫情防控工作,支持旅行社积极应对当前经营困难,履行社会责任,文化和旅游部于2020年2月5日发出《关于暂退部分旅游服务质量保证金支持旅行社应对经营困难的通知》(文旅发电〔2020〕33号),决定向旅行社暂退部分旅游服务质量保证金(以下简称保证金)。主要内容有:

一、范围和标准

暂退范围为全国所有已依法交纳保证金、领取旅行社业务经营许可证的旅行社,暂退标准为现有交纳数额的80%。被法院冻结的保证金不在此次暂退范围之内。

二、交还期限

自通知印发之日起两年内,接受暂退保证金的各旅行社应在2022年2月5日前将本次暂退的保证金如数交还。

三、有关要求

各地文化和旅游行政部门要依据有关规定抓紧组织实施,自本通知印发之日起,一个月之内完成暂退保证金工作;要建立工作台账,指导和督促相关旅行社企业在全国旅游监管服务平台及时完成保证金信息变更和备案工作;要加强监管,对未按期交还保证金的旅行社要依法依规查处,并记入企业信用档案。

由于受新冠肺炎疫情的持续影响,文化和旅游部办公厅于2021年10月18日发布了《关于用好旅游服务质量保证金政策进一步支持旅行社恢复发展的通知》,通知要求暂退80%保证金的旅行社,补足保证金期限延至2022年12月31日。

2022年4月11日,文化和旅游部办公厅又发布了《关于进一步调整暂退旅游服务质量保证金相关政策的通知》。该通知规定:已按照《文化和旅游部办公厅关于用好旅游服务质量保证金政策进一步支持旅行社恢复发展的通知》(办市场发〔2021〕195号)、《文化和旅游部办公厅关于抓好促进旅游业恢复发展纾困扶持政策贯彻落实工作的通知》(办产业发〔2022〕55号)要求享受暂退保证金政策的旅行社,可申请将暂退比例提高至100%,补足保证金期限延至2023年3月31日。

(资料来源:文化和旅游部办公厅。)

分析思考

旅游服务质量保证金是通过"其他应收款"会计科目进行核算,而不是通过"应收账款"会计科目进行核算。在核算中,要明确"其他应收款"和"应收账款"的区别。"应收账款"是指核算企业因销售商品、产品、提供劳务等,应向购货单位或接受劳务单位收取的款项;"其他应收款"是指核算企业除应收账款、应收票据、预付账款外的其他各种应收、暂付款项,包括各种赔款、罚款、存出保证金、应向职工收取的各种垫付款等。

受新冠肺炎疫情影响,按照国家政策规定,自2020年2月5日起,对经营规范、信誉良好的旅行社,暂时退还旅游服务质量保证金的支持政策非常有利于旅游业的恢复。

思考:
(1)旅游服务质量保证金可以少交吗?
(2)缴纳的旅游服务质量保证金属于流动资产还是非流动资产?

旅行社缴纳的旅游服务质量保证金通过"其他应收款——质量保证金"科目进行核算,反映旅游服务质量保证金的增减变化情况。其他应收款科目下依据缴纳的具体内容分设二级明细科目,如"其他应收款——质量保证金"。旅游服务质量保证金从缴纳、退还、赔付三个方面进行核算。

一、缴纳旅游服务质量保证金的核算

旅行社缴纳旅游服务质量保证金,应在"其他应收款——质量保证金"科目的借方余额填列,贷记"银行存款"科目。缴纳旅游服务质量保证金说明经济利益流出企业,由于旅行社一般通过银行转账方式缴付旅游服务质量保证金,所以贷方科目为"银行存款"。

(1)旅行社按规定缴纳的旅游服务质量保证金时:
借:其他应收款——质量保证金
　　贷:银行存款

(2)每期收到银行发来的旅游服务质量保证金利息收入凭证时:
借:银行存款
　　贷:财务费用

(3)旅行社发生赔付之后,缴纳的旅游服务质量保证金需要及时补足,旅行社按规定补足质量保证金时:
借:其他应收款——质量保证金
　　贷:银行存款

二、收到退还的旅游服务质量保证金的核算

旅行社根据国家和地方政策规定,已经缴纳的旅游服务质量保证金在符合国家相关规定时,可获得全部或部分的退回。例如,2022年4月11日发布的《文化和旅游部办公厅关于进一步调整暂退旅游服务质量保证金相关政策的通知》(文旅发电〔2022〕61号)中提出,旅行社如果已依法交纳保证金、领取旅行社业务经营许可证,可以提出暂退保证金申请的,暂退标准可为应交纳数额的100%,补足保证金期限为2023年3月31日。部分省市在落实具体执行政策时,会将暂退申请资料审核无误后,交给银行。银行在收到取款申请和旅行社寄送的"特种转账凭证"后5个工作日内完成退款。

旅行社收到退还的旅游服务质量保证金时:

借:银行存款
  贷:其他应收款——质量保证金

三、赔偿游客损失的旅游服务质量保证金的核算

发生《旅游法》第三十一条规定的旅游者人身安全遇有危险时紧急救助费用垫付的情形,旅行社提出申请的,旅游行政主管部门应立即予以审核;旅游行政主管部门决定垫付的,需按实际所需确定垫付额度。申请额度和决定垫付额度均应在保证金账户现有额度内。发生赔偿,以旅游服务质量保证金进行赔付时:

借:营业外支出
  贷:其他应收款——质量保证金

拓展阅读　　缓解旅行社"燃眉之急"

第三节 旅游服务质量保证金的综合业务

学习引导 如何执行旅游服务质量保证金？

1. 基本案情

A旅行社与B旅行社签订了"旅行社与地接合作协议书",约定由A旅行社组织旅行相关活动,并交由B旅行社负责地面接待和其他相关服务,A旅行社负责按标准提高地面接待服务并垫付有关接待费用,B旅行社应在活动结束后4天内结清由A旅行社垫付的费用。因B旅行社未按约定支付全部费用,A旅行社遂向北京某院法院起诉请求判令B旅行社支付拖欠费用及其诉讼费用。经法院主持调解,双方达成调解协议,后B旅行社未按照调解协议约定履行给付金钱义务,A旅行社向法院申请强制执行。

2. 执行结果

（1）法院依据裁定,冻结了B旅行社的旅游服务质量保证金账户。

（2）旅游行政主管部门退回保证金后,B旅行社履行了还款义务。

3. 执行依据

（1）《中华人民共和国民事诉讼法》第一百零三条至第一百零六条关于财产保全的规定。

（2）《中华人民共和国民事诉讼法》第二百四十条关于采取强制执行措施的规定。

（3）最高人民法院《关于执行旅行社质量保证金问题的通知》明确了可以执行旅行社治理保证金的四种情形。

（4）《旅游服务质量保证金存款管理办法》第二条关于旅游服务质量保证金概念的规定。

（5）《旅游服务质量保证金存款管理办法》第四条规定:旅行社须在国家旅游局指定的范围内,选择一家银行(含其银行分支机构)存储保证金。保证金实行专户管理、专款专用。

（资料来源:整理自微信公众号——强制执行法一本通。）

分析思考

法院在冻结或使用旅行社所缴纳的旅游服务质量保证金时依据相关国家法律作出裁决。旅行社应该合法经营、严格遵守国家的法律法规、信守商业合约。

思考：

(1) 旅行社使用旅游服务质量保证金时需要填制哪些表单？

(2) 旅行社增加或者减少旅游服务质量保证金涉及哪些会计核算业务？

一、旅游服务质量保证金业务操作表单分析

（一）存款协议书

旅游服务质量保证金存款协议书根据《旅行社条例》编制，旅行社和银行就保证金主管事项达成协议，需明确存款原因、许可的旅游行政主管部门、旅行社及开户银行基本信息。本协议一式两份，旅行社和开户银行各存一份，复印件许可的旅游行政主管部门备案。

旅游服务质量保证金存款协议书

为加强对旅游服务质量保证金的管理，根据《旅游法》规定，旅行社和银行就旅游服务质量保证金（以下简称保证金）管理事项达成以下协议：

一、该保证金属于旅行社依法缴存、保障旅游者权益的专用资金，除发生《旅游法》第三十一条及《旅行社条例》第十五条、十六条规定的情形外，任何单位和个人不得动用保证金。

二、银行对旅行社存入的保证金，按照（　　）年定期、到期自动结息转存方式管理，中途提取的部分按活期结息，全部利息收入归旅行社所有。

三、旅行社不得将保证金存单用于质押，银行应在出具的存单上注明"专用存款不得质押"字样。

四、保证金支取按照如下方式执行：

（一）旅行社因解散或破产清算、业务变更或撤减分社减交、三年内未因侵害旅游者合法权益受到行政机关罚款以上处罚而降低保证金数额50%等原因，需要支取保证金时，银行根据许可的旅游行政主管部门出具的旅行社服务质量保证金取款通知书等有关文件，将保证金直接退还给旅行社。

（二）发生《旅行社条例》第十五条规定的情形，银行应根据旅游行政主管部门出具的旅游服务质量保证金取款通知书及旅游行政主管部门划拨旅游服务质量保证金决定书，经与旅游行政主管部门核实无误后，在5个工作日内将保证金以现金或转账方式直接向旅游者支付。

（三）发生《旅行社条例》第十六条规定的情形，银行根据人民法院判决、裁定及其他生效法律文书从旅行社保证金账户中扣取。

（四）发生《旅游法》第三十一条规定的紧急救助情形，银行根据旅游行政主管部门出具的旅游服务质量保证金取款通知书及关于使用旅游服务质量保证金垫付旅游者人身安全遇有危险时紧急救助费用的决定书后 24 小时内，经与旅游行政主管部门核实无误后，将保证金以现金或转账方式直接向当事旅行社提供。

按照第（一）、（二）、（三）、（四）项规定的方式执行时，对超出旅行社缴存保证金数额的，银行不承担任何支付义务。

五、旅游行政主管部门、人民法院按规定划拨保证金后 3 个工作日内，银行应将划拨数额、划拨单位、划拨依据文书等情况通知旅行社和许可的旅游行政主管部门。

六、银行应每季度将保证金存款对账单一式两份，分别发送给旅行社和许可的旅游行政主管部门。

七、本协议一式两份，旅行社和开户银行各存一份，复印件送许可的旅游行政主管部门备案。

附注一：存款原因（选择其一）：
1. 新设立（　）；
2. 业务变更增存（　）；
3. 设立分社增存（　）；
4. 旅游行政主管部门划拨补交（　）。

存款金额：佰　拾　万　千　佰　拾　元　角　分
小写：

附注二：许可的旅游行政主管部门、旅行社及开户银行基本信息：
1. 许可的旅游行政主管部门名称：
通讯地址及邮编：
联系人及联系电话：
2. 旅行社名称：
通讯地址及邮编：
法定代表人姓名及联系电话：
3. 开户银行名称：
通讯地址及邮编：
联系电话：
旅行社（盖章）
法定代表人或授权代表人签字：　　　签字时间：
开户银行（盖章）
法定代表人或授权代表人签字：　　　签字时间：

（二）银行担保承诺书

旅游服务质量保证金银行担保承诺书根据《旅行社条例》规定，银行需明确旅行社经营许可号、保证金缴纳的金额，就保证申请人支付的情形作出承诺，在担保额度内履行担保义务。

旅游服务质量保证金银行担保承诺书

　　_____文旅局

　　根据《旅行社条例》规定，_____旅行社（经营许可号_____）需依法缴纳_____万元人民币（金额大写：_____）的旅游服务质量保证金。按照我行和该旅行社（以下简称申请人）签订的协议（编号为_____），我行作出如下承诺，保证申请人支付：

　　1. 申请人因违反旅游合同约定，侵害旅游者合法权益，经旅游行政主管部门查证属实，须赔偿旅游者损失。

　　2. 申请人因解散、破产或者其他原因造成旅游者预交旅游费损失。

　　3. 按照人民法院的判决、裁定或仲裁机构的裁决，申请人须赔偿旅游者的损失。

　　4. 按照申请或旅游行政主管部门决定，垫付团队旅游者人身安全遇有危险时紧急求助的费用。

　　如果申请人届时没有支付上述费用或损失，我行保证在收到旅游行政主管部门出具的旅游服务质量保证金取款通知书、旅游行政主管部门划拨旅游服务质量保证金决定书或者其他有关证明文件的5个工作日内，在担保额度内履行担保义务；在收到旅游服务质量保证金取款通知书、关于使用旅游服务质量保证金垫付旅游者人身安全遇有危险时紧急救助费用的决定书的24小时内，在担保额度内履行担保义务。

　　本担保承诺书有效期自　　年　　月　　日起至　　年　　月　　日止。

担保银行（盖章）
地　　址：
　　年　　月　　日

（三）取款通知书

　　旅游服务质量保证金取款通知书根据《旅行社条例》和旅游行政主管部门划拨旅游服务质量保证金决定书的规定，需明确取款原因、取款金额、旅游行政主管部门意见。

旅游服务质量保证金取款通知书

旅行社名称	
经营许可证号码	
通讯地址及邮编	
法定代表人姓名及联系电话	
保证金开户银行及联系电话	

续表

取款原因	第一类　退还给旅行社
	1. 解散撤销清算（　）
	2. 业务变更减交（　）
	3. 撤减分社减交（　）
	4. 旅游行政主管部门依法降低保证金数额50%（　）
	第二类　给付旅游者
	1. 旅行社违反合同约定侵害旅游者合法权益，经旅游行政主管部门查证属实（　）
	2. 旅行社解散、破产或者其他原因造成旅游者预交旅游费用损失（　）
	第三类　垫付团队旅游者紧急救助费用
	1. 旅行社申请垫付（　）
	2. 旅游行政主管部门决定垫付（　）
取款金额	大写：　　佰　拾　万　千　佰　拾　元　角　分；小写
辅助文件一	旅游行政主管部门划拨旅游服务质量保证金决定书（　）
辅助文件二	关于使用旅游服务质量保证金垫付旅游者人身安全遇有危险时紧急救助费用的决定书（　）
旅游行政主管部门意见	属第一类情形的，开户银行在5个工作日内，直接退还旅行社
	属第二类情形的，开户银行在5个工作日内，直接给付旅游者，并在之后3个工作日内，将赔划拨单位、划拨数额、划拨依据文书等情况通报给旅行社和许可的旅游行政主管部门
	属第三类情形的，开户银行在24小时内，直接提供给××单位或××账户
	经办人签字：
	领导签字：
	单位盖章
	地址：
	联系电话：

注：海南省在中国先行试点旅游服务质量保证金履约保证保险，具体执行中，除旅游行政主管部门意见显示的具体内容外，其他栏目内容保持不变。旅游行政主管部门意见栏目具体变化的内容如下。

属第一类情形的，保险公司在5个工作日内，办理退保、批改手续并按照保险合同约定向旅行社退还相应保险费。

属第二类情形的，保险公司在5个工作日内，将赔款直接给付旅游者，并在之后3个工作日内，将赔款划拨单位、赔偿数额、赔偿依据文书等情况通报给旅行社和许可的旅游行政主管部门。

属第三类情形的，保险公司在24小时内，直接提供给××单位或××账户。

二、旅游服务质量保证金的综合经济业务会计核算

北京华新旅行社有限公司 2020 年发生如下经济业务,请根据以下资料编制旅游服务质量保证金在不同情况下(缴纳时、退还时、补足时)的会计分录。

2019 年 12 月 1 日,北京华新旅行社有限公司向旅游行政主管部门缴纳 20 万旅游服务质量保证金。

2020 年 1 月 10 日,国内云南游系列团 A 团发生质量赔偿 5 000 元,由旅游行政主管部门出具赔偿回单联。

2020 年 1 月 11 日,接到旅游行政主管部门通知,补足质量保证金 5 000 元。

2020 年 1 月 30 日,收到银行对账单,显示利息收入为 20 元。

2020 年 2 月 10 日,为缓解疫情下旅游企业经营困难,文化和旅游部明确旅游服务质量保证金暂退范围为全国所有已依法交纳保证金、领取旅行社业务经营许可证的旅行社,暂退标准为现有交纳数额的 80%,北京华新旅行社有限公司收到旅游行政主管部门退还的质量保证金。

会计核算如下:

(1) 缴纳保证金时:

借:其他应收款——质量保证金　　　　　　　　　　　　　　200 000
　　贷:银行存款　　　　　　　　　　　　　　　　　　　　　　200 000

(2) 赔付旅客损失时:

借:营业外支出　　　　　　　　　　　　　　　　　　　　　5 000
　　贷:其他应收款——质量保证金　　　　　　　　　　　　　　5 000

(3) 补足保证金时:

借:其他应收款——质量保证金　　　　　　　　　　　　　　5 000
　　贷:银行存款　　　　　　　　　　　　　　　　　　　　　　5 000

(4) 收到利息收入时:

借:财务费用　　　　　　　　　　　　　　　　　　　　　　20
借:银行存款　　　　　　　　　　　　　　　　　　　　　　20

(5) 收到退回的保证金时:

借:银行存款　　　　　　　　　　　　　　　　　　　　　　160 000
　　贷:其他应收款——质量保证金　　　　　　　　　　　　　　160 000

海南省旅游服务质量保证金履约保证保险项目试点管理暂行规定

 本章小结

　　旅游服务质量保证金是用于保障旅游服务质量和维护旅游者权益的专用款项,是相关法规要求旅行社企业就其旅游服务提供的一种经济担保。旅游服务质量保证金通过"其他应收款"会计科目进行核算,而不是"应收账款"会计科目进行核算。

　　旅游服务质量保证金的会计核算分为三个部分:缴纳旅游服务质量保证金的核算、收到退还的旅游服务质量保证金的核算、赔偿游客损失的旅游服务质量保证金的核算。

 课后训练

第三章

旅游产品销售的核算

学习目标

知识目标

（1）了解旅游产品的分类；

（2）熟悉旅游线路设计的基本原则及步骤；

（3）掌握旅游企业收入确认和计量的基本原则。

能力目标

（1）能设计旅游线路，确定报价；

（2）能运用盈亏分析评价旅游线路优劣；

（3）能正确核算组团营业收入；

（4）能正确核算接团营业收入；

（5）能正确核算旅游企业其他经营业务收入。

素养目标

（1）具有敏锐的市场意识和积极乐观的心态；

（2）具备务实、钻研的学习态度。

知识框架

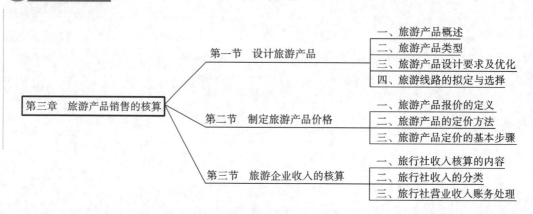

第三章 旅游产品销售的核算
- 第一节 设计旅游产品
  - 一、旅游产品概述
  - 二、旅游产品类型
  - 三、旅游产品设计要求及优化
  - 四、旅游线路的拟定与选择
- 第二节 制定旅游产品价格
  - 一、旅游产品报价的定义
  - 二、旅游产品的定价方法
  - 三、旅游产品定价的基本步骤
- 第三节 旅游企业收入的核算
  - 一、旅行社收入核算的内容
  - 二、旅行社收入的分类
  - 三、旅行社营业收入账务处理

第三章
旅游产品销售的核算

教学重点

(1) 旅游产品的设计；
(2) 旅游产品的定价方法；
(3) 旅游产品销售收入的确认和计量。

教学难点

旅游线路盈亏比较分析　销售收入及其他业务会计核算

案例导入

企业拓展市场，不能以少计营业收入为逃税途径

B旅行社于2001年2月在工商行政管理局登记注册，注册资本570万元。2001年3月办理了地方税务登记。该旅行社主要从事入境旅游业务、国内旅游业务及出境旅游业务，在A市旅行社行业中有较强的竞争实力。B旅行社下设6个分社和2个中心，实行统一财务核算，分支机构实行二级核算。B旅行社的企业所得税由地税机关征管。

2013年年初，A市地方税务局纳税评估人员对B旅行社进行了纳税评估。收集B旅行社相关财务、涉税数据如表3-1所示。

表3-1　B旅行社相关财务、涉税报表　　　　　　单位：万元

项　　目	2011年度	2012年度
营业收入	2 569	2 736
营业成本	2 298	2 537
应纳营业税	13	9
营业利润	256	198
期间费用	106	107
利润总额	150	90
应纳税所得额	151	92
应纳所得税税额	38	23

评估人员从A市旅游行业主管部门了解到，B旅行社2011年度共组织、接待旅游量为31 868人次，2012年度共组织、接待旅游量为37 696人次，全市旅行社行业平均毛利率为10%。

通过计算,B旅行社营业利润率为7%,营业成本率为92%,税负率接近1%,并没有低于全市行业预警值。但是通过进一步更为细致的分析发现:

(1) 该旅行社2012年度共组织、接待旅游量为37 696人次,较上年增长5 828人次,增长约18%,而营业收入的增长率约7%,2011年的人均收入(营业收入/组织、接待旅游者数量)为806元,2012年的人均收入为725元,较上年减少81元,下降约10%。2011年的人均成本(营业成本/组织、接待旅游者数量)为721元,2012年的人均成本为670元,较上年减少51元,下降7%,该旅行社可能存在少计收入的行为。

(2) A市旅游行业主管部门公布的全市旅行社行业平均毛利率为10%,根据B旅行社的经营规模和实力判断其毛利率不应该低于10%,因此评估人员对B旅行社的营业收入进行了推算。推算的营业收入=营业成本/(1-行业平均毛利率),计算结果约为2 818万元。

对于评估分析的疑点,评估人员对企业负责人进行了纳税约谈。企业负责人解释一方面是因为目前行业竞争激烈,各旅行社之间为招徕旅游者只能降价促销,企业也正处于发展阶段,需要占领市场以求更好发展,从而不得不降低价格,所以导致旅游者人数增长大于营业收入增长。另一方面是因为旅行社的下游产业如汽运、餐馆、景区等成本支出并未减少,所以营业成本的增幅大于营业收入的增幅。

针对旅行社的纳税约谈说明,评估人员分析,企业的解释表面上是合理的,但并没有对旅游产品的营销(降价)方案、降价幅度及营销成果进行充分详细地说明,不能排除其疑点。评估人员又进行了外围的调查,了解到2012年度全市各旅行社的旅游产品价格并没有大的波动,而且还收集到该旅行社2011年和2012年的部分广告宣传单,从宣传单上反映出2011年和2012年各旅游产品的价格也大体相当,因此,上述调查不能证明该旅行社解释说明的真实性,不能排除疑点。评估人员决定对B旅行社进行实地核查。

核查发现:一是该旅行社"其他应付款"科目贷方余额较大,且当年贷方发生额大于借方发生额约160万元;二是与之业务联系非常密切的C市D旅行社的交易额度较2011年下降约140万元,对此评估人员进行了更为深入的核查。

评估人员通过查阅银行存款、旅游合同、发票存根和单团核算表对比发现,该旅行社将应转营业收入的款项163万元长期挂在"其他应付款"科目下未结转营业收入。此外,B旅行社组织的旅游者到C市旅游,D旅行社作为地接社负责接待;相反D旅行社组织的旅游者到A市旅游,B旅行社作为地接社负责接待。在这个互为地接的业务中,B旅行社只是将应收D旅行社的款项减除应付D旅行社的款项后的余额计入营业收入。

评估人员最终查实B旅行社少计营业收入298万元,并责成该旅行社补缴了营业税、企业所得税和相应的税款滞纳金,评估后B旅行社财务指标如表3-2所示。

表3-2 B旅行社2012年度相关财务数据　　　　单位:万元

项　目	2012年度
营业收入	3 034
营业成本	2 527
应纳营业税	23

续表

项　　目	2012年度
营业利润	483
期间费用	107
利润总额	371
应纳税所得额	373
应纳所得税税额	93

（资料来源：整理自国家税务总局《企业所得税管理操作指南（2013年版）》。）

在本章学习中，我们将通过设计旅游产品了解产品成本的构成、运用不同的定价方法向市场销售旅游产品，依据国家财经法规及时确认收入，能对不同的收入来源进行正确的会计核算。

第一节　设计旅游产品

学习引导　　　　"点菜式"选行程、选导游

"我对跟团的信心不大，自由行又费脑筋，如果可以自己安排时间和行程，让旅行社负责订房订票等烦琐的事情，行吗？"

越来越多的旅游者向旅行社提出"点菜吃饭"的要求，比如住几星级、什么位置的酒店，玩什么景点，在哪个地方要住多长时间等。这也促使旅游行业从"吃大锅饭"的年代走向"点菜吃饭"的细分时代。

"点菜式"旅游最大的特点就是像去超市一样简单方便。旅行社将以往所有的旅游产品全部列出来，将其分成机票、酒店、景点、餐饮几个部分，再将这几个部分进行自由组合，可以有"机票＋酒店"，或者"机票＋酒店＋景点"，又或者"机票＋酒店＋景点＋餐饮"等多种旅游模式，旅游者可根据自身的需求选择不同的旅游模式。也可以选择一些半自由行的产品，旅行社会为旅游者安排一到两天空余时间，行程自行安排，旅游者可以DIY线路，由旅行社配合旅游者的需要提供相应的酒店、景点等信息。

如今这种"点菜式"的旅游越来越受欢迎，甚至有旅行社针对团体及小包团出游，推出了导游"点菜式"服务，广州的旅游者可以尝试像点菜一样自选导游，喜欢哪个"点"哪个。

有的旅行社将导游分为知识型、保姆型及活泼型三种。例如,知识型导游为良师益友型,适合以求知为主要出游目的的市民;保姆型导游热情细心,善于悉心照顾老人、小孩,特别适合家庭出游的市民;活泼型导游的特点是活泼幽默,可以使团友间关系更加融洽。

部分业内人士认为,由于带薪休假的实行,一些有钱却没有时间的人将成为"点菜式"旅游的追捧者。

(资料来源:根据相关资料整理。)

分析思考

旅游产品在市场上获得成功的原因很多,但是其中一个重要的原因是产品本身的设计和开发符合市场规律,遵循了产品开发的基本原则。

思考:
(1) 旅游产品分为哪几种类型?
(2) 设计旅游产品应遵循的基本原则和程序是什么?

一、旅游产品概述

(一) 旅游产品定义

旅游产品是旅行社根据市场需求,通过采购并整合景区、交通、住宿、餐饮、购物、娱乐等单项服务产品,并将旅游接待服务贯穿于其中的、向旅游者提供在旅游活动过程中的全部产品和服务的总称。

从旅游者角度,旅游产品是一次旅游活动的所有经历(体验)。从经营者角度,旅游产品是旅行社为满足旅游者需要所提供的各种有偿服务。因此,旅行社所提供的产品具有很强的服务性。在实际工作中,旅游产品最主要的表现形式是旅游线路。旅游线路是旅行社从业人员经过市场调查、筛选、组织、创意策划、服务采购、广告设计等系统工作所生产出的产品。

(二) 旅游产品的构成

旅游产品不是以物理形态表现出来的一个个具体的劳动产品,而是以多种服务表现出来的组合型产品,包括旅游资源、旅游设施、可进入性和旅游服务。其中旅游服务是旅游产品的核心,旅游产品资源主要包括交通、住宿、餐饮、景区、娱乐、购物、导游领队服务、保险、签证。

1. 交通

交通是旅游线路的主要组成部分。按路程远近可分为长途交通和短途交通；按出行方式不同可分为民航客机、旅客列车、客运巴士、轮船等。在采购交通服务时，要把握安全、便捷、舒适、抵离快速、价格品质均优的原则。

2. 住宿

住宿品质的好坏对于旅游产品的质量和信誉有重要影响。行程单中可注明酒店的名称、位置、档次及所提供的服务项目，并且一经写入旅游合同，不得随意变更，更不能随意降低档次、改变服务项目等。

3. 餐饮

餐饮是旅游者体验旅游活动丰富度的主要影响因素。餐饮产品要讲究卫生、特色、量足、价廉、营养。如果报价内不含餐饮，需要在旅游合同中明确告知旅游者。

4. 景区

在选择景区时，要考虑资源的高品位、地域代表性、环境氛围好、旅游设施齐全、可进入性好，同时要有安全保障。

5. 娱乐

娱乐项目的多样化、知识化、趣味化、新颖化对于产品推广起到极大的作用。随着旅游者消费需求的升级，更具参与性、互动性、沉浸体验性强的旅游产品愈加受到旅游者的欢迎。

6. 购物

旅游者在游览过程中可根据需要适当地购买一些有地方特色的商品，如土特产、工艺美术品等。旅行社安排购物项目的原则是购物次数适当，购物时间合理，购物场所服务质量好，商品具有代表性，物美价廉。根据《中华人民共和国消费者权益保护法》相关规定，旅行社经营中不得强制消费，也就是说旅行社不得将旅游者是否同意安排购物作为签约条件，旅游者不同意的，不得拒签合同；旅游者同意的，必须得到其书面确认。

7. 导游领队服务

导游服务包括导游讲解服务和旅行生活服务。导游讲解服务是指导游在旅游期间为旅游者提供的旅游景点现场导游讲解、沿途讲解及座谈、访问时的翻译等内容。旅行生活服务是指导游在旅游期间为旅游者提供的迎接、送行、生活照料、安全服务、旅游客源地与旅游目的地之间及旅游目的地范围内各个旅游城市之间的上下站联络等项服务。导游领队服务不同于一般的导游服务，主要是带领旅游者赴境外旅游，主要服务包括落实旅游目的地旅游接待、妥善保管好证件和机票、办理国外入境手续和回国入境手续。

8. 保险

2011年2月1日起施行的《旅行社责任保险管理办法》要求从事旅游业务经营活动的旅行社必须投保旅行社责任保险，每人人身伤亡责任限额不得低于20万元人民币。而旅游个人意外险、航空意外险等是由旅游者自由选择的，费用不等，一般不含在报价中。

9. 签证

签证是一国政府机关依照本国法律规定为申请人出或通过本国的外国人颁发的一种许可证明。中国公民目前出境旅游除少数国家外，均需办理签证。签证办理的时间及所需提

交的申请材料,各国规定不同。

二、旅游产品类型

旅行社受到经营范围的限定、经营场地及经营管理团队的能力及素质影响,在开展旅游业务时,要明确旅游产品的定位,熟悉旅游产品的分类。不同的分类方法,对旅行社经营及管理数据的统计分析具有不同的效果。

(一)按照旅游者的旅游动机划分

1. 观光旅游产品

观光旅游产品是指旅行社利用旅游目的地的自然旅游资源和人文旅游资源组织旅游者参观游览及考察。观光旅游产品一般具有资源品位高、服务设施多、环境氛围好、安全保障强等特点,观光旅游产品包括文化观光、自然观光、民俗观光、生态观光、艺术观光、都市观光、农业观光、修学观光、工业观光等。观光旅游的特点是旅游时间长、参加人员广泛、能满足人们最基本的旅游动机。

2. 度假旅游产品

度假旅游是旅游者选择一个固定的旅游目的地,以散客的方式(大多以家庭的方式),进行休闲、娱乐、健身、疗养等消遣性旅游活动。度假旅游产品包括海滨度假、山地度假、湖滨度假、滑雪度假、森林度假、乡村度假等。度假旅游的特点是服务要求高、康乐设施齐全、客人花费大、停留时间长。度假旅游产品因其能够满足人们暂时逃避枯燥、压抑的工作环境和紧张的生活节奏,希望到空旷、优美、静谧的环境中去充分放松和休息的心理需求,符合现代人的旅游心理。

3. 专项旅游产品

专项旅游产品又称为特种旅游产品,是一种具有广阔发展前景的旅游产品,具有主题繁多、特色鲜明的特点,如商务旅游、会议旅游、奖励旅游、探亲旅游、修学旅游、宗教旅游、探险旅游等。专项旅游产品适应旅游者个性化、多样化的需求特点,是今后旅游产品开发趋势。但专项旅游产品的缺点是开发难度大,操作程序复杂,需要多部门的协作或参与才能完成,因此,费用相比观光旅游产品而言较高。

(二)按照产品所包含的内容划分

1. 团体包价旅游

团体包价旅游又称全包价旅游,一般由10人及以上的旅游者组成一个旅游团,参加旅游团的旅游者的付费方式一般为一次性预付,旅游活动受旅行社的委托安排。服务项目通常包括依照规定等级提供住宿、一日三餐和饮料、固定的市内游览车、翻译导游服务、交通集散地接待服务、每人20千克的行李服务、景点门票和文娱活动入场券以及全陪服务。

在入境旅游接待中,团体包价还分为标准等和豪华等,每等又分为4个等级,即10人以上、6—9人、2—5人、1人。由于不同的等级、路线、时间和提供服务质量的要求不同,团体包价存在一定的差异,但是在我国境内的团体包价基本构成包括综合服务费、房费、餐费、交通费和专项附加费等。

2. 半包价旅游

半包价旅游是在全包价旅游产品的基础上,扣除中餐、晚餐的费用(即不含中餐、晚餐项目)的一种包价形式,降低了产品的直观价格,提高了产品价格竞争力。

3. 小包价旅游

小包价旅游又称可选择性旅游,一般在10人以下。它由非选择部分和可选择部分构成。非选择部分包括接送、住房和早餐,旅游费用由旅游者在出发前预付;可选择部分包括导游、参观游览、节目观赏和风味餐等。旅游者可根据自己的兴趣、经济情况、时间安排自由选择,费用现付。小包价旅游具有经济实惠、明码标价、手续简便、机动灵活等优势。

4. 零包价旅游

零包价旅游多见于旅游发达国家。参加这种旅游的旅游者必须随团前往和离开旅游目的地,但在旅游目的地的活动是完全自由的,形同散客。因此,零包价旅游又称为"团体进出,分散旅游"。参加零包价旅游的旅游者可以获得团体机票价格的优惠和由旅行社统一办理旅游签证的方便。

5. 单项服务

单项服务是旅行社根据旅游者的具体需求而提供的具有个性化色彩的各种有偿服务。旅游者需求的多样性决定了旅行社单项服务的可能性和广泛性。传统的单项服务主要包括导游服务、交通集散地接送服务、代订酒店和交通票据服务、代办签证和旅游保险购置等。

综上,按所包含的内容划分的旅游产品比较如表3-3所示。

表3-3 旅游产品比较

产品类型	付费方式	交通	餐饮	住宿	导游	景点门票	团队人数	特征
团体包价	一次性预付	√	√	√	√	√	10人以上	优点是易于操作,价格优惠,提高效率,降低成本;缺点是忽略旅游者个性需求
半包价	一次性预付	√	仅含早餐	√	√	√	自选	优点是降低产品直观价格,旅游者可自由选择用餐(午/晚餐)
小包价	部分预付	√	仅含早餐	√	自选	自选	10人以下	优点是明码标价,经济实惠,手续简便,灵活机动
零包价	无	√	自选	自选	自选	自选	自选	优点是可获得团体机票优惠,统一办理签证,活动自由

续表

产品类型	付费方式	交通	餐饮	住宿	导游	景点门票	团队人数	特征
单项服务	无	自选	自选	自选	自选	自选	自选	优点是满足旅游者个性化需求；缺点是价格偏高

注：打√表示产品中包含此项目，自选是指由旅游者自由选择项目，景点门票包括景区、景点、场馆、娱乐演出等门票。

三、旅游产品设计要求及优化

（一）旅游产品设计的基本原则

1. 市场导向原则

旅游产品的设计必须以市场为导向，从旅游者的需求出发设计符合市场趋势的产品，预测市场需求的趋势和需求的数量，分析旅游者的旅游动机。只有针对不同目标市场旅游者的需求才能设计出适销对路的产品，最大限度地满足旅游者的需求，提高产品的使用价值。同时还要根据市场定位，调查和分析市场需求和供给，把握目标市场的需求特点、规模、档次、水平及变化规律和趋势，从而开发出适销对路、具有竞争力的产品。

2. 经济性原则

旅行社的产品设计还应遵循经济性原则。一方面，旅游产品必须能为旅行社带来一定的经济效益；另一方面，旅游产品的价格应该符合目标市场的消费水平，不能超过旅游者的经济承受能力。旅行社应在线路设计中加强成本控制，降低各种消耗。

3. 突出特色原则

突出特色是旅游线路具有吸引力的根本所在。这就要求对旅游线路的资源、形式进行精心选择，力求充分展示旅游的主题，做到特色鲜明，以新、奇、异、美吸引旅游者的注意。

4. 合理化原则

1) 目的地选择适量

每一个线路在哪几个城市停留，游览哪些景点，目的地数量的选择要合适。目的地安排过多容易使旅游者紧张疲劳，达不到休息和娱乐的目的；安排过少旅游者又会感到质价不符，不划算。

2) 节点间距离适中

线路节点的距离太远，会造成大量的时间和金钱耗费在旅途中，既增加了旅游者的花费，造成产品价格较高，同时又使旅游者舟车劳顿，降低了产品的吸引力。一般来说，城市间交通所消耗的时间，不应超过全部旅游行程时间的三分之一。

3) 游览顺序科学

在旅游行程安排上，将有特色、亮点的景点穿插在旅游线路中，形成高潮迭起、有张有弛的游览氛围。

4) 交通连接畅通

交通是连接旅游行程有序进行的重要一环，需要考虑乘坐交通工具的舒适度、启程和抵达时间等是否符合旅游者身心要求,尽可能减少旅游者在交通上花费的时间,留出更多的游览及体验旅游资源的时间。

5)购物安排合适

设计旅游线路时,应注意将旅游点上最具特色、商品质量最有保证、秩序最理想的购物场所安排在线路所串联的景点的最后。这是因为旅游者在即将踏上返程时,购物欲望是最强烈的,而在游程之初购物欲望很低。

(二)旅游产品开发流程

旅游产品开发一般要经过市场调查、产品策划创意、试产试销、投放市场和信息反馈评价五个环节。

1. 市场调查

市场调查是产品研发的第一步,需要了解和分析与特定目标市场相关的关键因素和环境。通过市场调查,旅行社可以较好地对目标市场的规模、社会和人口统计要素、经济环境以及竞争状况作出判断。

2. 产品策划创意

因为旅游产品被复制的概率较大,所以旅行社要不断地推陈出新。新产品创意的来源可能有旅游者、竞争对手、旅游中间商、旅行社高层管理人员、广告代理商、旅游供应商等,另外,与旅游院校、行业协会组织的沟通和交流、参加旅游博览会、组织企业内部员工开展产品创意头脑风暴活动等也可以获得新产品创意。

3. 试产试销

产品设计方案确定后,旅行社即可与有关部门或行业达成暂时性协议,将产品设计方案付诸实施,进行试验性销售。在试销阶段,旅行社要注意产品适度投放,关注服务质量,做好各种预案;在试销评估完成后,要确定旅游产品正式上架销售的时间表。

4. 投放市场

旅游产品试销成功后,旅行社即可选定主要目标市场,将产品成批量地投放市场,并进行大量的广告宣传和促销。此时应充分考虑目标市场的选择、销售渠道策略、促销策略和价格策略等因素,以便获得预期的经营利润,尽量扩大产品在市场上所占有的份额,提高产品的销售率和利润率。

5. 信息反馈评价

旅游线路投入市场并非设计过程的终结,旅行社还应对旅游线路进行定期的检查与评价,加强对产品质量和产品销售的监督,不断完善产品服务,并广泛收集各种反馈信息,为旅游线路的进一步完善提供依据。

(三)旅游线路设计流程

1. 选择目标市场

旅游目标市场是旅游线路类型的决定性因素,应根据旅游者的目的、需求、组织形式、经济状况及年龄等因素选择目标市场。旅游目标市场一定要定位准确。

2. 选择旅游目的地

根据旅游者的旅游喜好来选择目的地,要注意旅游目的地的距离、气候、消费水平、经济发展水平等因素,旅游目的地的选择决定了旅游线路是否能够吸引旅游者。

3. 确定旅游线路名称

线路名称既要简约又要突出主题,并且要能够吸引旅游者。旅游线路名称中应该包含旅游目的地、大交通、旅游性质和游览天数。例如,上海成都双飞纯玩五日游、桂林养生体验之旅双卧八日游、昆明—大理—丽江双飞双卧五晚六日游。

4. 确定行程特色

行程特色是旅游产品的核心,在市场上要有非常大的吸引力,同时要能结合不同的消费人群设计不同的主题,以增加不同的消费体验,增强产品的竞争力。

5. 策划旅游行程

旅游行程是由时间和空间组成的,合理连接多个旅游目的地,同时考虑季节性、旅游地气候、环境、民俗等,各旅游点穿插设计于行程中。

6. 选择旅游交通方式

交通方式的选择主要考虑的是旅途时间、性价比、安全性及服务质量。不管选择什么样的交通方式,都要尽量选择旅途时间短、性价比高、安全性强、服务好的交通工具。

7. 选择旅游住宿场所

住宿场所的选择应兼顾住宿环境、地理位置、安全性及服务质量等方面。保证旅游行程中住宿安排的相对一致性,住宿位置不可离第二天的旅游目的地过远,旅游住宿地的安全、卫生、服务要有保障。

8. 选择其他旅游消费场所

选择其他旅游消费场所需要考虑地理位置、规模、价格、诚信程度、服务、折扣率等因素,但是旅行社不得指定具体消费场所,不得安排另行付费的旅游项目。

(四)旅游线路的优化设置

旅行社进行旅游线路设计,应慎重选择构成旅游线路的各个旅游点,从点到面围绕旅游主题展开。

1. 内容要特色化

旅游线路设计的内容一定要有特色,体现旅游资源地的内涵,做到特色鲜明、个性突出,让人觉得不虚此行。

2. 行程安排要科学化

旅游线路要避免重复经过同一旅游点,各旅游点之间的距离不宜太远。尽量设计环形旅游线路,节省行车时间。游览内容要丰富,游览行程安排要松紧结合。如果白天安排过于紧凑的行程,那么晚上可以安排欣赏文艺演出,这样可以达到松紧适度的目的。

3. 景点要精彩化

景点数量不宜过多,要有亮点,有利于旅游者深入细致地了解旅游目的地的风土人情、体验当地文化。安排的景点过多,旅游者疲于奔走各景点间,易产生审美疲劳,对于旅行社前期的资源采购及接待协调也是极大的考验。

4. 游览要流畅化

游览点、就餐点、住宿点这三点之间的前后顺序要考虑周到、安排得当、流畅自如,不可舍近求远。如抵达目的地后未用午餐就去参观游览,或者老年团用完午餐就立即去景点参观游览,这些不恰当的安排会降低旅游者对旅游服务的满意度。

拓展阅读　　旅游线路设计分析

四、旅游线路的拟定与选择

旅游产品从构思到形成产品,是一个不断择优选择的过程。一般会对旅游产品构思进行评分,等级系数越高,说明该产品越具有可开发的价值。

【例 3-1】　安心旅游公司,需要对 A 旅游产品和 B 旅游产品进行可行性论证。现在,请根据企业所收集的相关信息作出判断,如表 3-4、表 3-5 所示。

表 3-4　A 旅游产品构思评价表

影响因素	重要性系数	评价等级					得　分
		5	4	3	2	1	
销售前景	0.25	√					1.25
盈利能力	0.25			√			0.75
竞争能力	0.20		√				0.80
开发能力	0.20		√				0.80
资源保障	0.10		√				0.40
总　计	1.00						4.00

表 3-5　B 旅游产品构思评价表

影响因素	重要性系数	评价等级					得　分
		5	4	3	2	1	
销售前景	0.25		√				1.00
盈利能力	0.25		√				1.00
竞争能力	0.20			√			0.60
开发能力	0.20	√					1.00
资源保障	0.10				√		0.20
总　计	1.00						3.80

$$A 旅游产品等级系数 = \frac{得分总和}{评价等级数量} = \frac{4.00}{5} = 0.80$$

$$B 旅游产品等级系数 = \frac{得分总和}{评价等级数量} = \frac{3.80}{5} = 0.76$$

从上述计算结果可知,A 旅游产品的等级系数高于 B 旅游产品,因此,该旅行社应该选择开发 A 旅游产品。

那么,A 旅游产品是以观光产品为主,开发团队经过多次踩线,设计了 4 条旅游线路,分别预估在市场需求不同情况下的各方案盈利情况,如表 3-6 所示。

表 3-6　旅游线路设计方案盈利分析对比表

需求情况	盈利情况/元			
	方案1	方案2	方案3	方案4
高	500	700	800	400
中	300	400	400	200
低	0	−80	−100	90
很低	−100	−200	−260	−50

(一) 等概率法

等概率法是假定每种市场需求状况发生的概率是相同的,由此可知:

$$方案 1 的盈利 = \frac{1}{4} \times (500 + 300 - 100) = \frac{700}{4} = 175(元)$$

$$方案 2 的盈利 = \frac{1}{4} \times (700 + 400 - 80 - 200) = \frac{820}{4} = 205(元)$$

$$方案 3 的盈利 = \frac{1}{4} \times (800 + 400 - 100 - 260) = \frac{840}{4} = 210(元)$$

方案 4 的盈利 $= \frac{1}{4} \times (400 + 200 + 90 - 50) = \frac{640}{4} = 160(元)$

经过比较，方案 3 的盈利情况最好，择优入选。

（二）乐观系数法

乐观系数法是假定 α 乐观系数在 0—1 取值，悲观系数为 1−α，即当 α＝1 时，表示决策者是非常乐观的；当 α＝0 时，表示决策者是非常悲观的。

设 α＝0.30，则 1−α＝0.70，由此可得：

方案 1 的盈利 $= 0.30 \times 500 + 0.70 \times (-100) = 80(元)$

方案 2 的盈利 $= 0.30 \times 700 + 0.70 \times (-200) = 70(元)$

方案 3 的盈利 $= 0.30 \times 800 + 0.70 \times (-260) = 58(元)$

方案 4 的盈利 $= 0.30 \times 400 + 0.70 \times (-50) = 85(元)$

经过比较，方案 4 的盈利情况最好，择优入选。

拓展阅读　　旅游产品进行可行性论证收集的信息

第二节　制定旅游产品价格

学习引导　　如何确定旅游产品报价

小李接到的一个旅行社的老客户的咨询，他们企业计划组织 30 多名员工去云南大理、丽江等地旅游，时间为 6—7 天，要求小李给他们设计行程（见表 3-7）并报价。

表 3-7　昆明—大理—丽江双飞双卧五晚六日游行程一览表

时间	行程安排	住宿	用餐
D1	由上海乘 MU5812 航班于 11:45 飞往昆明,15:10 抵达素有"春城"美誉的高原城市昆明,自由活动,入住酒店	昆明	晚餐
D2	早餐后乘车前往云南地矿珠宝馆参观(60 分钟),然后乘车至石林(89 千米,80 分钟),游览天下第一奇观、阿诗玛的故乡——【石林风景区】(游览时间:120 分钟),参观【七彩云南风景区】,欣赏云南茶艺表演(160 分钟,含茶艺表演及用餐时间),乘车返回昆明,晚乘火车至大理	火车	早、中、晚餐
D3	早抵大理,游览【大理古城】(约 1 小时),漫步驰名中外的洋人街,感受南诏古国风情;欣赏白族歌舞、品尝三道茶(约 30 分钟)	大理	早、中、晚餐
D4	早餐后从大理乘车至丽江,游览【丽江古城、四方街】,古城面积很大,导游引导旅游者熟悉古城内大致路径约 2 小时,晚餐可自费品尝当地特色纳西美食	丽江	早、中餐
D5	早餐后游览【玉龙雪山】一线(2 小时),乘索道游览云杉坪、白水河、甘海子,以及号称"小九寨"的由玉龙雪山雪水融化而成的蓝月谷(云杉坪电瓶车和蓝月谷电瓶车费用(40 元)旅游者自理),晚乘硬卧火车返回昆明	火车	早、中、晚餐
D6	早抵昆明,早餐后逛【鲜花市场】(60 分钟),11:50 乘机返回温馨家园,结束愉快旅程		早餐

旅游接待标准说明:

(1) 服务标准:入住三星级酒店,提供标准团餐(8 正 5 早,正餐八菜一汤)。

(2) 报价包含:上海往返昆明机票及税费、昆明往返大理火车票、空调旅游车车费、景点第一门票、旅游意外险、丽江古城维护费、导游服务费。

(3) 报价不含:航空意外险、旅游者个人消费及自愿选择的自费项目。

(4) 出团时间:4 月上旬。

(5) 团队人数:30 人以上。

分析思考

小李设计的"昆明—大理—丽江双飞双卧五晚六日游"旅游活动需要注明报价的出处,明确说明各旅游项目的内容,得到客户认可后,双方签订旅游合同,旅游销售成立。

思考:

小李在进行产品定价时,会采用哪种定价方法?为什么?

旅游产品实施的成功与否,与旅行社的产品报价有很大关系,因为旅游产品的报价往往不仅仅是价格上的信息,还包含着行程、服务标准及相关要素的大量信息,是旅游者和旅游中间商作出决策的重要依据。

一、旅游产品报价的定义

旅游产品价格,是指旅游企业向消费者提供的产品及服务的价值的货币表现。旅游产品是一个整体概念,有单项的旅游产品(如交通、住宿、餐饮等),也有单项产品的价格(如交通费、住宿费、餐饮费等)。对于单项旅游产品单价,综合旅游产品价格也就是消费者一次性购买的旅游产品的价格。从根本上讲,旅游产品的价格是由旅游市场的供求关系决定的。

旅游产品的价格构成包括城市间交通费、市内观光游览车费、房费、门票费、导游费、餐费、文娱费、行李托运费、票务费、劳务费、陪同费、签证费等。

拓展阅读

报价单

二、旅游产品的定价方法

定价方法是旅行社对市场需求、资源成本及竞争状况等进行分析,运用价格决策理论,制定旅游产品价格的方法。主要包括成本导向定价法、需求导向定价法和竞争导向定价法。

(一)成本导向定价法

成本导向定价法是指在旅游产品成本的基础上加上预期利润率来确定产品价格的一种方法。旅游产品的成本形态各异,预期利润率计算口径各不相同,可以将成本导向定价法分为成本加成定价法、目标利润定价法、边际贡献定价法。

1. 成本加成定价法

成本加成定价法是在单位产品成本的基础上,加上预期的成本利润率来定价。计算公式为

$$单位产品价格 = 单位产品总成本 \times (1 + 成本利润率)$$

【例3-2】 上海出发杭州两日游的高铁团产品的成本是300元,旅行社确定的成本利润率为10%,则:

$$杭州两日游的产品价格 = 300 \times (1 + 10\%) = 330(元)$$

成本加成定价法计算简便,成本数据取得较为容易,可以依据行程单等获得。但是成本利润率需要依据市场环境、季节变化、产品类型等综合考虑,一般是以行业的平均成本利润率作为计算依据,有时采用毛利率为计算依据。

2. 目标利润定价法

目标利润定价法是根据旅行社的总成本、投资总额、预期产品销量和目标利润来制定价格的一种方法。在旅行社设置运营中心的组织架构中,如果能分清每个中心所开发的每类产品的固定成本和变动成本,那么这种定价方法就能比成本加成定价法更能反映每个运营中心的旅游产品销售情况。其计算公式为

$$单位产品价格 = (总成本 + 目标利润) / 预计销售量$$
$$= (固定成本总额 + 变动成本总额 + 目标利润) / 预计销售量$$
$$= (固定成本总额 + 目标利润) / 预计销售量 + 单位变动成本$$

【例3-3】 安心旅游公司设有国内游中心、出境游中心两个部门,国内游中心的华东部计划在2022年实现目标利润200 000元,已知国内游中心全年的固定成本600 000元,预计接待旅游者50 000人次,每名旅游者的单位变动成本为100元,则华东部2022年预计国内旅游者每人每天的收费价格为

$$每名旅游者的收费价格 = \frac{(600\ 000 + 200\ 000)}{50\ 000} + 100 = 116(元/人·天)$$

目标利润定价法是直接根据所确定的目标利润来定价,忽略了价格和销售量对利润的影响,如果目标利润制定过高,在市场不景气的情况下,产品在市场上将失去竞争力。这种定价方法一般适用于处于垄断地位的旅行社。

3. 边际贡献定价法

边际贡献是单位售价减去单位变动成本的差额,在固定成本一定的情况下,每增加一个单位的销售量,将给旅行社带来额外的收益,这个额外的收益就是边际贡献。

【例3-4】 安心旅游公司设有国内游中心、出境游中心两个部门,已知国内游中心全年的固定成本600 000元,全年预计接待旅游者50 000人次,每名旅游者的单位变动成本为

100元。如果要实现保本,旅行社的单位边际贡献应该是多少?此时旅游产品定价至少是多少才不会亏损?

要达到不亏不赚则有:

$$固定成本-单位边际贡献×销售量=0$$

$$单位边际贡献=固定成本/销售量=600\ 000/50\ 000=12(元/人·天)$$

$$单位售价=单位边际贡献+单位变动成本=12+100=112(元/人·天)$$

可见,该旅行社的产品定价应该不低于112元/人·天,才能实现保本。

(二)需求导向定价法

需求导向定价法是以市场需求为中心,以顾客对旅游产品价值的认识为依据制定价格的一种方法。需求导向定价法包括认知价值定价法和需求差异定价法。

1. 认知价值定价法

这种方法以旅游者对产品价值的理解度为定价依据,所以价格的决定因素是旅游者对旅游产品价值的认识水平。

2. 需求差别定价法

这种方法是指旅行社根据不同购买力、不同数量、不同种类、不同地点、不同时间等因素制定不同价格的定价方法。

(三)竞争导向定价法

在竞争激烈的市场上,旅行社通过研究竞争对手的生产条件、服务状况、价格水平等因素,依据自身的竞争实力,参考成本和供求状况来确定商品价格。竞争导向定价法分为率先定价法、追随核心企业定价法、随行就市定价法、企业协议定价法。在实际工作中,旅行社会运用多种定价方法来确定旅游产品报价。

【例3-5】 安心旅游公司承接深圳会议团,人数为44人,表3-8所示的是旅行社根据本次会议团要求得出的涉及相关成本费用支出合计,表3-9所示的是旅行社按照预计成本加成率6%,最终确定的每人报价1 818元。

表3-8 深圳会议团供应商成本

	服 务 项 目	单价/元	数量	人数	小计/元
酒店	深圳晶都大酒店(一晚)	180.00	1	44	7 920
	香港仁民饭店(两晚)	348.00	2	44	30 624
正餐	早餐	0	3	44	0
	晚餐:28日	60.00	1	44	2 640
	午餐:29日、30日	45.00	2	44	3 960
	晚餐:29日、30日	45.00	2	44	3 960

续表

服务项目		单价/元	数量	人数	小计/元
其他	用车:29日深圳酒店—皇岗边检站	7.96	1	44	350
	用车:29日香港用两辆车	68.20	1	44	3 001
	用车:30日香港一天用车	34.10	1	44	1 500
	用车:31日香港酒店—落马洲用车	14.80	1	44	651
	用车:31日深圳皇岗—深圳机场、深圳火车站用车	18.20	1	44	801
	门票:香港海洋公园	150.00	1	44	6 600
	地陪	28.00	1	44	1 232
	保险	4.00	1	44	176
	全陪:(机票1 400+房费1 400+其他500)				3 300
	车费(皇岗边检站—香港落马洲)	14.00	1	44	616
合计					67 331
每人报价					1 530

注:小计取整数。

表3-9 深圳会议团对外报价

服务项目		单价/元	数量	人数	小计/元
酒店	深圳晶都大酒店(一晚)	185.00	1	44	8 140
	香港仁民饭店(两晚)	420.00	2	44	36 960
正餐	早餐		3	44	0
	晚餐:28日	60.00	1	44	2 640
	午餐:29日、30日	45.00	2	44	3 960
	晚餐:29日、30日	45.00	2	44	3 960
其他	用车:29日深圳酒店—皇岗边检站	8.20	1	44	361
	用车:29日香港用两辆车	90.00	1	44	3 960
	用车:30日香港一天用车	45.00	1	44	1 980
	用车:31日香港酒店—落马洲用车	15.00	1	44	660
	用车:31日深圳皇岗—深圳机场、深圳火车站用车	18.20	1	44	801
	门票:香港海洋公园	150.00	1	44	6 600
	地陪	30.00	1	44	1 320

续表

服务项目		单价/元	数量	人数	小计/元
其他	保险	4.00	1	44	176
	全陪	75.00	1	44	3 300
	车费（皇岗边检站—香港落马洲）	14.00	1	44	616
合计					75 434
预计成本加成率6%					4 527
每人报价					1 818

三、旅游产品定价的基本步骤

（一）确定价格范围

1. 首先估算成本

一般而言，旅行社成本包括房费、餐费、交通费、门票费、综合服务费、保险费等。通过对成本的估算，确定报价的下限，即为旅行社可接受的最低报价。

2. 确定利润目标

通过分析市场当前的价格结构、了解客户满意的价格等来确定市场承受价，确定报价的上限。

（二）分析竞争对手

将产品成本和行业竞争对手的成本进行比较，找出本企业产品与竞争对手存在的差距，如特色、行程安排、资源保障等方面不足。通过差异分析，讨论定价策略。如果差异较小，则定价可以与竞争者接近或略低一些，以增加产品的吸引力；如果差异较大，且企业具有更明显的优势，则定价可高于竞争者。

（三）选择定价方法

通过考虑产品的成本、旅游者需求状况、竞争者产品分析三个基本因素，确定成本导向、需求导向、竞争导向三类不同的定价方法。

（四）最终定价

根据定价目标，选择某种定价方法所制定的价格并非该产品的最终价格，而只是基本价格。为了提高产品的竞争力及对旅游者的吸引力，在确定最终价格时，还需要考虑其他一些因素对基本价格进行适当的调整，如旅游者心理因素、竞争对手的反应等因素。

（五）产品报价说明

产品报价一般是一种基本报价，还需要制定明确的报价说明，以明确报价依据、报价中包含的费用及项目、报价中不包含的费用及项目。

(1) 旅行社一般为旅游者安排双人标准间或三人间，有时团队因人数或性别原因可能会出现自然单间,由此产生的房费差额一定要根据交易双方事先达成的协议来处理。

(2) 当旅游团内成年旅游者人数达到 16 人时,应免收一人的综合服务费。

(3) 12 周岁以下儿童通常收取 30%—50%的综合服务费(不占床位、车位),12 周岁及以上儿童收取全额综合服务费。

(4) 个人旅游意外保险是由旅游者自愿投保的。

(5) 旅游线路报价在实施过程中若发生因人力不可抗力因素造成实际费用超过报价的,由旅游者自行承担额外费用。

模拟实践　　　　　旅游产品定价

根据本节学习引导中"昆明—大理—丽江双飞双卧五晚六日游"的产品报价,旅游活动中各项目的费用均包含在报价中,可直接根据旅游产品定价的相关知识来确定对外报价。

小李在进行产品定价时,首先选择的是成本加成的定价法,即单位产品价格＝直接成本×(1＋毛利率),然后采用需求导向定价法并结合竞争导向定价法,对已经确定的产品基本价格进行调整,以适应当时的旅游市场。

1. 成本测算

根据前面全包价旅游产品的费用组成,推测该线路的成本费用(单价)如下。

(1) 房费:65(昆明)＋55(大理)＋70(丽江)＝190(元/人)

(2) 餐费:8(正餐)×15＋5(正餐)×5＝145(元/人)

(3) 门票费:石林 140 元/人,大理 10 元/人,玉龙雪山 220 元/人,古城维护费 80 元/人,合计 450 元/人。

(4) 交通:

市内交通 150 元/人(旅游大巴,30 人计)。

区间交通,即昆明—大理往返空调硬卧火车票(中铺),78×2＝156(元/人)。

大交通,即上海往返昆明机票,1 900×0.6(折扣)×2(双程)＋100(机场建设费)＝2 380(元/人)

交通费合计 2 686 元/人。

(5) 综合服务费:6×10＝60(元/人)

(6) 导游服务费:当地优秀导游,按照每天 50 元计算,合计 300 元。

(7) 保险:旅游意外险 30 元/人(一般保额为 50 万元)。

线路成本＝房费＋餐费＋门票费＋交通费＋综合服务费＋导游服务费＋保险
　　　　＝3 861(元/人)

2. 确定价格

成本总计 3 861 元/人,采用成本加成定价法(利润率 10%)后,产品价格为 4 247.10元/人。根据市场调查,该产品竞争对手价格为 4 180 元/人。小李通过对比竞争对手竞争价格,将价格范围确定在每人 3 861—4 248 元,最后采用随行就市定价法,将价格确定为 4 188 元/人。

总结,本产品的定价过程包括资料收集、成本测算、确定价格范围、分析竞争对手、确定定价方法、最终定价并进行产品报价说明。

第三节　旅游企业收入的核算

学习引导　　未开具发票的旅游项目确认为收入吗?

2018 年 5 月 22 日安心旅游公司组团上海客户去昆明、大理、丽江旅游,出团前与所有旅游者签订了国内游旅游合同,但是有些旅游者未索取发票,于是安心旅游公司就没有开具发票。但是与昆明、大理、丽江等地的地接社的各项费用支出已经发生了。5 月 28 日,该旅游团客人已安全抵达上海。安心旅游公司的会计人员,就没有按照开具的发票确认当期团队收入,并按照不同地接社填制的结算单确认当期团队成本。

(资料来源:根据相关资料整理。)

分析思考

旅游企业在经营中销售商品或者提供劳务,当符合收入确认条件时,必须及时入账。

思考:

你认为上述安心旅游公司确认收入的做法符合《企业会计准则第 14 号——收入》的规定吗?旅游企业应如何正确确认收入?

一、旅行社收入核算的内容

旅行社在开展经营活动时,可按经营业务范围以及为旅游者提供服务形式的不同对其进行细分。一是,按经营业务范围的不同,可分为国际旅行社和国内旅行社。国际旅行社的经营范围包括入境旅游业务、出境旅游业务、国内旅游业务。国内旅行社的经营范围仅限于国内旅游业务。二是,按旅行社为旅游者提供服务形式的不同,可分为组团社和接团社。组团社是从国内或国外组织旅游团队,为旅游者办理出境、入境手续、保险、安排游览计划(包括游览日程、旅游路线及一些特殊的旅游项目),并选派导游人员随团为旅游者提供服务。接团社是为旅游者在某一地方或某一区段提供导游服务,安排旅游者的参观游览日程,并为之订房、订餐以及订机票、车票,为下一站的旅游提前做好安排。

旅行社通过旅游线路的设计,将各个分散的旅游产品组合并销售给旅游者,在为旅游者提供吃、住、行、游、购、娱等服务过程中所发生的团费、导游差旅费及其他费用开支构成旅行社成本费用,这些成本费用通过旅行社为旅游者提供旅游活动的计划、组织、安排及接待服务而获得相应的收入予以补偿。在一定时期内,如果经营收入大于各种经营成本费用,旅行社就获得了盈利;反之,则发生了亏损。

旅行社为旅游者提供的服务种类很多,接待的有的是团体旅游,有的是散客旅游;有的是短途旅游,如一日游、周边游;有的需较长时间才能完成,如接待来华旅游的外国长线旅游团。旅行社为旅游者提供相同的服务时,由于完成的时间不相同,应何时确认营业收入,按多少金额入账?

根据《企业会计准则第14号——收入》中的规定,企业与客户之间的合同同时符合以下五个条件的,企业应当在客户取得相关商品控制权时确认收入:

(1) 合同各方已批准该合同并承诺将履行各自义务;
(2) 该合同明确了合同各方与所转让商品相关的权利和义务;
(3) 该合同有明确的与所转让商品相关的支付条款;
(4) 该合同具有商业实质,即履行该合同将改变企业未来现金流量的风险、时间分布或金额;
(5) 企业因向客户转让商品而有权取得的对价很可能收回。

旅行社的经营多以劳务为主,在确认收入时主要考虑满足以下四个条件:

(1) 收入的金额能够可靠地计量;
(2) 相关的经济利益很可能流入企业;
(3) 客户已经接受该服务,且服务提供的完成情况能够可靠确定;
(4) 交易中已发生的和将发生的成本能够可靠地计量。

旅行社除按上述原则确认外,还应该根据其业务的特性合理界定营业收入的实现时间。旅行社(不论是组团社还是接团社)组织境外旅游者到国内旅游,应以旅游团离境(或离开本地)时确认营业收入的实现;旅行社组织国内旅游者到境外旅游,应以旅游团旅行结束返回时确认营业收入的实现;旅行社组织国内旅游者在国内旅游,应以旅游团旅行结束返回时确认营业收入的实现;旅行社接待旅游者在当地旅游,应以旅游团离开当地时确认营业收入的实现,如表3-10所示。

表 3-10　旅行社收入确认时点要求

业 务 类 型	收入确认时点
旅行社组织境外旅游者到国内旅游	旅游团离境(或离开本地)时
旅行社组织国内旅游者到境外旅游	旅游团旅行结束返回时
旅行社组织国内旅游者在国内旅游	旅游团旅行结束返回时
旅行社接待旅游者在当地旅游	旅游团离开当地时

本节学习引导中所描述的安心旅游公司确认收入的做法是不正确的。根据《企业会计准则第 14 号——收入》的规定，企业确认收入的方式应当反映其向客户转让商品或提供服务(以下简称"转让商品")的模式，收入的金额应当反映企业因转让这些商品或提供这些服务而预期有权收取的对价金额，以如实反映企业的生产经营成果，核算企业实现的损益。所以对于客户未索取发票的部分，安心旅游公司会计人员也要确认收入，这样才能真实反映企业的经营情况。同时，在增值税纳税申报时，按照开票收入和未开票收入分别列示当期收入，根据适用税率缴纳增值税。

二、旅行社收入的分类

营业收入是指旅行社在一定时期为旅游者的旅游活动进行计划、组织和安排，并提供所需的各种旅游服务而获得的相应收入。要搞好旅行社营业收入的核算，首先应对所取得收入进行合理分类，然后再用会计的方法予以计量和反映。

根据旅行社为旅游者提供服务形式的不同，可将旅行社收入分为以下几类。

(一) 组团收入

组团收入是指旅行社自组外联而收取的旅游者的房费、餐费、交通费、文娱活动费、旅行社手续费等收入。一般多为团体包价收入，即旅行社将境内旅游者组织成团到境外旅游，以及旅行社将境外旅游者组织成团到境内旅游所收取的团费收入。

(二) 接团收入

接团收入由两部分组成，一是旅行社直接承接境外组团社的入境旅游业务所形成的收入，二是作为地接社承接其他组团社的委托的旅游接待业务所形成的收入。以往的会计核算通常将综合服务收入单列，这里的综合服务收入是指接团社向旅游者收取的包括市内交通费、导游费、房费、餐费、文娱活动费、杂费等各种费用在内的应向组团社收取的服务费收入。但是随着会计核算的变化，目前，综合服务收入、房费、餐费等分别以二级明细科目列示在接团收入中。

(三) 零星服务收入

零星服务收入是指旅行社承接零星散客旅游或承办委托服务事项所取得的收入，包括委托收入、手续费收入、导游接送收入、车费收入、托运服务收入等。

(四) 劳务收入

劳务收入是指旅行社向其他旅行社提供当地或全程导游服务的人员所取得的收入。

（五）票务收入

票务收入是指旅行社代办国际联运客票和国内客票的手续费收入，如单订票、火车、机票、景点门票等所取得手续费收入。

（六）地游及加项收入

地游及加项收入是指旅行社接待旅游者某地一、二日游的小包价收入和为旅游者提供额外服务而取得的加项收入。主要包括：①接待旅游者一、二日游的小包价收入，如各地房费、餐费、接送服务费、城市间交通费、主办外联单位的手续费；②游江游湖收入，属旅游者要求的加项收入；③地方风味收入，属旅游者要求的加项收入；④汽车超公里收入，主要是指旅游者乘坐游览车每天超过50公里的车费收入；⑤专业活动收入，属旅游者要求的加项收入，如参加科技交流以及观看文艺演出、体育比赛的费用等。

（七）其他服务收入

其他服务收入是指不属于以上各项的服务收入，如一些旅行社承接会议、设计会议奖励旅游产品，所取得会展收入。

三、旅行社营业收入账务处理

（一）会计计量

旅行社收入确认的金额是按旅行社与各单位或者旅行者签订的合同或者协议所确定的结算价格。在实务操作中为避免漏记、错记收入，旅行社要对发票加强管理，一般发票开具的内容为旅游费、考察费、代订机票费、代订车船票费等。

目前，旅行社对外开具的发票有增值税普通发票和增值税专用发票。一般情况下，如果旅行社组织、招徕、接待的是单纯开会的团队，则开具增值税专用发票；如果旅行社组织、招徕、接待的是"会议＋旅游"的团队，则开具增值税普通发票。

旅行社依据所开发票按照不含税金额确认当期营业收入。

（二）账户设置

旅行社的营业收入无论是组团形式还是以接团形式实现的，都必须通过"主营业务收入"账户进行核算。"主营业务收入"账户反映旅行社在一定时期所实现的各项营业收入情况。该账户属损益类账户，贷方登记企业确认的各项营业收入；借方登记冲减的收入和期末转入"本年利润"账户的净收入，结转后该账户无余额。"主营业务收入"账户可根据管理上的需要采用不同的方法设置二级明细账户。如按照收入类别、部门分类，或按照团队性质设置明细账户。

1. 按收入类别设置

明细账户可分设"组团收入""接团收入""零星服务收入""劳务收入""票务收入""地游及加项收入""其他服务收入"等二级账户。旅行社的收入中包含较多的代收代付项目，因此在上述二级账户下可分设"房费收入""餐费收入""车费收入""文杂费收入""陪同费收入"等三级账户，如"主营业务收入——组团收入——房费收入"。

2. 按部门设置

明细账户有的是按照不同国家或地区在"主营业务收入"下分设"日本部""欧洲部""美

加部""亚太部""综合部"等二级账户。在各部门之下再可分设"自组团"(指旅行社自组外联的团队)、"横向团"(指旅行社接待其他旅行社所组织的团队)、"散客"等明细账户,如"主营业务收入——日本部——接团收入(横向团)""主营业务收入——日本部——地游及加项收入(散客)"。

(三)组团营业收入的核算

组团社营业收入是组团社根据组团报价为旅游者提供服务所取得的收入。

组团社营业收入核算程序一般是,先由外联部与客源地旅行社签订组团协议,确定接待人数、时间、等级、内容、价格等,然后给有关接待单位下达接待计划,根据各接待单位填报的"旅游团(者)费用结算通知单"拨付款项,最后根据客源地旅行社确认的函电和接待计划及审核后的"旅游团(者)费用结算通知单"填制结算账单,及时向其收款。

(1)收到旅游费用时(依据银行收账通知及收入日报表):

借:银行存款/其他货币资金
　　贷:预收账款/应收账款——××公司

(2)确认营业收入实现时(依据有关结算通知单):

借:预收账款/应收账款——××公司
　　贷:主营业务收入——组团收入

(3)如需退回预收款项的余额时:

借:预收账款/应收账款——××公司
　　贷:银行存款/其他货币资金

(4)若旅游费不足,需另外加收时:

借:预收账款/应收账款——××公司
　　贷:主营业务收入——组团收入

(5)待收到加收款后,再冲减应收账款或预收账款账户。

【例3-6】 假设安心旅游公司与A旅行社签订协议,由安心旅游公司承办该社组织的A1234团20人来华旅游事宜,按协议规定,该社应于旅游团入境前预付50%的旅费计5 000美元。

(1)202×年3月1日收到A旅行社汇入A1234团旅费5 000美元,当日美元汇率为6.20,编制分录如下:

借:银行存款——美元户(5 000×6.20)　　　　　　　　　　　　　　31 000
　　贷:应收账款——A旅行社　　　　　　　　　　　　　　　　　　　　　31 000

(2)该团经过7天的旅游,已离境回国,根据各接待单位(广州××旅行社、河南省××旅行社、山西省××旅行社、厦门××旅行社、漳州××旅行社、泉州××旅行社)填报的"结算通知单"及有关资料,经审核收入构成为综合服务收入28 000元,劳务收入4 000元,地游及加项收入10 000元,城市间交通费23 600元。编制分录如下:

借:应收账款——A旅行社　　　　　　　　　　　　　　　　　　　　　　65 600
　　贷:主营业务收入——组团收入　　　　　　　　　　　　　　　　　　　65 600

(3)202×年6月30日收到A旅行社汇来的旅费5 000美元,当日美元汇率6.30,根据汇款水单编制分录如下:

借:银行存款——美元户(5 000×6.30)   31 500
    贷:应收账款——A旅行社   31 000
       财务费用——汇兑损益   500

与A旅行社结算旅费,发生的差额500元作为汇兑损益处理,计入财务费用。

6. 旅游合同解除或退团处理

关于旅游合同的解除需要分清原因进行处理,《旅游法》第六十五条规定:旅游行程结束前,旅游者解除合同的,组团社应当在扣除必要的费用后,将余款退还给旅游者。

旅游者因为自身原因导致合同解除的,分为行前解除合同和行中解除合同。

1) 旅游者行前解除合同

【例3-7】 安心旅游公司组织旅游者去某地旅游,由于旅游者自身原因于行程开始当日解除合同,旅游合同第四条约定的旅游费用总额为10 000元,旅行社举证已经发生且不可退还的需要扣除的(车、船票)费用为5 000元,假定旅游合同中约定的解除合同旅游者需支付剩余旅费30%的费用作为违约金,则:

$$扣除必要的费用 = 扣除的机(车、船票)费用 + 剩余的旅游费用$$
$$= 5\,000 + 5\,000 \times 30\%$$
$$= 6\,500(元)$$

$$退还旅游者费用 = 旅游费用总额 - 扣除必要的费用$$
$$= 10\,000 - 6\,500$$
$$= 3\,500(元)$$

借:预收账款/应收账款   3 500
    贷:其他货币资金——微信/支付宝   3 500

2) 旅游者行中解除合同

【例3-8】 安心旅游公司组织旅游者去境外6天旅游,由于旅游者自身原因于旅游第4天解除合同,旅游合同中第四条约定的旅游费用总额为10 000元,按照约定的旅游者自身原因解除合同扣除比例为30%,则:

$$扣除必要的费用 = [旅游总费用 \times (1 - 扣除比例) / 旅游总天数] \times 实际发生的旅游天数$$
$$+ 旅游总费用 \times 扣除比例$$
$$= [10\,000 \times (1 - 30\%) / 6] \times 4 + 10\,000 \times 30\%$$
$$\approx 7\,666.67(元)$$

$$退还旅游者费用 = 旅游费用总额 - 7\,666.68$$
$$= 10\,000 - 7\,666.67$$
$$= 2\,333.33(元)$$

借:预收账款   2 333.33
    贷:其他货币资金——微信/支付宝   2 333.33

如属于旅行社自身原因造成旅游合同解除的,除退还旅游者的所交的旅游费用外,还需支付违约金。

【例3-9】 安心旅游公司组织旅游者去某地旅游,由于旅行社原因于行程开始前3日经与旅游者协商解除合同,旅游合同中第四条约定的旅游费用总额为10 000元,约定因旅行

社原因而应付的违约金赔付金额为500元,则:
　　借:预收账款　　　　　　　　　　　　　　　　　　　　10 000
　　　　营业外支出　　　　　　　　　　　　　　　　　　　　　500
　　　　贷:其他货币资金　　　　　　　　　　　　　　　　　10 500

如果旅游团在游览过程中游客发生骨折,领队未尽到提示义务所发生的赔偿,按照旅行社责任险,所发生的赔偿一部分由保险公司赔偿,不足部分则由领队个人承担赔偿。

　　借:其他应收款——保险公司
　　　　其他应收款——领队
　　　　贷:其他货币资金

(四) 接团营业收入的核算

接团业务会计核算是指接团社为旅游团(者)提供各项服务后,根据有关收费标准,向旅游团(者)收取的费用。一般为接团社向组团社收取的款项形成接团收入。

接团社在旅游团离开本地后,应及时向组团社报送旅游团(者)费用结算通知单,简称"结算通知单",类似于账单。接团社与组团社之间的结算,通常是接待在前,结算在后。接团社以"旅游团(者)费用结算通知单"作为计算本期营业收入的依据。

1. 确认营业收入时

　　借:预收账款/应收账款
　　　　贷:主营业务收入——接团收入

2. 收到组团社的旅游团费用拨款时(依据银行收账通知)

　　借:银行存款
　　　　贷:预收账款/应收账款

在实务工作中,有些旅行社对于组团收入和接团收入,涉及的增值税的核算统一在月末进行会计核算。具体介绍可以参见第七章旅游企业税金核算。

(五) 其他经营业务收入的核算

1. 佣金的核算

旅行社通过代订机票、客房、餐饮、门票等业务会取得佣金、返利收入。取得的佣金收入、返利收入应确认为当期收入。

【例3-10】 某旅行社在2019年5月30日,与本市签约的10家酒店进行结算,银行结算单显示共收到返利收入10 600元。

　　借:银行存款/库存现金　　　　　　　　　　　　　　　10 600
　　　　贷:主营业务收入　　　　　　　　　　　　　　　　　10 000
　　　　　　应交税费——应交增值税　　　　　　　　　　　　　600

佣金返利一般是统一结算,由财务对外结算后,向对方开具增值税专用发票,再细分到相关业务部门。返佣比例依据旅行社与对方所签订旅游服务采购合同或协议的约定执行。

2. 现金折扣的核算

旅行社开展旅游经营业务,尤其是在市场竞争激烈的情况下,为了获得更多的旅游订单,会给予客户一定的信用期,这样就形成了应收账款,为加速收回款项,旅行社给予客户现金折扣。现金折扣反映的是企业给予对方资金让渡,通过"财务费用"会计科目进行核算。

【例 3-11】 某旅行社在 2019 年 5 月 1 日,为 A 公司组团 20 人赴欧洲五国八日游,每人价格为 12 000 元,该社为及早收回团款,在合同中规定的现金折扣为"1/10、0.5/20、$n/30$"

(1) 5 月 9 日,团队返回时确认营业收入:

借:应收账款——A 公司　　　　　　　　　　　　240 000
　　贷:主营业务收入——组团收入　　　　　　　　　　226 415
　　　　应交税费——应交增值税　　　　　　　　　　　13 585

(2) 假定,A 公司分别在 5 月 9 日和 5 月 15 日付清团费,请编制相应的会计分录。

5 月 9 日,收到 A 公司所支付的团费时:

借:银行存款　　　　　　　　　　　　　　　　　237 736
　　财务费用　　　　　　　　　　　　　　　　　　2 264
　　贷:应收账款——A 公司　　　　　　　　　　　　240 000

5 月 15 日,收到 A 公司所支付的团费时:

借:银行存款　　　　　　　　　　　　　　　　　238 868
　　财务费用　　　　　　　　　　　　　　　　　　1 132
　　贷:应收账款——A 公司　　　　　　　　　　　　240 000

(本分录中为简化表示,会计分录中的金额四舍五入取整数计算。)

3. 代理收入的核算

旅行社为客户提供差旅管理,通过为客户代购机票、车票、船票或者代订客房等收取的服务费,这种服务费一般按成本的一定比例计算,记入代理收入。

【例 3-12】 安心旅游公司承接 H 公司委托代订机票 10 张,每张机票手续费为 50 元。已知机票票价为 1 000 元,旅行社支付给航空公司的机票款为每张 1 000 元。

(1) 假定出售 10 张机票确认收入的分录如下:

借:银行存款　　　　　　　　　　　　　　　　　10 500
　　贷:主营业务收入　　　　　　　　　　　　　　　471.69
　　　　应交税费——应交增值税　　　　　　　　　　28.31
　　　　应付账款——某航空公司　　　　　　　　　10 000

(2) 与航空公司结算机票款时:

借:应付账款——某航空公司　　　　　　　　　　10 000
　　贷:银行存款　　　　　　　　　　　　　　　　10 000

4. 申请入会费和会员费收入的核算

旅行社之家及旅行社俱乐部向客户收取一定的费用是客户入会的标志,应按所提供的服务性质不同确认收入。

如果所收取的费用只允许取得会籍,而会员享用其他服务需另行付费的,则应在款项收到时确认收入。

如果所收取的费用能使会员在会员期内得到各种服务,或者以低于非会员的价格享受服务的,则此项收费应在整个收益期内分期确认收入。

（1）收到会员费时：
借：银行存款
　　贷：预收账款
（2）旅行社实际提供会员服务时，将预收账款一部分确认为当期收入，一部分递延到以后的受益期时：
借：预收账款
　　贷：主营业务收入
　　　　递延收益（未提供服务的部分）
（3）在会员服务期内，将递延收益按期结转到营业收入：
借：递延收益
　　贷：主营业务收入

5. 品牌加盟收入的核算

国内几大著名的旅行社都以品牌为依托，收取品牌加盟费或使用费，并为各加盟社提供最大限度的共享资源，并在品牌使用、经营手段、识别系统、业务培训、形象宣传、产品开发、督导管理等方面给予指导。

品牌加盟费收入，包括提供初始以及后续服务、设备和其他有形资产及专门技术等方面的收入。其中，属于提供设备和其他有形资产的部分，应在这些资产的所有权转移时，确认为收入；属于提供初始及后续服务的部分，应在提供服务时确认收入。

【例3-13】A旅行社与B企业达成协议，允许B企业经营其连锁店，协议规定，B企业共向该社缴纳品牌使用费400 000元，其中，连锁店装修（包括家具、柜台）等收费150 000元，装修成本100 000元；提供初始服务，如帮助选址、培训人员、广告等收费150 000元，发生成本100 000元，提供后续服务收费100 000元，发生成本40 000元，假定款项在协议开始时一次付清（以下会计分录编制，暂不考虑增值税及其他税费）。

（1）装修交付时，确认收入：

借：银行存款	150 000	
贷：主营业务收入		150 000

同时，结转成本，

借：主营业务成本	100 000	
贷：库存商品		100 000

（2）在提供初始服务时，按提供服务的完成程度确认150 000元的收入：

借：银行存款	150 000	
贷：主营业务收入		150 000

同时，结转成本，

借：主营业务成本	100 000	
贷：库存商品		100 000

（3）在提供后续服务时，已知提供门店加盟管理费100 000元，发生销售及人工计40 000元，按提供服务的完成程度确认100 000元的收入：

借：银行存款	100 000	

贷：主营业务收入　　　　　　　　　　　　　　　　　　　　　　　100 000
结转成本：
　　借：销售费用　　　　　　　　　　　　　　　　　　　　　　　　　40 000
　　贷：应付职工薪酬　　　　　　　　　　　　　　　　　　　　　　　40 000
　　对于支付品牌加盟费的旅游企业进行会计处理时，如果合同约定为长期有效的，则品牌加盟支出列入无形资产，可以在合同期内摊销；如果是没有约定合同期限的，则摊销期限不少于5年。对于加盟店B企业，支付给A旅行社的加盟费作为"销售费用"列支。如果合同约定为长期有效的，则可以将其列为"长期待摊费用"，在合同期限内摊销。

拓展阅读　旅行社收入管理存在的风险点及识别

本章小结

　　本章主要介绍旅游产品的设计、旅游产品的定价方法，以及旅游产品销售收入的会计核算，佣金、代办事项等其他业务收入的会计核算；重点介绍了旅游线路盈亏比较分析、组团营业收入以及接团营业收入的会计核算。

课后训练

第四章

旅游服务采购的核算

> 学习目标

知识目标

(1) 了解旅游服务采购的内容;
(2) 熟悉旅游服务采购的流程;
(3) 熟悉旅游服务采购合同的内容;
(4) 掌握旅行社成本确认和计量的基本原则。

能力目标

(1) 能设计旅游服务采购流程;
(2) 能正确核算组团营业成本;
(3) 能正确核算接团营业成本;
(4) 能初步制定旅游服务采购内控制度。

素养目标

(1) 具有敏锐的成本控制意识和积极乐观的心态;
(2) 具备务实、钻研的学习态度。

知识框架

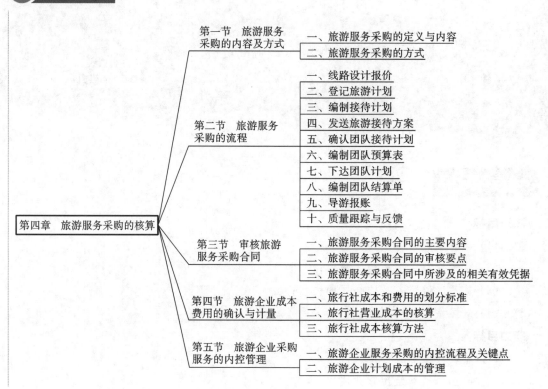

教学重点

（1）旅游服务采购的内容和流程；
（2）旅游服务采购合同的审核要点；
（3）旅游服务采购成本核算。

教学难点

旅游服务采购渠道与选择　成本会计核算　旅游服务采购内控

案例导入

新理念有效控制成本费用

某旅行社虽然接团量不少，每天也是顾客盈门，但经营业绩不理想，去年接团量在超过往年同期12％的情况下，却出现了亏损，旅行社不得不外聘职业经理人来扭转局面。新经理上任后提出了新的经营理念：旅行社业竞争日趋激烈，必须要开源节流，降低费用，提高资金利用率，并且将控制成本费用作为工作重心。新经理首先调研了成本费用产生的业务源头及相关会计核算内容，分析其特点，本着开源节流、查堵漏洞的原则，开始实施降本增效的举措。

1. 建立严格的预算制度，减少不必要费用开支

旅行社所有的开支项目必须事先提出预算，不得随意添置和选购，如果要追加临时费用，则必须控制在计划的范围内，不得超出预算限定波动范围。

2. 严格落实各种责任制

旅行社严格落实各种责任制，责任到人、分工明确，建立完善的激励机制，个人的奖惩与工作绩效挂钩。

3. 建立严格的核算制度

在财务上，建立严格的核算制度，定期分析费用开支情况。如计划数与实际数相比，本企业与同行对比，费用结构变化差异分析等，以便及时掌握费用的开支情况，及时发现存在的问题，提出降低费用支出的途径。

4. 保证团队的接待质量

绝不做"零利润""负利润"团队，保证团队的接待质量。

旅行社上下齐心，有效实施控制成本费用措施，最终扭转了长期亏损的局限，实现了利润增长的目标。

（资料来源：根据钟丽娟《旅行社成本核算与控制》整理。）

在本章的学习中，我们将了解旅游服务采购的方式、不同采购渠道对旅行社成本费用的影响；掌握旅游服务采购的内容及其流程，能依据国家财经法规及时确认成本、费用，能对不同的成本、费用进行正确的会计核算。

第一节　旅游服务采购的内容及方式

学习引导　　旅行社服务采购要处理好保证供应与降低采购成本的关系

旅行社经营的本质在于生存、发展、盈利。在既定旅游产品价格不变的情况下，面向同类目标市场销售旅游产品，获客成本和旅游产品资源采购的成本越来越高，则会挤压旅行社的利润空间。因此，在旅游市场同质化竞争日趋激烈、旅游产品推陈出新速度越来越快的时代，旅行社对于产品资源的管控能力决定了企业发展能力和盈利能力。降低采购成本成为企业提高利润的途径之一。脱离服务品质的低价团所引起的旅游行业内的价格战并不是一种良性的竞争态势。旅行社需要

在供求关系之间、服务品质与降低采购成本之间选择不同的重点或者采取不同的策略。例如,在春节旅游旺季,海岛机票资源紧俏,这时,如果旅行社能抓住机会采购到足够的机票,推出有特色海岛游产品,那么就能获得可观的利润。因此,在市场机票供应紧张的情况下,旅行社要未雨绸缪,事先安排好资金,通过规模采购获得较低的机票价格,以增加利润。

(资料来源:根据相关资料整理。)

分析思考

旅行社要降低采购成本,就需要与旅游产品资源提供方建立合作关系。

思考:

(1)旅行社服务采购的内容是什么?

(2)旅行社服务采购的方式是什么?旅行社是如何实现规模采购的?

一、旅游服务采购的定义与内容

(一)旅游服务采购的定义

旅游服务采购是指旅行社为组合旅游产品,通过合同或协议形式,以一定价格向其他旅游企业以及与旅游业相关的服务行业和部门购买服务项目的行为。旅游服务采购的成效直接关系旅行社经营活动的成败。旅行社经营活动的开展涉及吃、住、行、游、购、娱,随着消费升级,旅行社经营活动开始向多元化发展,如休闲、研学、健康、养生等方向,这需要旅行社与时俱进,与相关部门建立好协作关系,保质保量地落实各项采购。

旅行社各项旅游资源的采购工作一般由计调人员负责,需要及时与旅游产品资源提供方以及相关部门联系,落实各项服务采购事宜,确保旅游接待任务的顺利进行。

(二)旅游服务采购的内容

1. 住宿服务的采购

旅行社计调人员要针对目标市场,结合旅游接待的规模,考察住宿酒店的设施及服务条件。

(1)住宿服务设施。

选择与旅游团或旅游者需求相匹配的住宿服务设施、坐落地点及环境。要考察酒店的硬件服务设施和软件服务水平,住宿环境与其市场定位是否一致。如某高端商务旅游团被安排入住在纯接待散客的酒店就无法满足其开展商务活动的需要。

(2) 住宿服务预订的渠道。

组团社预订是指组团社直接向有关酒店提出预订要求,这种预订方式的优点是可以节省组团社订房成本,增强组团社与旅游目的地酒店的合作关系,缺点是由于距离的原因,酒店在价格、租房押金、付款期限、客房保留截止日期等方面给予组团社的优惠条件并不多,需要在降低成本与协调关系之间寻找最佳平衡点。接团社预订是指由旅游目的地旅行社代客源地旅行社或由于自身的业务需要直接向本地酒店采购酒店住宿服务。这种预订方式的优点是接团社熟悉当地酒店资源,与之建立长期良好合作关系,在旅游旺季时有更多机会获得客房资源;缺点是接团社有可能将批量采购的客房优惠留下部分作为订房费,另外出于成本的考虑,接团社有可能预订距离景区较远的酒店供旅游者住宿。

(3) 住宿服务采购的价格。

酒店房价有不同的表现形式,有门市价、优惠价、团队价、特惠价、折扣价等,旅行社应根据实际情况,与酒店签订订房合同,以明确双方责任。合同内容一般包括旅行社名称、用房数量及类型、入住时间、结算方式、特殊要求等。依据订房合同约定,一般旅行社在用房之前或者在旅游团入住前向酒店缴纳一定数额的预订金,作为保留用房的凭据。

2. 餐饮服务的采购

餐饮服务采购是指旅行社为满足旅游者在旅行过程中餐饮方面的需要而进行的采购业务。计调人员在采购时需要根据旅游者的生活习惯、习俗、旅游团队性质、人数规模等安排旅游者到安全卫生、服务规范、价格公道、菜品性价比较高的餐馆用餐。

旅行社选择定点就餐的办法,即旅行社对某些餐馆考察后,经过谈判磋商与餐馆达成合作协议,签订餐馆服务采购合同,合同内容一般包括旅行社名称、用餐人数、用餐时间、地点、用餐标准、价格、菜单、退订细则、折扣、特殊要求等。选择的定点餐馆要少而精,注意地理位置的合理性,尽可能安排在机场、码头、游览地、剧场附近,避免往来用餐的劳顿。旅游者的特殊要求(如宗教信仰等)应及时告知餐馆,以做好接待准备。

3. 交通服务的采购

安全、舒适、便捷、经济是旅游交通服务采购考虑的因素。在旅游成本中交通费大约占70%。目前的交通形式主要有飞机、火车、汽车、轮船等,旅行社需要与航空公司、铁路部门、汽车公司、轮船公司等建立密切合作关系,特别是在旅游旺季时需要满足临时采购的需求,降低集中采购的成本。建立供应商档案及资源采购历史明细,分析各项交通采购成本的高低,以通过规模采购获得成本优势。

(1) 航空交通服务采购。

航空交通服务采购是旅行社根据旅游团计划和散客旅游者的委托,为旅游团、散客及其他类型的旅游者代购航空机票的业务,有定期航班机票的采购和旅游包机的预订。两者的不同在于,定期航班机票的采购是计调人员已经获得旅游者的个人信息然后依据航空公司

公布的航班时间、机型、机票价格、机场建设税、手续费等进行机票采购,但是航班机票购买后可能发生计划变更导致旅游团人数减少或旅游者取消旅行计划等,计调人员应及时办理退订或退票手续,减少损失。旅游包机时旅游者的信息是无法得知的,因此在选择航行路线、航期时要考虑未来出团收客的可能性。为了降低成本,一般选择往返包机的形式。

旅行社采用定期航班机票采购的应与航空公司签订代理协议,根据出票情况,与航空公司进行定期结算。

(2) 铁路交通服务采购。

铁路运输具有成本低、载客多、污染小、受季节性影响小等优点,旅行社计调人员在采购铁路交通服务时,应核实采购量、始发站、终点站、始发时间、票价等内容。对于大型旅游团的接待,可以向铁路部门提出详细计划,安排旅游专列。当旅游计划发生变更,要及时办理增票、退票、改签等手续。

(3) 公路交通服务采购。

公路交通服务主要用于市内游览和中短程旅游目的地之间的旅行。采购时,应对公路交通承运人进行调查,了解公司拥有的车辆数量、车型、性能、驾驶员技术水平、公司管理状况、车辆价目表等,然后择优签订租车协议,建立合作关系。

(4) 水路交通服务采购。

水路交通主要包括沿海航运、长江航运和其他地区水域湖泊航运等。采购时,应根据旅游团或旅游者的要求,向轮船公司及水运交通部门预订船票。取票时要核对船票日期、离港时间、船次、船票数量、乘客名单、船舱类型、船票价格等。当旅游计划发生变更,要及时办理增购、退票等手续。

4. 景区景点服务采购

景区景点资源是较为分散,也是较难选择的。需要依据旅游者的特点以及市场变化,选择适合的景区景点进行资源组合,通过询价、比价、议价、评估后,选择性价比较高的景区景点建立合作关系,签订合作协议书以明确旅游团的游览和导游服务工作要求,同时还要关注与景区景点的餐饮供应点的合作,确保旅游团参观游览过程中的用餐或冷热饮料的供应服务。

5. 保险服务采购

为了确保旅游者在旅游期间发生伤亡、疾病、被盗等意外事件时能得到必要的补偿,旅行社应为旅游者提供相应的保险服务。

(1) 旅行社责任险。

旅行社责任险是旅游者参加旅行社所组织的活动,旅行社必须为旅游者投保的险种。旅行社责任险保险限额可以根据旅行业务经营范围、经营规模、风险管控能力、当地经济社会发展水平和旅行社自身需要,由旅行社与保险公司协商确定,每人人身伤亡保险责任限额不能低于 20 万元人民币。

(2) 旅游意外险。

旅游意外险是旅游者参加旅行社所组织的活动,是由旅游者自愿投保的险种。旅游意外险一般由游客自愿购买,承保对象为游客,承保项目为旅游活动期间的意外伤害及突发疾病。旅游意外险的金额根据保额、保障天数、保障内容等从几元到数百元不等。办理申根签证则需要强制购买旅游意外险,并且要求医疗保险金额不得低于3万欧元。目前,旅行社大都在B2B的综合保险平台进行购买,旅行社会有0—30%不等的佣金。购买时一定要注意分清保险种类,是否承保自由行及高风险活动等,以免买错保险类别,申请理赔时遭拒。

（3）航空旅客意外伤害保险。

航空旅客意外伤害保险是旅游者参加旅行社所组织的活动,由旅游者自愿投保的险种。旅行社在为旅游者代为办理航空旅客意外伤害保险时,一般每份保险金额为40万元人民币;同一旅游者(被保险人)最高保险金额为200万元人民币。

（4）中国境外旅行意外伤害保险。

中国境外旅行意外伤害保险是出境旅游时需要代为办理的险种。保险金额由旅游者与保险公司双方约定并于保险单中载明,保险金额一经确定,在保险期间不得中途变更。

6. 签证服务采购

中国公民出境旅游除少数国家可以免签或办理落地签外,大部分国家需要提前办理签证。各使馆签证费用不同,主要为签证申请费＋签证中心服务费＋旅行社服务费。特别需要注意的是各个国家签证办理的时间不相同,办理时一定要留有时间余地,避免机票已买好,但因还未出签造成无法出行的情况发生。发达国家签证申请结果是根据申请人所提交的材料完备程度而定的,有些申请可能会遭到拒签,所发生的签证申请费用一般不退。

对于入境旅游业务,所需入境签证采购是由境外组团社向当地中国使领馆进行申请,一般需要提供中国接待社的盖章确认件。

7. 地接服务采购

组团社要与信誉好、业务稳定的地接社建立合作关系,通过面谈或者网络联系等方式建立互信关系。对于各项旅游要求,地接社要能选派专业人员,落实各项接待计划,无差错。组团社在选择地接社时一般需要考虑以下因素:接待社的规模和经营管理模式、接待业务量、接待服务价格、信誉及财务实力、业务专营性、服务质量管理水平、当地的影响力、未来发展潜力。

8. 其他服务采购

娱乐是旅游活动的重要组成部分,旅行社采购娱乐服务时,与相关娱乐公司事先签订协议,约定演出内容、演出时间、票价、支付方式等。旅游购物在《旅游法》颁布前是旅游报价的组成部分,2013年之后,为非强制项目。如有旅游者有需求,旅行社应慎重选择旅游购物店,定期对购物店进行评估,以维持双方良好的合作关系。

会议旅游、商务旅游、奖励旅游等业务活动相关服务采购,要依据客户要求,做好周密的计划,如果是大型会议团,需要提前半年以上的时间进行筹备。落实各项资源采购,确保会议接待各环节万无一失。

二、旅游服务采购的方式

成本领先与质量控制是旅行社计调岗位的核心工作。成本领先,是指计调人员要与住

宿、餐饮、景区、交通及合作地接社等商议价格、确定行程安排。在确保团队行程顺利执行的前提下有效降低服务采购成本。质量控制,要求计调人员对团队行程的每个接待环节了如指掌,能对行程变更、突发旅游事故等及时处理,确保旅游服务质量。

旅游服务采购的资源来自住宿、餐饮、交通、景区、场馆等,需要计调人员事先做好计划,从采购方式上可以分为集中采购和分散采购。

（一）集中采购

集中采购是指旅行社以最大的采购量去争取最大优惠价格的一种采购方式。集中采购的目的是扩大采购批量,减少采购批次,从而降低采购价格和采购成本。集中采购的策略主要适用于旅游温点地区、冷点地区和旅游淡季。为实现旅行社或者旅游集团采购业务集中管控的业务需求,集中采购包括以下几种典型应用模式:集中定价,分开采购;集中订货,分开收货付款;集中订货,分开收货,集中付款;集中采购后调拨。究竟选择哪种采购模式,取决于旅行社与相关供应单位的合作基础及所签订的合作协议,也需要根据旅游者的具体需求来考虑。如上海国旅事先与各旅游酒店签订住宿合同,每次入住前,由旅行社开具委托凭证,导游凭单带团入住酒店,签单挂账,旅行社定期与酒店办理结算。旅行社事先采购酒店资源,可避免季节性差异价格的变动,同时也保障了酒店的供应。

（二）分散采购

分散采购是集中采购的完善和补充,是根据不同旅游团或旅游者的需求进行的采购。这种采购方式有利于采购与供应相协调,但是需要计调人员很好地发挥协调作用。分散采购有两种:一种是近期分散采购,就是"一团一购"的采购方式;另一种是旅行社设法从众多的同类型旅游服务供应部门或企业获得所需的旅游服务。在供大于求的情况下,相比集中采购而言,分散采购可能会获得更多的成本优势。

拓展阅读 　　旅行社正确处理集中采购与分散采购的关系

第二节 旅游服务采购的流程

学习引导　旅行社选择合格的供应商,确保旅游产品品质

《旅游法》第三十四条规定,旅行社组织旅游活动应当向合格的供应商订购产品和服务。第四十七条规定,经营高空、高速、水上、潜水、探险等高风险旅游项目,应当按照国家有关规定取得经营许可。第五十三条规定,从事道路旅游客运的经营者应当遵守道路客运安全管理的各项制度,并在车辆显著位置明示道路旅游客运专用标识,在车厢内显著位置公示经营者和驾驶人信息、道路运输管理机构监督电话等事项。在传统旅游六要素吃、住、行、游、购、娱中,旅游客运显得尤为重要,客运单位、营运车辆和驾驶员都需要具备相应的且在有效期内的资质,车辆已投保法定强制保险。如果旅行社向不符合资质要求的供应商采购了产品和服务,根据《旅游法》第九十七条、第一百零三条、第一百零八条规定,由旅游主管部门责令改正,没收违法所得,并处五千元以上五万元以下罚款;违法所得五万元以上的,并处违法所得一倍以上五倍以下罚款;情节严重的,责令停业整顿或者吊销旅行社业务经营许可证;对直接负责的主管人员和其他直接责任人员,处二千元以上二万元以下罚款。受到吊销旅行社业务经营许可证处罚的旅行社有关管理人员,自处罚之日起未逾三年的,不得从事旅行社业务。对违规的旅游经营者及其从业人员,旅游主管部门和有关部门应当记入信用档案,向社会公布。

(资料来源:编者收集与整理。)

分析思考

旅行社组织旅游活动应当向合格的供应商订购产品和服务,如果采购不合格的产品和服务将会给旅行社带来巨大的损失等。

思考:

(1)针对旅游服务采购,旅行社应如何建立严格的旅游服务采购流程?

(2)各采购环节应审核的内容有哪些?

旅游服务采购有针对团队旅游和散客旅游的,两者操作流程类似。一般,计调人员进行团队旅游服务采购的流程为线路设计报价、登记旅游计划、编制接待计划、发送旅游接待方案、确认团队接待计划、编制团队预算表、下达团队计划、编制团队结算单、导游报账、质量跟踪与反馈。

一、线路设计报价

计调人员根据旅游者的需求,编排设计旅游线路,依据线路所涉及的旅游各要素,采用一定的报价方法,确定旅游线路的价格,填写报价单以供各方询价与签约之用。

二、登记旅游计划

在接到组团社的书面旅游预告方案后,地接社计调人员应将旅游团号、旅游者人数、旅游者国籍、旅游团队抵/离机场(车站、码头)、接团时间及地点、特殊要求等相关信息登记在当月团队动态表中,如行程发生变更等,需双方以信函、传真、邮件等为依据确定变更事项。

三、编制接待计划

计调人员根据确定的旅游行程单等,编制接待计划。接待计划需要按照不同的接待单位进行编写,明确接待的时间、地点、人数等信息。

四、发送旅游接待方案

计调人员向各接待单位发送旅游接待方案,逐一落实用房、用餐、用车、参观游览等,经接待单位书面确认,核对各接待环节所发生的成本费用,报送相关部门备案。

五、确认团队接待计划

计调人员编制接待确认书,加盖确认章,以传真方式发送至组团社,经组团社相关负责人签字后盖章回传确认。

六、编制团队预算表

编制团队预算表(见表4-1),需要注明现付费用项目及金额、描述用途,然后报送财务部审核,填写借款单与团队预算表,并提交部门经理审核签字,完成审批程序。

表 4-1 团队预算表

旅游团名称:		团 号:	
出团日期:	返回日期:	出团城市:	
销售收入情况			
团费总计金额:	已收金额:	未收金额:	
计调核算记录			
门票现付金额:	团餐金额:	用车金额:	酒店住宿金额:

续表

导游服务费:							
结算合计:		已确定:		未确定:			
其他支出				其他收入			
项目	金额	项目	金额	项目	金额	项目	金额
1		4		1		4	
2		5		2		5	
3		6		3		6	
		总计:_____				总计:_____	
团队总成本合计:		团队总收入合计:			团队总支出合计:		
团队利润:		团队毛利率:					
备注							
计调部负责人:		部门经理审核:			____年____月____日		

(资料来源:编者根据相关旅行社资料进行整理。)

七、下达团队计划

编制团队接待计划通知书(见表 4-2),在计调人员签字并加盖团队计划专用章后,通知导游人员领取。接待计划的附件一般包括旅游者名单、公司结算单、旅游者接待报告单、旅游服务质量反馈单、需要现付的金额等,所有已经发生的票款需要当面点清并由导游人员签收。

表 4-2 团队接待计划通知书

团队名称或姓名		来自国家或地区		语种要求	
抵达时间		班次			
		月　　日　　车次			
离开时间		班次			
		月　　日　　车次　　赴			
客人	共( )人,夫妇( )对,单男( )人,单女( )人,小孩( )人			陪同	

续表

住宿酒店	（自订房含早）	人房间数	单人房间	陪同	单人房间
			双人房间		双人房间
团队等级			膳食标准及要求		
游览活动	月　日	上午		下午	
	月　日	上午		下午	
	月　日	上午		下午	
	月　日	上午		下午	
用餐安排	月　日	早餐	中餐		晚餐
	月　日	早餐	中餐		晚餐
	月　日	早餐	中餐		晚餐
	月　日	早餐	中餐		晚餐
文娱活动	月　日	时间	地点		内容
市内用车车号	车型	数量	司机姓名		
游江(湖)时间	月　日　点　分	地点	码头		船号
备注					
导游员		日期		年　月　日	

八、编制团队结算单

编制团队结算单（见表 4-3），经审核后，加盖公司财务专用章，在团队离开本地后将其发给组团社，办理相关结算事项。

表 4-3　团队结算单

（台核）编号：

旅游团名称	总编号	来自国家（地区）	实有人数
应收综合服务费标准	旅游团等级____，成人____人，每人每天____元		
	儿童：两周岁内____人，____%；五周岁内____人，____%；十二周岁内____人，____%		

续表

结算项目		结算金额	核定金额
综合服务费	___月___日___时___分乘___抵达用___餐按___%		
	___月___日至___月___日,共___天,按100%		
	___月___日___时___分用___餐后乘___离开按___%		
	增加(减少)抵达当地已(未)过供餐时间而提供(未提供)餐费		
	增加(减少)抵达当地已(未)到供餐时间而提供(未提供)餐费		
房餐费	住___酒店,收房费___元,___天,___间		
	住___酒店,增收餐费,早___元,午___元,晚___元,___人		
附加费	超公里车费		
	风味餐费		
	口岸费		
	预订房手续费___人/天___元		
	超时调剂费 超___小时___元/人		
垫付款	飞机(火车、轮船)成人票___张___元,飞机(火车、轮船)儿童票___张___元		
	购票手续费		
	乘火车行李托运费		
	全陪住宿费 标准___元/天		
	全陪飞机、火车、轮船票___元/张		
合计	人民币核定金额:	人民币结算金额:	
	大写金额:___万___千___拾___元___角___分		
备注			
开户银行		账号	
复核		制表	

年　　月　　日(公章)

九、导游报账

团队行程结束后,通知导游人员凭团队接待计划/行程单、旅游者接待报告单、旅游服务质量反馈单(见表 4-4)等相关原始票据及时向计调人员报账。计调人员要仔细审核导游填写的旅游者接待报告单,审核无误后编制团队结算单,交部门经理审核签字,财务经理审核签字,最终完成报账工作。

表 4-4 旅游服务质量反馈单

女士们、先生们:

大家好!本旅行社热忱欢迎各位来××旅游,为了提升我们工作的质量,让每一位游客能够在旅游过程中享受到更好的服务,烦请各位对我们的接待工作提出宝贵意见。关于接待质量问题如在(　　　)天内未提出异议,我社则按无投诉处理,感谢您对我们工作的支持。

质量监督电话		质检部电话		市旅游局投诉电话	
线路名称					
团号		组团社名称		导游	
质访方式		□电话	□短信	□上门	□现场
分类	项目标准	优秀	良好	好	一般	差
导游服务	全陪服务态度					
	地陪服务态度					
	活动日程安排					
住宿服务	客房环境					
	酒店早餐					
交通服务	车容车况					
	司机服务					
餐饮服务	餐厅环境					
	餐厅服务					
游客总体满意度评价						

无特殊情况,导游无权缩短任何景点的游览时间,自费景点需有每位客人的签名同意书,并且在增加的自费景点后面打钩

客人意见及建议	

十、质量跟踪与反馈

收集旅游团队原始资料,每月按期将团队资料登记存档,以备查询。将旅游者意见反馈

的内容进行分析与汇总,及时与导游、领队进行沟通,提升服务质量。

旅游服务供应单位提供的服务是否符合国家和行业标准、能否达到旅游产品的要求和满足旅游者的期望,是旅行社采购质量管理的重要内容之一。旅行社管理者应通过导游员、旅游者的反馈意见和实地考察,检查各个旅游服务供应商的服务质量。对于那些服务质量好的企业,旅行社应与其建立长期的合作关系;对于那些服务质量较差的企业,应指出其服务上的不足,并提出改进的要求。经过考察和重新评估后,对服务质量明显提高并已达到有关标准的企业,旅行社可与其建立合作关系。对于那些服务质量较差,经过多次指出仍不改正或改进力度较小的,无法达到有关标准和不能满足旅游者要求的企业,旅行社不再与其建立合作关系。

 亮出成本,遏制"不合理低价游"

第三节　审核旅游服务采购合同

学习引导　旅游采购合同风险的管理

在旅行社业务经营中,人们通常看到的是组团社与旅游者之间签订的旅游合同,但是除这一合同关系外,还存在旅行社与餐饮、住宿、景区、购物店、交通等旅游中间商之间的业务合同关系。由于显性和隐性的合同关系,旅行社在采购业务中存在两个法律风险。

一是,在组团社与旅游者的合同关系中,双方作为合同的相对人,各自向对方承担约定义务,当合同不能得到履行时,旅游者很自然地会要求组团社承担全部责任。而在实际的接待工作中,违约并不一定是组团社造成的,地接社或其他中间商违约的可能性更大。依据《旅行社条例》的相关规定,旅游者也只能要求合同的相对方——组团社担责。因此,对于组团社,无论问题出在哪里,其都要先行向旅游

者赔偿。尽管上述法律法规中都规定了合同责任人向对方先行担责后,可以向合同以外的第三人追偿,可是追偿由谁来保障、追偿不到怎么办等问题均未进行明确规定,可见经营风险很大。

二是,组团社在开展业务中往往忽视与地接社和其他中间服务商之间签订的合同,一旦合作伙伴出现违约,组团社便很难主张自己的权益。

由于旅游活动具有不确定性,旅行社应加强合同风险管理。以合同为切入点,严格依法依规经营。根据《旅行社条例》的规定,旅行社招徕、组织、接待旅游者,为旅游者提供旅游服务,应载明条例所规定的各项内容,明确权责以及解决纠纷的途径;旅行社需要对旅游业务进行委托的,应当委托给具有相应资质的旅行社,征得旅游者的同意,并与接受委托的旅行社就接待旅游者的事宜签订委托合同,确定接待旅游者的各项服务安排及其标准,约定双方的权利、义务。根据《旅行社条例实施细则》的规定,旅行社招徕、组织、接待旅游者,其选择的交通、住宿、餐饮、景区等企业,应当符合具有合法经营资格和接待服务能力的要求。

另外,旅行社要加强对各业务部门、财务部门及相关职能部门和全体员工的监督,要求依法执业、照章办事,对违规违纪者要严肃处理;要强化合同意识,经营业务的每一个环节都要用合同来约束行为,明确权责,营造法治、透明、诚信的经营环境。

(资料来源:根据张静《旅行社经营管理实务(第2版)》整理。)

分析思考

旅行社与餐饮、住宿、景区景点、购物点、交通等旅游中间商之间的业务合同关系涉及诸多内容,如果一个细节出现问题,会影响全局,甚至导致市场份额萎缩、客源流失、服务质量下降、财务亏损、人才流失等。

思考:
(1) 旅行社的服务采购合同包括哪些内容?
(2) 审核旅游服务采购合同需要注意有哪些要点?

旅行社作为旅游经营者,通过将向其他旅游服务企业或相关部门采购的交通、食宿、游览、娱乐等单项服务产品进行组合加工,然后开展销售。旅游采购主要是旅游相关服务的采购。旅游服务采购是旅行社通过合同或协议形式,以一定价格向其他旅游服务企业及相关部门采购旅游产品的行为,以此来保证旅行社向旅游者提供所需的旅游产品。旅游服务采购的成效直接关系到旅行社经营活动的成败。

一、旅游服务采购合同的主要内容

旅行社为购买各种旅游服务项目而与旅游企业或相关部门订立的各种购买契约通称为旅游采购服务合同。旅游采购服务合同是指当事人之间为实现一定的经济目的而明确相互权利义务关系的协议。签订合同是当事人为避免和正确处理可能发生的纠纷而采取的行为,目的在于确保各自经济利益的实现。旅游服务采购并非简单的谈判交易,而是事先的一种计划安排,预订时间与实际出行之间存在时间差。为防止出现旅游纠纷,旅行社要与各协作单位订立合同,明确双方的权责,预防各种纠纷的发生。

旅游服务采购的合同基本内容包括以下几方面。

（一）合同标的

合同标的是指法律行为所要达到的目的,旅行社从酒店、餐馆、交通、保险、签证等部门购买的服务项目即为合同标的。

（二）数量和质量

数量是指买卖双方商定的计划采购量,如包机是全包还是半包,邮轮是全舱还是三分之一舱位等;质量是双方商定的服务品质的要求,因不同的旅游等级或旅游者的需求而异。

（三）价格和结算方式

价格是买卖双方前期磋商中讨论的核心内容,一旦确定价格,还需明确数量与价格之间的关系,以及有关优惠、折扣、返利的说明,约定合同期限内市场价格变化的处理,结算方式（季结、月结、银行转账、支票等）,付款时间等。

（四）合同期限

合同期限是指合同生效到失效的时间,一般为一年一签,特殊情况下,可以签订旺季合同和淡季合同。

（五）违约责任

旅游合同当事人因自己的过错造成经济合同不能履行或不能完全履行时,要承担支付违约金和赔偿金的义务。

例如,安心旅游公司2019年计划开辟西北线路,与新疆×××景区签订了合作协议,内容如下：

2019年×××景区门票优惠协议（部分内容）

甲方:新疆×××旅游投资开发有限公司（以下简称甲方）

乙方:安心旅游公司（以下简称乙方）

为了共同促进旅游业的健康发展,繁荣旅游市场经济。甲、乙双方本着相互支持、相互信任、互惠互利、实现双赢的原则,经双方协商同意达成如下门票优惠协议。

一、具体事项:甲方景区门票实行优惠售票方式

（1）门票优惠内容及售票方式如下。

景区	时 间	票价	优惠政策	免票范围
车师古道景区	旺季 5月1日—10月31日 (8:00—21:00)	45元/人次	(1) 5月—10月及春节期间旅行社协议团队一次性购票享受30元/人次优惠；(2) 11月至次年4月旅行社协议团队一次性购票享受30元/人次	(1) 6周岁及以下或者身高1.2米及以下儿童、70周岁及以上老年人免收门票；(2) 持记者证、导游证的导游人员、旅行社经理资格证者凭本人有效证件免收门票；(3) 伤残军人持军残证免收门票；(4) 残疾人凭有效证件免收门票；(5) 现役军人持有效证件免收门票
	淡季 11月1日—次年4月30日 (9:00—20:00)	45元/人次		
	其他实价收费项目：(1) 讲解费100元/团·次；(2) 区间车往返头道桥10元/人；(3) 自驾车进山费30元/车；(4) 进入景区内停车费10元/车			

(注：旺季景区营业时间为10:00—21:00,淡季景区营业时间为10:00—18:30。)

(2) 由于不可抗力因素,当双方提供的旅游线路、内容及报价发生变动时,双方应及时相互告知,对新的旅游内容及价格进行发布并营销。

二、协议合作期限

甲、乙双方合作期限为12个月,从2019年1月1日起至2019年12月31日。

三、带团的导游、经理、领队、司机凭有效证件(每团仅限3人)免费进入景区。

四、本协议一式二份,甲、乙双方代表签字盖章后生效。

甲方(盖章)：_____　　　　　　乙方(盖章)：_____
法定代表委托人(签字)：_____　　法定代表委托人(签字)：_____
电话：_____　　　　　　　　　　电话：_____
传真：_____　　　　　　　　　　传真：_____
签字日期：_____　　　　　　　　签字日期：_____

二、旅游服务采购合同的审核要点

采购合同是采购活动过程的重要文件,不仅是合同双方权利、义务的主要体现,也是采购结果的最终见证,还是对采购活动进行监督管理的重要依据,若订立不当可能会导致合同纠纷和法律风险,对企业的经济效益和合法权益造成威胁。采购合同应从以下几个方面进行管理。

(1) 采购合同应由采购管理部门,按采购业务分类,由熟悉采购业务的人员依据择优原则,对供应商进行筛选、比价、洽谈等,以保证企业利润最大化。

(2) 采购合同订立需有相应的流程规范,建章立制,如合同管理制度,对订立合同文本、审批合同内容、签订合同盖章等要建立不相容职务分离管理制度,以保证合同的真实性、合法性。

（3）对采购合同进行动态管理,关注执行过程中的情况变化,进行跟踪管理,及时修改、变更、补充或终止合同。

三、旅游服务采购合同中所涉及的相关有效凭据

根据《旅游法》第六十七条的规定,发生不可抗力取消行程的,旅行社有权扣除已向地接社或者履行辅助人支付且不可退还的费用。对于组团社,如何提供证明该费用不可退,需要依据双方合同约定及法律规定来合理判断因解除合同给第三方即履行辅助人、地接社造成的实际损失。如该实际损失是合理的,那实际发生的损失由旅游者承担,已经实际发生的费用无法退还,并且该费用是履行合同必然发生的费用,要从团款中扣除;如该实际损失不合理,并且是因组团社未履行相应通知义务等所导致的损失,或者因履行辅助人、地接社原因所导致的损失,那么该部分损失应由责任方承担,而非旅游者。

境内组团社在处理退还旅行费用时,要能提供费用已实际产生且不可退还的有效证明,这些有效证明需要由各旅游产品资源供应商提供给组团社,具体包括以下几方面。

（1）机票。具体有订票信息,与航空公司、机票代理商的协议和支付凭证,航空公司及机票代理公司的退改政策,与航空公司或机票代理公司沟通协商记录,航空公司损失证明。此外,还要提供客服电话,方便旅游者自行与航空公司核实。

（2）火车票。具体有火车票订票记录、付款信息。旅行社高价从中间商购买的火车票手续费不应包括在内。

（3）住宿票。具体有订房记录、酒店方的协议、取消行程退改政策、付款凭证、与酒店方沟通协商退款记录、酒店方收取损失证明。此外,还要提供酒店方的客服电话,便于旅游者自行核实。

（4）签证费。具体有出签证明或已经将签证材料递交大使馆并支付费用的凭证,而落地签因团队未实际出行,故不应再收取签证费用。

（5）景点门票费。具体有与景点签订的合作协议、出票方式、付款和出票凭证、沟通退票退费记录、损失证明。此外,还要提供客服联系电话,便于旅游者自行核实。

（6）地接服务费。具体有与地接社签订的协议、退改政策、实际损失明细、准据法适用问题、与地接社沟通取消行程及费用承担的记录、损失证明。此外,还要提供地接社信息、地接社客服电话,便于旅游者自行核实。

（7）国内批发商。只能扣除已向地接社或履行辅助人支付不能退还的费用,剩余费用需退还游客。

（8）未结算的损失款项。应按照合同约定与合作方确认实际发生的费用,并按照约定在合作方支付该费用后,出具损失证明,从团款中扣除,避免自行承担该损失或诉讼,依法保护旅游者及自身权益,将损失降到最低。

拓展阅读 包机合同带来的损失

第四节 旅游企业成本费用的确认与计量

学习引导 纵向价值链下 JZL 旅行社成本分析

旅行社在整个旅游行业中并不是作为个体独立存在的,它需要依据客户的需求向旅游供应商采购各旅游资源,再通过组合完善形成具有自身特色的旅游产品。旅行社需要与其他利益相关者进行配合,才能将自己生产的旅游产品和服务销售出去。旅行社纵向价值链显示,上、中、下游各旅游部门通过各自不同的分工为旅游产品和服务在各个环节增加价值,最终使得旅游产品和服务的价值在旅游者的消费上得到实现。旅行社纵向价值链的运行程序主要为,在上游供应商环节,旅游供应商对旅游景点进行开发和建设,地接社安排导游进行接待服务,酒店则提供餐饮住宿服务,旅游活动中的交通由旅游运输公司提供,各项娱乐活动由相关的旅游娱乐企业组织安排,旅游者可以通过景点购物店购买具有特色的旅游纪念品。上游供应商提供吃、住、行、游、购、娱等单独的旅游资源,旅行社依据市场需求和自身特色对各旅游资源进行组合和设计,形成可以直接使用的旅游产品和服务,最后通过各旅游分销商提供给旅游者或直接销售给旅游者,实现整个旅游产品和服务的价值。

我们通过对 JZL 旅行社进行实地调查研究,并结合其纵向价值链模型,选择具有代表性的旅游产品:庐山一日游(旅游产品1),云顶、平潭岛汽车三日游(旅游产品2),张家界四日游(旅游产品3),然后基于这三种旅游产品四月份的相关数据,从供应商—旅行社—分销商价值链视角进行成本分析。

(1)确定各产品的转移价格、成本费用和利润,如表 4-5 所示。

表 4-5　JZL旅行社各产品的转移价格、成本费用和利润　　　　　单位：元

项　目	旅游产品1	旅游产品2	旅游产品3
1. 旅游供应商			
销售给JZL游客批发商收入	330	750	1 260
各项成本费用	325	745	1 250
利润	5	5	10
2. 本公司计调			
销售给分销商的收入	345	780	1 335
直接采购成本	330	750	1 260
各项其他成本和费用	5	20	50
利润	10	10	25
3. 分销商			
销售给游客收入	375	820	1 375
采购成本	345	780	1 335
各项费用	10	10	10
利润	20	30	30

（2）分析三种旅游产品各个环节的投资成本情况，如表4-6所示。

表 4-6　各环节投资成本情况　　　　　单位：元

所需投资的各环节	旅游产品1	旅游产品2	旅游产品3
旅游供应商	325	745	1 250
JZL旅行社	335	770	1 310
分销商	355	790	1 345

（3）分析三种旅游产品下各环节资产收益率和利润分享比例，如表4-7所示。

表 4-7　三种线路下各环节投资收益分析

项目	旅游产品1				旅游产品2				旅游产品3			
	利润/元	成本/元	资产收益率	利润分享比例	利润/元	成本/元	资产收益率	利润分享比例	利润/元	成本/元	资产收益率	利润分享比例
供应商	5	325	2%	14%	5	745	1%	11%	10	1 250	1%	15%
JZL旅行社	10	335	3%	29%	10	770	1%	22%	25	1 310	2%	38%
分销商	20	355	6%	57%	30	790	4%	67%	30	1 345	2%	46%
合计	35	1 015	3%	100%	45	2 305	2%	100%	65	3 905	2%	100%

通过上述纵向价值链分析,比较JZL旅行社三种旅游产品的资产收益率及利润分享比例,旅游产品2(云顶、平潭岛汽车三日游)和旅游产品3(张家界四日游)均为省外旅游线路,两种旅游产品资产回报率相差不大,但是旅游产品2在纵向价值链上利润分享比例不合理。结合旅游产品的特点进一步分析,可以看出产生旅游产品2利润分享比例不合理的原因是其价格过低。究其原因,一方面是旅行社没有对旅游产品的成本进行准确核算,导致定价信息不准确,虽然旅游产品2(云顶、平潭岛汽车三日游)不需要太多额外的成本投入,但相对另外两种旅游产品,旅游产品2开发时间较晚,产品设计不成熟,计调等处理成本要高于其他旅游产品;另一方面是旅游产品2的相关地接社较少,地接社之间竞争小,不利于旅行社对产品的议价。

(资料来源:根据洪颖晨《基于价值链的JZL旅行社作业成本管理研究》整理。)

分析思考

旅行社成本的归集和反映是根据不同的旅游产品,在旅游团结束后,对导游报账信息进行的汇总,如果在成本形成各环节出现问题,就会导致成本核算不准确,那么,如何正确归集和反映当期营业成本,明确各方职责呢?

思考:

(1)如何区分旅行社成本和费用?

(2)如何确认旅行社成本?

(3)如何准确核算旅行社各种成本项目?

旅行社是旅游产品的销售者,其在加工包装、组合销售旅游产品的过程中必然会产生一定的劳动耗费,这种劳动耗费主要是人工费用和经营过程中的物化劳动,在会计上表现为主营业务成本、销售费用、管理费用、财务费用,后三者会计上统称为"期间费用"。据有关资料统计,在许多旅行社的销售收入中,用于支付各种成本和费用的款项往往占旅行社全部销售收入80%—90%。也就是说旅行社的绝大部分销售收入被成本费用所抵扣。因此,旅行社的管理者应加强对成本费用的管理,建立严格的成本费用核算制度,以最小的投入获得最大的产出,以实现企业的经营目标。

一、旅行社成本和费用的划分标准

作为旅游中间商,旅行社以提供劳务为主,其服务往往是综合性的,哪种劳务花费了多少时间,应当负担多少工资,在现实中很难将人工耗费恰如其分地分摊到所组织接待的每一个旅游者身上,因此,要确认旅行社所发生的劳动耗费是列为营业成本还是期间费用,有两条划分标准。

1. 从支出的效益对象看

凡是直接支出并属于旅游团(者)方面的耗费列为"主营业务成本"如陪同费、劳务费等;反之,则列为"期间费用"。

2. 从支出的性质看

(1)凡是属于代收代付的费用列为"主营业务成本",如房费、餐费、车费、交通费、门票费、文娱费等。

(2)凡是不能直接归属于某个特定旅游产品,但能确定其发生的会计期间,属于外联、接待等营业部门发生的列为"销售费用";属于人事、财务、行政等职能部门发生的列为"管理费用"。

(3)凡是公共性的不易分摊的费用,一般列为"管理费用",如办公用房租赁费、设施设备购置费(不列入固定资产的项目)、水电费、折旧费、交际应酬费、审计费、咨询费等。

(4)凡是为筹措资金而发生的费用列为"财务费用"。

另外,须注意以下各项虽然属于旅行社在经营活动中所发生的支出,但这些支出不得列入成本费用:

(1)为购建无形资产和其他资产而发生的支出。因为这些开支属于资本性支出,在购建时将此耗费计入该项资产的原始价值,以后通过折旧、摊销等方式转入产品的成本费用,如果在购建时就将此耗费计入成本费用,就无法揭示折旧、摊销在产品受益期内所发生的金额,不符合配比原则。

(2)对外投资支出和分配给投资者的利润。对外投资是企业资金运用的一个方向,企业通过对外投资所获得的收入来抵补对外投资支出,确认投资收益,因此,企业所取得的投资收益不能计入成本费用。分配给投资者的利润是对经营成果进行的分配,是在取得经营成果后发生的耗费,已不属于经营中的耗费,因此,同样不能被计入成本费用。

(3)被没收财物的损失。这是由于企业违法经营所造成的损失,不属于企业正常经营业务范围内的支出,因此,不能被计入成本费用。

(4)支付的各项赔偿金、违约金、滞纳金、罚款,以及赞助、捐赠等支出。这些支出都不是企业经营业务中必然发生的开支,因此,不能被计入成本费用。

(5)国家规定不能计入成本费用的其他支出,以及国家法律、法规规定以外的各种支出,在会计处理上均不得挤占成本费用。

二、旅行社营业成本的核算

旅行社营业成本,是指旅行社在经营过程中发生的各项直接支出,包括房费、餐费、交通费、文娱费、行李托运费、票务费、门票费、专业活动费、签证费、陪同费、劳务费、保险费、机场费等代收代付项目。

（一）旅行社营业成本核算的内容

（1）房费，又称住宿费，是指支付旅游团（者）的住房费用，包括房费、夜房费、房差费、退房损失费等。在实际经营过程中，旅行社一般为旅游者安排双人房间，有时旅游团因人数或性别等原因可能出现自然单间。例如，某旅游团队共有17人，仅考虑人数原因，需用9间客房而非8间客房；又如，另一旅游团有20名旅客，其中有11名女士，仅考虑性别原因，共需用房11间而非10间。由此而产生的房费差额即为房差费。

（2）餐费，又称餐饮费，是指支付旅游团（者）的餐费、风味费、退餐损失费、途中饮料费等。

（3）交通费，是指支付旅游团（者）使用的机、车、船费用，包括城市间交通费和市内交通费。

（4）文娱费，是指为旅游团（者）参加文娱活动而支付的费用。

（5）行李托运费，是指支付旅游团（者）的行李托运、搬运的费用。

（6）票务费，是指支付旅游团（者）的订票手续费、退票损失费。

（7）门票费，是指支付旅游团（者）参观游览的各类门票费。

（8）专业活动费，是指支付专业、专项旅游团的专业、专项活动费用。

（9）签证费，是指支付旅游团（者）的出入境签证费用。

（10）陪同费，是指支付全陪、地陪的房费、交通费、津贴费等。

（11）劳务费，是指借调陪同导游人员而支付的劳务费用。

（12）保险费，是指为旅游者在旅游活动期间支付的意外伤害保险。

（13）机场费，是指支付各地的机场建设费。

这里需要注意的是，旅行社归集的直接支出虽然计入营业成本，但是在计算增值税时，有些属于可扣税成本，如旅行社向旅游服务购买方收取并支付给其他单位或个人的房费、餐费、交通费、签证费、门票费和支付给其他接团旅游企业的旅游费用；有些则属于不可扣税成本，如陪同费、劳务费等。因此，在成本核算时需要明确区分核算，以便准确计税。

（二）旅行社营业成本明细科目设置

为了正确地核算和监督企业经营过程中各项费用的发生情况，并正确计算单团成本，在会计上设置"主营业务成本"科目进行核算。该账户属于损益类账户，借方归集本期发生的各项直接支出或是团队计划成本预估数，贷方登记转入"本年利润"账户的结转数，结转后该账户期末一般无余额。

"主营业务成本"科目可根据管理上的需要采用不同的方法设置二级明细科目，以便统一核算口径，明确每一明细科目的开支范围，加强成本控制。

1. 按成本类别设置

"主营业务成本"可分设"组团外联成本""综合服务成本""零星服务成本""劳务成本""票务成本""地游及加项成本""其他服务成本"七类二级明细科目。

（1）组团外联成本，是指各组团社组织的外联团、外国旅游团（者）按规定开支的房费、餐费、综合服务费、国内城市间交通费、专业活动费等。

（2）综合服务成本，是指接待由组团社组织的包价旅游团（者），按规定开支的房费、餐费、车费、杂费、陪同费、领队减免费、组团和接团费、宣传费等。在核算时，房费、餐费、车费要从综合服务成本中单列出来进行核算。

（3）零星服务成本，是指接待零星散客，委托代办事项按规定开支的委托费、手续费、导游接送费、车费、托运服务费及其他支出等。

（4）劳务成本，是指非组团社为组团社派出的翻译或导游人员参加全程陪同并按规定开支的各项费用。

（5）票务成本，是指各地旅行社代办国际联运客票和国内客票等按规定开支的各项手续费、退票手续费等。

（6）地游及加项成本，是指各地旅行社接待的小包价旅游，或因旅游者要求增加游览项目而按规定开支的综合服务费、超公里费、游江游湖费、专业活动费、风味费等。

（7）其他服务成本，是指不属于以上各项成本的其他支出。

2. 按部门设置

旅行社的营业成本直接作用于旅游者的这一特点，决定了它可以按各接待部门实行明细核算。例如，安心旅游公司按入境客源地不同，在"主营业务成本"下分设"日本部""欧洲部""美加部""亚太部""综合部"等二级科目，在各部门之下再可分设"自组团"（指旅行社自组外联的团队）、"横向团"（指旅行社接待其他旅行社所组织的团队）、"散客团"等明细科目。

如"主营业务成本——日本部——横向团""主营业务成本——日本部——自组团"。

当然由于旅行社的类型及其经营业务不尽相同，各旅行社在设置会计科目上各有侧重，但在实际操作中要防止两种倾向：一是防止会计科目设置过于简单，过于简单就不能满足经济管理的要求；二是防止会计科目设置过于烦琐，过于烦琐会增加核算的工作量，体现不出会计信息的重要性原则。

3. 旅游服务采购的会计核算

（1）服务采购发生时：

借：主营业务成本
　　贷：应付账款

（2）实际结算并支付服务采购款时：

借：应付账款
　　贷：银行存款/库存现金/其他货币资金

（3）期末，将"主营业务成本"明细科目余额归集并结转到"本年利润"账户，结转后"主营业务成本"各明细科目应无余额。

借：本年利润
　　贷：主营业务成本

【例 4-1】　安心旅游公司组织某旅游团一行 16 人赴昆明七日游，旅行社采购人员在考察了当地实际情况后，决定选择昆明宾馆进行住宿服务的采购，采购人员向该宾馆提出预订客房的要求,双方协商后签订协议,协议注明昆明宾馆按照团队价格将客房预订给安心旅游公司,住宿服务费用为每人每天200元,安心旅游公司已通过银行承兑汇票将全部款项(19 200元)支付给昆明宾馆,安心旅游公司根据订房单(见图4-1)及汇款凭证应作会计分录如下:

借:主营业务成本——房费　　　　　　　　　　　　　　　19 200
　　贷:银行存款　　　　　　　　　　　　　　　　　　　　　　19 200

```
_____旅行社订房计划单
To:_____  Tel:_____  Fax:_____
To:_____  Tel:_____  Fax:_____
团队(客人名称):_____ 人数:_____
入住时间:____年____月____日____时至____年____月____日____时共____天
住宿要求:____房____间,全陪房____床,陪同免房____床
房费标准:____房____元/天,全陪床____元/天,住宿费累计____元
膳食标准:早餐____元/人(含早,不含早),中餐____元/人,晚餐____元/人,餐费累计____元
付款方式:按付款协议约定执行(导游在前台凭此单登记入住)
备注:
(1)代订房、房费结算账单,请寄我社财务部。
(2)其他费用均由客人自理,本社不予承担。
(3)收到订房委托后,请速将订房回执传回我社。
联系人:×××
                                              公司名称(盖章)
                                                  年 月 日
```

图4-1　订房单

三、旅行社成本核算方法

(一)单团核算法

单团核算法就是以每一个旅游团作为核算对象,按照单团进行费用的归集和分配,并分团归集营业收入,计算出每个团的总成本、单位成本和单团毛利的一种核算方法。总成本是旅游团在当地停留时所发生的费用。单位成本和单团毛利的计算公式如下:

$$单位成本(又称人天成本)=总成本\div总人天$$

$$单团毛利=单团营业收入-单团总成本-费用-税金$$

公式中,对于无法按照单团进行归集的费用支出项目如订票手续费等可以按天数分摊,待各项收支归集分配后,旅行社要定期编制"单团毛利计算表"。

由于旅游产品的不确定性,不同地区、季节、等级、人数差异较大,实行单团核算便能消除这种差异,有利于企业进行横向和纵向比较;它能如实、详细地反映某一旅游团的经营成果,所提供的数据是最直观的,便于找出成本差异产生的原因,有利于旅游企业作出正确决策;单团核算法采用的是一团一价的方式,有利于旅行社之间的款项结算,减少工作中的差错,但单团核算的工作量较大。目前,随着计算机技术的普及,更多的旅行社采用单团核

算法。

(二) 等级核算法

等级核算法就是以接待的不同等级的旅游团作为核算对象,按等级进行费用的归集和分配,并结合营业收入计算出各等级的总成本、单位成本和盈亏的一种核算方法。旅行社按接待人数的不同,可分为10人以上、6—9人、2—5人、1人4个等级。但通常将10人以上的旅游团称为团体等,10人以下的旅游团称为其他等。等级核算法是利用单团核算法的资料,分类汇总出不同等级的总成本并按接待的人数和天数计算单位成本,结合营业收入等账户资料计算等级盈亏。定期编制"旅游成本及盈亏计算表"。等级核算法能综合反映旅行社各等级的经营成果,工作量比单团核算小,但其不能直接揭示出成本升降的原因,不利于同等级中各团之间经营成果的比较,所以在实际工作中,实行等级核算法的旅行社还需要辅以单团核算法,两者结合使用。就业务量不大的旅行社来说,实行等级核算法较为适宜。

根据等级核算的资料如果进一步按各业务部门归集即为各业务部门的盈亏。

(三) 部门核算法

部门核算法就是以企业内部各直接创利的业务部门作为核算对象,各项收入和成本按部门归集,各项费用按部门分摊,计算出各部门盈亏的一种核算方法,需要按期编制"部门经营情况表"。

采用部门核算法有利于提高各部门及其员工的工作积极性,增强竞争意识,从而提高企业经济效益,但不利于单位成本的考核与横向比较,所以在工作中,实行部门核算法的旅行社可结合单团核算法和等级核算法同时使用,以利于企业实行有效管理。

(四) 总成本核算法

总成本核算法就是将整个企业作为成本核算对象,进行费用归集,只计算总成本和盈亏,不计算单位成本。它揭示企业整体经营成果,只对计算盈亏有用,而对成本增减的具体原因分析作用不大,不利于考核工作的开展。

拓展阅读 旅行社成本费用控制存在的问题分析

第五节 旅游企业采购服务的内控管理

学习引导 旅行社关于公司包团业务管理的规定

(1) 公司所有对外承接的中国公民业务的公司包团(以下简称公司包团),包括出境旅游、国内旅游、商务会展及差旅服务等,必须签订含有结算价格(销售价格)、收款方式及收款日期等经营收入内容的合同,经部门经理签字同意并加盖公司业务合同专用公章。

(2) 该合同中对经营收入内容的要求是,在公司包团出发或本公司需要对外支付该公司包团成本(包括本公司需提前对外支付的各类定金和预付款等)前,应收到客户的全部团款。对公司包团在出发前或本公司需要对外支付该公司包团成本前不能全部收到团款而需要分批收款的,应在合同中注明分期收款的时间和金额。其中,出团前收款必须大于或等于该团、该批(次)全部团款的70%,低于此标准而要出团的业务应事先报主管副总经理和财务总监审批。

(3) 公司包团业务中有年度合同以及合同中对经营收入有特殊的收款方式要求时,应事先征询本公司财务总监的意见并将合同送财务部备案。

(4) 经办部门在向公司财务部申请对外支付该公司包团第一笔团队成本或其他费用(包括导游或领队借备用金)时,必须同时提供上述合同。

(5) 财务部在支付该公司包团团队成本及支付其他费用(包括导游或领队借备用金)时,应检查是否已收到该团队的收入并是否与合同收款程序相符。在审核无误后方可付款。若经审核与合同不符时,财务部不得支付成本费用。特殊情况下经办部门应写出专题报告书,提交主管副总经理和财务总监审批。

(6) 客户因业务需要委托本公司代该客户向其他单位付款时,应由该客户单位出具书面证明并加盖公章,经公司财务部经理同意后方可操作。

(7) 对公司包团中一份合同分批(次)操作的业务,经办部门应在合同中注明每批(次)业务的销售价格和总价,并不得再自行调整更改。业务人员应按照每批(次)编制团队计划报核算员,核算员据此做团队结算。

(8) 若在公司包团业务实际操作中,团队或各批(次)团队收入发生调整,应及时与客户签订补充协议,经本部门经理签字并加盖公司合同专用公章。该补充协议应及时送财务部一份。业务员和核算员据此做相应的收入和成本的调整,并及时向各有关部门和人员发出相关资料,以做好工作的衔接。

(9) 在公司包团业务操作中有特殊情况的,必须在合同中明示并报主管副总经理和财务总监批准。

(资料来源:根据喻祥明《旅行社财务总监实战手册》整理。)

分析思考

旅游企业在办理公司包团业务中采取哪些内部控制措施？请和小组同学讨论并分析：

（1）旅游企业服务采购的对象不同，如有采购住宿、交通、餐饮、景区景点等，应该如何设计采购流程？

（2）旅游企业接待旅游者在先，与供应商办理结算在后，应该如何核算旅游企业成本？

不同于制造业和商品流通业，旅游企业采购的主要是服务，且这种采购具有很强的时效性，如果采购的服务不能在有效期内使用、被出售、形成营业收入，那么将会对当期的利润产生较大的影响。因此，加强采购环节的有效控制和监督成为旅游企业经营成功的关键因素之一。

一、旅游企业服务采购的内控流程及关键点

旅游企业要加强服务采购，关键点是从采购流程设计开始的，如果在流程设计阶段存在漏洞，那么后期信息资料的采集、会计核算与财务分析就会产生偏差。

（一）旅游企业服务采购的内控流程设计

旅游企业应根据实际情况及业务模式来设计采购业务流程。

第一，由需求部门提出全年旅游资源采购需求，采购管理部门根据历史数据，参考市场价格变化趋势，结合需求量编制全年采购预算。编制预算时需要充分考虑年度项目计划、销售季节性高峰、旅游变化趋势及业务增长点，尽量使预算具备全局性、可行性、可控性的特点。

第二，采购管理部门依据采购计划，选择合适的供应商，然后进行价格谈判，最终签订年度采购计划或协议。

第三，采购预算完成后，即进入预算实施阶段，对于采购预算内的常规业务，由需求部门按照旅游团业务发生的实际情况，向采购操作部门提出具体需求，具体到采购项目、人数、时间、路线等，由采购操作部门在ERP系统中完成订单申请、付款申请、订单确认，旅游团回团后进行应付账款的申请结算等一系列工作。如属于特殊业务的申请，原有采购项目无法满足的，需单独询价采购。由采购管理部门完成供应商筛选、询价、按条件择优确认订单。

第四，由财务部门根据ERP订单数据及相应的付款情况完成，办理单团的各项预付、应付账款处理、成本结算，定期进行毛利率分析，为绩效考核提供相应数据。

(二)服务采购内部控制的关键点

采购业务涉及诸多环节,需要各岗位密切配合,因此,旅游企业应明确岗位职责、权限,确保办理采购业务的不相容岗位相互分离、制约和监督。具体体现在以下几个方面。

1. 采购流程控制

(1)采购计划由采购管理部门制定,财务总监、总经理、总裁审批,财务部监督执行。采购操作部门申请计划或合同采购业务时,由财务总监监控执行情况,如超出计划或与合同不符,需及时反馈修正或调整采购业务的实施。

(2)供应商筛选招标和采购执行部门相分离:供应商的选择、评定,采购价格的谈判及合同的签订由采购管理部门经办,日常实际发生的采购订单、付款、结算等工作由采购操作部门完成。这样的分工设置使采购价格透明化,有利于杜绝风险。

(3)采购付款申请部门与审批部门相分离:审批部门依据采购计划、合同或历史采购价格等信息对付款申请进行复核和审批,杜绝付款申请与审批由同一人负责。

(4)采购付款与成本结算岗位相分离:财务结算岗位对成本的结算是对采购付款审批流程和付款岗位操作的复核,如发现采购付款单审批流程存在问题,或是付款操作有误必须及时反馈、进行调整,对可能产生的损失进行弥补。

2. 付款结算流程控制

(1)各需求部门提出采购申请,一般是根据市场情况判断需要采购的量以及资源的各项属性,比如酒店的标准、价格、机票航班时间、地接社的服务内容。在合同或协议约定的付款期限前,由各需求部门提出付款申请。一般采用"谁接团谁负责"的原则。

(2)采购管理部对采购操作部门生成的订单情况进行审核,审核的依据一是看全年的采购预算量,二是分析各供应商资源供应情况,判断该采购订单是否为最优方案。

(3)总经理或同级别的企业管理者对采购业务进行最终的审批。根据审批金额的大小,可以设置分级授权付款审批机制。

二、旅游企业计划成本的管理

旅行社成本的核算对象主要是服务成本,即为旅游者提供旅游服务所支付的各项直接费用。旅游经营业务的特点,决定了旅行社各项成本费用的结算期与其相关的营业收入不能同期登记入账。因此,为了保证当期经营成果核算的准确性,根据权责发生制原则和配比原则,旅行社采用预估数结转成本,之后收到实际账单,再按实际发生数来调整预估成本。从这点可以看出旅行社营业成本与传统的制造业企业有着显著差异,如表4-8所示。

表4-8 旅行社和制造业企业营业成本核算差异

项 目	旅 行 社	制造业企业
成本核算对象	纯服务成本	产品生产成本
成本核算方法	计划成本预提结转,事后根据实际成本进行调整	标准成本法、变动成本法、实际成本法

（一）旅行社预估成本的内容

旅行社已计入营业收入总额，但属于代收代付的有关费用是直接用于旅游者的，应作为企业的直接支出，计入营业成本。这部分内容较多，具体包括：①为旅游者支付的房费、夜房费、退房损失费等；②为旅游者支付的餐费、风味餐费、退餐损失费、途中饮料费等；③为旅游者支付的市内和市郊车船费、超公里费、游江游湖费等；④旅游者观看文艺节目、参加娱乐活动而支付给文化或其他部门的费用；⑤为旅游者的托运和搬运行李而支付给交通部门或其他部门的费用；⑥旅游者参观工厂、学校等支付的费用；⑦支付给交通部门的订票手续费、包车费、退票损失费等；⑧旅游者参观风景旅游点所支付的费用；⑨为海外旅游者代办签证所支付的费用；⑩借调或聘用翻译导游人员的劳务报酬；⑪为旅游者支付的保险费用；⑫为旅游者支付的机场费用。

旅行社对于导游、领队、陪同等人员所发生的费用是否计入营业成本需要区别对待。导游、领队、陪同如果是旅行社的在编的员工，则其带团所发生的人工费用一般不计入营业成本，而作为销售费用。这是因为企业的营业成本是指在经营中所发生的人工费用，从理论上讲，它应计入营业成本，但由于旅游企业主要是以提供劳务为主，服务往往是综合性的，哪种劳务花费了多少劳务费用，应负担多少工资，没有一个较合理的分摊标准和分配依据，不便于操作，不好直接予以对象化。导游、领队、陪同如果是旅行社的外借或者外聘的人员，则其带团所发生的人工费用一般计入营业成本。

旅行社预估成本包括组团社预估成本和接团社预估成本。

（二）组团社成本的预估

组团社成本由拨付支出和服务性支出构成。

1. 拨付支出

拨付支出，即拨付给接团社的综合服务费、房费、餐费、车费等支出，它是按照对内拨款标准和办法进行报拨的。拨款的标准和办法，由组团社和接团社共同商议，按合理分配的原则制定，是双方共同遵守的合同或协议，属代收代付性质。

2. 服务性支出

服务性支出，即为组团而发生的外联通信费和全陪人员的部分费用支出。

组团社与接团社之间的结算关系是接团社先接待后向组团社收费，这样两者之间就形成一个结算期。如结算期较长，为保证收入和成本的核算符合权责发生制和配比原则，组团社一般是按计划成本先行结转，实际收到结算账单时，再进行调整。计划成本的确定可通过编制"团队计划成本构成表"来确定，如表4-9所示。

表4-9　团队计划成本构成表

团号：　　人数：　　旅行日期：　年　月　日至　年　月　日　　　　单位：元

拨付单位	综合服务费	房费	餐费	交通费	专业附加费	陪同费	文杂费	其他费用	合计	收入

续表

拨付单位	综合服务费	房费	餐费	交通费	专业附加费	陪同费	文杂费	其他费用	合计	收入

部门负责人：　　　　　　　制表人：　　　　　　　制表日期：

注：①交通费含车费、超公里费。②文杂费指拨付给旅游者的文娱费、行李托运费、门票费、途中饮料费、保险费、机场费等。③专业附加费指拨付给旅游者的一日游费、游江游湖费、地方风味费、专业活动费等。

【例 4-2】 安心旅游公司作为组团社收到苏州 A 接团社报来的旅游团(者)费用拨款结算通知单(以下简称"结算通知单")后经审核无误即办理支付手续，支付金额为 5 000 元，根据电子划汇凭证回单联编制会计分录：

借：主营业务成本——组团外联成本　　　　　　　　5 000
　　贷：银行存款　　　　　　　　　　　　　　　　　　5 000

如在结账日，尚未收到苏州 A 接团社报来结算通知单，可按照计划成本预提，假定计划成本为 5 050 元，编制分录：

借：主营业务成本——组团外联成本　　　　　　　　5 050
　　贷：应付账款——苏州 A 旅行社　　　　　　　　　5 050

之后收到结算通知单时，实际支出为 5 000 元，应填制红字记账凭证做调整，编制分录：

借：主营业务成本——组团外联成本　　　　　　　　50
　　贷：应付账款——苏州 A 旅行社　　　　　　　　　50

按实际成本向苏州 A 旅行社支付款项时：

借：应付账款——苏州 A 旅行社　　　　　　　　　　5 000
　　贷：银行存款　　　　　　　　　　　　　　　　　　5 000

(三) 接团社成本的预估

接团社成本主要包括房费、餐费、交通费、陪同费、门票费、地游及加项费、专业活动费、综合服务费等，是由代收代付项目和服务性支出构成。

(1) 代收代付项目，如房费、餐费、交通费、门票费等。

(2) 服务性支出，如陪同费、综合服务费等。

接团社进行成本预估所编制的会计分录与组团社预估成本类似，在此不再细述。

接团社进行成本预估运用的方法一般有单团核算法。通过归集各团所发生的成本来编制单团毛利表。

【例 4-3】 安心旅游公司 2015 年 12 月针对出境旅游——沙巴文莱旅游线路采用分团预提成本的方法，结算出单团的毛利率以及人均毛利，如表 4-10 所示。

表 4-10　出境旅游——沙巴文莱单团毛利结算表(2015 年 12 月)

编号	团号	人数	收入/元	成本/元	毛利/元	毛利率	人均毛利/元
1	SAK5MHSBS151205A	2	13 560	11 580	1 980	14.60%	990.00
2	SAK5YHSBS151205A	8	41 940	40 840	1 100	2.62%	137.50
3	SAK5YHSBS151206A	23	225 145	253 210	−28 065	−12.47%	−1 220.22
4	S9C6YSSBZ151210A	58	411 800	396 679	15 121	3.67%	260.71
5	SAK5QHSBJ151213A	35	91 700	69 100	22 600	24.65%	645.71
6	SAK5YHSBS151213A	35	91 700	69 100	22 600	24.65%	645.71
7	SAK5YHSBS151214A	24	191 455	179 595	11 860	6.19%	494.17
8	SAK5QHSBJ151216A	24	65 950	53 325	12 625	19.14%	526.04
9	SAK5QHSBJ151217A	24	65 950	56 165	9 785	14.84%	407.71
10	SAK5QHSBJ151218A	65	168 300	141 450	26 850	15.95%	413.08
11	SAK5QHSBJ151219A	35	91 800	65 460	26 340	28.69%	752.57
12	SAK5QHSBJ151220A	15	40 800	40 320	480	1.18%	32.00
13	S9C6YSSBZ151221A	5	24 550	23 715	835	3.40%	167.00
14	SAK5QHSBJ151228A	41	130 760	115 880	14 880	11.38%	362.93
15	SAK5QHSBJ151229A	38	129 580	125 180	4 400	3.40%	115.79
合计		432	1 784 990	1 641 599	143 391	8.03%	331.92

拓展阅读　构建旅行社成本管理体系的基本思路

本章小结

本章主要介绍旅游服务采购的内容与流程,以及旅游服务采购成本确定和计量的基本原则,旅游线路选择方法的运用;重点介绍了组团营业成本和接团营业成本的核算,旅游服务采购合同的审核及相关内部控制制度的建立。

课后训练

第五章 旅游企业结算业务的核算

学习目标

知识目标
(1) 了解旅游企业结算业务的类型及结算方式；
(2) 熟悉出境旅游、入境旅游、国内旅游结算业务的运行程序；
(3) 掌握出境旅游、入境旅游、国内旅游结算业务的基本标准。

能力目标
(1) 能正确选择合适的结算方式，提高企业资金管理效率；
(2) 能正确审核出境旅游结算业务单据并填制会计凭证；
(3) 能正确审核国内旅游结算业务单据并填制会计凭证；
(4) 能正确审核入境旅游结算业务单据并填制会计凭证。

素养目标
(1) 具有爱国敬业精神、良好的文明旅游意识和积极乐观的心态；
(2) 具备务实、钻研的学习态度；
(3) 具备旅游行业要求的协调组织能力。

知识框架

第五章 旅游企业结算业务的核算
- 第一节 结算方式的选择与资金管理
  - 一、旅行社资金管理
  - 二、旅行社结算业务的定义及分类
  - 三、旅行社结算方式
- 第二节 出境旅游结算业务的核算
  - 一、出境旅游结算程序
  - 二、出境旅游结算标准
  - 三、出境旅游结算业务的会计核算
- 第三节 国内旅游结算业务的核算
  - 一、国内旅游结算业务形式及结算程序
  - 二、国内旅游结算业务的会计核算
- 第四节 入境旅游结算业务的核算
  - 一、入境旅游结算业务的程序
  - 二、入境旅游结算业务的会计核算

教学重点

(1) 旅游企业结算业务的资金管理；
(2) 出境旅游、国内旅游、入境旅游结算业务运行程序及基本要求；
(3) 不同旅游形式下的结算业务会计核算。

教学难点

出境旅游结算业务的会计核算　入境旅游结算业务的会计核算

案例导入

个人微信结算团款恐吃大亏

2020年，文化和旅游部旅游质量监督管理所下发了《关于妥善处理疫情旅游投诉的若干意见》，明确因疫情解除旅游合同的退费原则是，组团社应当在扣除实际支出且无法挽回的费用后，将余款退还旅游者；组团社对于不能退返的费用，应提供明确的支出且不可退还费用的证明材料，确保旅游者的知情权。

需要提醒旅行社从业者的是，以上原则的履行是以"公对公"转账为基础的。实践中，有的旅行社在支付旅游费用时，为图一时方便，不是通过公对公账户，而是通过个人微信将费用支付给地接社、履行辅助人，这种方式给企业带来了较大风险。比如，由于疫情的原因，组团社要与旅游者解除旅游合同，那么，在扣除"实际支出且无法挽回的费用"时，组团社是否向地接社、履行辅助人支付费用，"公对公"转账清单就是核心证据之一。对于通过个人微信办理"私对私""私对公"或"公对私"转账，旅游者是可以不予认可的。即便有地接社、履行辅助人不能返还费用的证据，组团社也不能依法、依约扣除实际支出且无法挽回的费用，这就在无形中增加了组团社的退团成本。

此外，"私对私""私对公"或"公对私"转账，还面临着巨大的税务风险。以个人微信结算团款会给旅行社带来以下两种风险。

1. 当游客或旅行社依法解除旅游合同时，组团社因无法扣除"必要的费用"而导致不应有的损失

何为"必要的费用"？2014年国家旅游局和国家工商行政管理总局制定的《团队出境旅游合同（示范文本）》中规定，必要的费用是指出境社履行合同已经发生的费用以及向地接社或者履行辅助人支付且不可退还的费用，包括乘坐飞机（车、船）等交通工具的费用（含预订金）、旅游签证或签注费用、饭店住宿费用（含预订金）、旅游观光汽车的人均车租等。这里需要注意的是"已经发生的费用以及向地接社或者履行辅助人支付且不可退还的费用"中"支付"的含义是只有旅行社"公对公"结算才能被旅游者认可。那么，哪些情形

必须且只能是"公对公"结算呢?《旅游法》第六十七条就"因不可抗力或者旅行社、履行辅助人已尽合理注意义务仍不能避免的事件"影响旅游行程的几种情形予以规定,其中第二款明确规定"合同解除的,组团社应当在扣除已向地接社或者履行辅助人支付且不可退还的费用后,将余款退还旅游者……"这里扣除的是"已向地接社或者履行辅助人支付且不可退还的费用",可以证明"支付"的必须是"公对公"转账清单,且是"已向",否则,旅游者可能不予认可。此外,《旅游法》第六十九条第二款明确了组团社应当在什么时间向地接社支付团款,即"经旅游者同意,旅行社将包价旅游合同中的接待业务委托给其他具有相应资质的地接社履行的,应当与地接社订立书面委托合同,约定双方的权利和义务,向地接社提供与旅游者订立的包价旅游合同的副本,并向地接社支付不低于接待和服务成本的费用……"这里的"并向地接社支付不低于接待和服务成本的费用",要求组团社要在出团前向地接社支付相关费用,且能够提供"公对公"转账清单。综上所述,如果组团社没有向地接社"合法"地支付团款,在计算"必要的费用"时,就无法扣除"已向地接社或者履行辅助人支付且不可退还的费用"。此外,如果旅行社之间是通过个人微信、以非"公对公"方式支付的,由于很难说清这笔款项是否为某特定旅游者支付的某项费用,旅游者就很有可能不予认可。这种情形在行业中已有旅行社败诉的先例。组团社与履行辅助人的支付结算同理。

2. 用个人微信结算团款的涉税风险

《税收征收管理法》第十七条规定:从事生产、经营的纳税人应当按照国家有关规定,持税务登记证件,在银行或者其他金融机构开立基本存款账户和其他存款账户,并将其全部账号向税务机关报告。也就是说,旅行社所有的对公账户应当及时向税务机关报告,而个人微信不属于旅行社的对公账户,无须报告,那么就可能产生以下税收风险。

(1)增值税方面的风险。

一是无法作为核算差额销售额扣除费用的依据。按照《财政部 国家税务总局关于全面推开营业税改征增值税试点的通知》(财税〔2016〕36号)的规定,旅行社提供旅游服务,可以选择以取得的全部价款和价外费用,扣除向旅游服务购买方收取并支付给其他单位或者个人的房费、餐费、交通费、签证费、门票费和支付给其他接团旅游企业的旅游费用后的余额为销售额。如果旅行社未采用"公对公"支付,就存在增值税差额销售额核算不能扣除的风险。

二是无法作为进项抵扣的风险。如果旅行社是一般纳税人,通过个人微信转账支付款项就可能导致款项账面不透明,业务交易资金流不清晰。因为增值税专用发票票面信息需要填列齐全,所以通过个人微信支付交易,对方无法准确填写发票上的银行账号信息,开具的增值税专用发票可能不符合相关规定,进而导致无法进行进项抵扣、增值税应纳税额增加。

三是未能及时申报收入的风险。通过个人微信转账收取的增值税款项,容易和个人消费记录混淆,导致部分微信收款收入未申报增值税,存在偷税漏税的风险。

(2)企业所得税方面的风险。

一是旅行社通过个人微信转账来支付款项或者给员工发工资,可能导致无法取得合法的凭证以列支成本,导致所支付的相关款项无法在企业所得税申报时进行税前扣除。

二是通过个人微信转账收取服务费,因为未体现在对公账户收入中,因此可能存在隐瞒收入、少报收入的涉税风险。

(3)企业的内部风险。

旅行社如果经常性地通过个人微信转账来支付业务款项,可能导致旅行社内部财务混乱,公司资金无法受到监管,对企业的长期发展不利。

(资料来源:根据李志轩《个人微信结算团款恐吃大亏》整理。)

在本章的学习中,我们将了解旅游企业的结算内容、结算类型和不同结算方式对企业资金管理的影响。掌握出境旅游结算的流程和会计核算、国内旅游结算的流程和会计核算、入境旅游结算的流程和会计核算,能对不同的旅游业务进行正确的会计核算。

第一节 结算方式的选择与资金管理

学习引导 如何对旅行社应收账款实施管理——团队资金成本的计算

甲公司与 S 旅行社签订了一年总额不少于 350 万元的旅游团队委托业务。1—3月份发出了一个团并产生了3笔业务,收入总额为70万元,成本为66万元,毛利为4万元,毛利率为5.71%。资金成本发生的情况是,到3月末结账时,该项团队业务共赊账67万元(分别为1月份30万元、2月份20万元、3月份17万元)。按照合同约定甲公司应于业务发生前在一周内先行支付不少于50万元的资金。但是,经过协商甲公司于同年7月初才一次性支付了67万元。

同年4月份,甲公司与 S 旅行社又签订一笔115万元的会议业务。该团队营业收入为115万元,成本为110万元,毛利为5万元,毛利率为4.35%。甲公司按照合同约定,在业务发生前一周内先行支付了60万元的资金,余款55万元在同年7月初支付。

资金成本意味着旅行社使用资金的代价,由于公司的资金被对方占用,无形当中增加了旅行社的资金使用成本,资金被占用时间越长,资金成本越高,企业面临的风险就越高,对利润的侵蚀也就越多。

假定按年息6%计算,我们分别计算两个团队的资金成本。

第一个案例,旅游团队业务的资金成本计算:

$$30 \times 6 \times 6\% \div 12 = 0.90(万元)$$
$$20 \times 5 \times 6\% \div 12 = 0.50(万元)$$
$$17 \times 4 \times 6\% \div 12 = 0.34(万元)$$

该团队的资金成本=0.90+0.50+0.34=1.74(万元)

$$该资金成本占收入的比例 = \frac{1.74}{70} \approx 2.49\%$$

$$该团队的实际毛利 = 4.00 - 1.74 = 2.26(万元)$$

$$实际毛利率 = \frac{2.26}{70} \approx 3.23\%$$

这样计算结果显示,比原来的毛利率降低,减少了 2.48%(式为 5.71% － 3.23%＝2.48%)。

第二个案例,会议业务团队的资金成本计算:

$$55 \times 3 \times 6\% \div 12 = 0.825(万元)$$

$$该资金成本占收入的比例 = \frac{0.825}{115} \approx 0.72\%$$

$$该团队的实际毛利 = 5.00 - 0.825 = 4.175(万元)$$

$$实际毛利率 = \frac{4.175}{115} \approx 3.63\%$$

这样计算结果显示,比原来的毛利率低,减少了 0.72%(式为 4.35% － 3.63% ＝ 0.72%)。

(资料来源:编者收集并整理。)

分析思考

旅行社经营过程中资金需求量较大,尤其是出境旅游活动需要事先支付国际机票费、住宿费以及境外地接费等相关费用。如果组织国内旅游或提供会务服务,旅行社也需要事先支付房费、餐费、会议场地使用费等。

思考:

(1)旅行社与旅游产品资源提供方一般常用的结算方式是什么?

(2)旅行社应收账款结算账期长,对企业经营会带来哪些不利影响?

一、旅行社资金管理

旅行社开展各项旅游业务面临大额的资金需求,如进行集中采购时,更需要预付给旅游产品供应商较多的资金;另外,在遇到意外事件的冲击下,旅行社也要有足够的资金支付房租、发放员工工资等,因此,资金管理是否有效对旅行社健康发展起重要的影响作用。

(一)做好内外协调、合理调配资金

旅行社的日常经营业务会涉及与航空公司、铁路、轮船、汽车、酒店、餐厅、游览景点、文

娱表演、保险公司、签证公司等单位的资金往来关系,涉及面广、结算项目多、管理难度大。同时,在旅行社经营中,不仅季节因素影响大,淡季与旺季资金需求也大不相同。在结算项目方式上比较灵活,有些项目行程需要预付款项,有些则可以事后支付。这些都决定了旅行社资金管理的地位至关重要。

旅行社的财务部门的一项主要任务,就是合理调配资金,控制支付结算时间。财务部门要充分利用旅行社与各相关部门的业务合作关系,利用旅行社在付款方面的控制能力,发挥财务部门对资金的调配功能,保证包机、专列、大型会议、主题活动等对款项的需求。由此可见,旅行社财务部门应做好内外资金调剂工作,避免由于财务纠纷、资金挤压造成的企业经营危机和信誉危机。

(二)加强付款控制、完善奖罚机制

财务部门要对旅行社所开展的各项业务活动做好事前、事中、事后控制。严格控制业务经营成本、监督资金流向、强化对团款的收缴监督、保证企业正常经营。要建立严格的付款审批流程,如任何线路的团队都必须经过预报、审核、结算、支付等财务审核程序,才能最终对外付款。旅行社财务部门必须基本掌握团队的成本,严格执行付款审批程序,维护旅行社的利益,保证旅行社利润率的提高。对不按规定收缴团款或收缴团款不力的人员,财务部门要履行财务监控职能,适时拒绝对外支付,并提交对相关责任人的处罚建议,避免给旅行社造成经济损失。

二、旅行社结算业务的定义及分类

无论国际旅行社还是国内旅行社,在其开展旅游业务的过程中,必然与提供旅游产品的旅游服务单位,与招徕旅游者的客源地旅行社,与接待旅游者的目的地旅行社发生旅费的结算业务。

(一)结算业务的定义

结算业务是指旅行社与各单位或个人之间,由于劳务供应、产品消费、资金调拨及其他款项往来而发生的货币收付行为。

(二)结算业务的分类

1. 按旅游目的地不同划分

旅游结算业务按旅游目的地不同划分为出境旅游结算业务、国内旅游结算业务和入境旅游结算业务。

出境旅游结算业务,是指组团社组织中国公民到境外旅游,通过境外旅行社提供旅游产品和劳务,由此所产生的货币收付行为。

国内旅游结算业务,是指组团社组织国内公民在中国境内旅游,通过国内各有关旅游服务单位为旅游者提供旅游产品或劳务而发生的货币收付业务。

入境旅游结算业务按对象的不同分为入境旅游国际结算业务和入境旅游国内结算业务。入境旅游国际结算业务是指组团社与境外旅行社之间的结算。入境旅游国内结算业务是指组团社与境内旅行社之间的结算,以及旅行社与各旅游接待单位之间的结算。

2. 按照结算组织形式不同划分

按照结算组织形式不同划分为组团结算业务和接团结算业务。

组团结算业务,是指旅行社通过发布组团计划、销售人员招揽,与旅游者签订组团协议等确定组团业务而发生的相关货币收付行为。组团结算业务按照旅游地不同可分为出境旅游结算、国内旅游结算、周边旅游结算等。

接团结算业务,是指旅行社根据自身熟悉的上下游资源,承接其他组团社的旅游接待业务而发生的货币收付行为。一般接团社根据组团社的接待要求、接待标准,完成接待任务。承接旅游接待前,该团的旅游费用可由组团社先行支付或接团社垫付。

三、旅行社结算方式

结算是旅游企业与其他单位、个人或企业内部发生的各种款项收付行为。结算方式分为现金结算和转账结算(又称非现金结算)。

(一)现金结算

现金结算是指直接用现金收付款项的一种方式。在这种方式下,收到现金时借记"库存现金"会计科目,支付现金时贷记"库存现金"会计科目。由于库存现金交易容易产生舞弊,被盗风险较大,旅行社较少采用现金结算方式。

(二)转账结算

转账结算是指通过银行划转款项进行货币收付的一种结算方式。企业采用转账结算方式有利于银行加强对企业货币资金的监督;有利于购销双方认真履行合同,加强结算纪律,及时进行货款结算,加快资金周转,维护交易双方的正当权益;有利于减少现金流通数量,节约清点、运送和保管现金的人力和物力;有利于银行集中各单位的暂时闲置资金,提高资金的利用率;有利于保证货币资金的安全,防止非法活动的出现。

按照收付款双方所在国别的不同,转账结算方式可以分为国内转账结算方式和国际转账结算方式。

国内转账结算方式主要有银行汇票、银行本票、商业汇票、支票、汇兑、委托收款、托收承付、信用证、信用卡。

国际转账结算方式有汇兑、信用卡、信用证、旅行支票等。

在转账结算方式下,收到款项时借记"银行存款"会计科目,支付款项时贷记"银行存款"会计科目。由于转账结算比现金结算到账速度快、结算手续简便、资金交易较大,应用较为广泛。

(三)网络支付结算

随着20世纪90年代全球范围内互联网的普及和应用,电子商务快速发展,一些传统的电子支付结算方式逐渐采用计算机网络,特别是以互联网为运行平台,出现网络支付结算方式。

网络支付结算,也称网上支付结算(Net Payment),是指以金融电子化网络为基础,以各种电子货币为媒介,通过计算机网络特别是互联网,以电子信息传递的形式实现流通和支付结算功能,即通过第三方提供的与银行之间的支付接口进行即时支付结算方式。

采用这种结算方式可以节省开支,具有高效、便捷的优势。一般旅行社与企业或个人客户之间常常采用的是信用卡、电子钱包、电子支票和电子现金等多种电子支付方式进行网络支付结算。

在这种结算方式下,如果旅行社收到个人或其他企业通过支付宝、微信等方式支付的款项时借记"其他货币资金"会计科目;支付个人或其他企业款项时贷记"其他货币资金"会计科目。由于互联网是完全开放的平台,网络支付账号的交易密码等需要足够的安全,以防止一些不法商家或个人利用网络贸易的非面对面性、利用互联网的开放性和不确定性进行欺骗。

第二节 出境旅游结算业务的核算

学习引导 出境旅游组团社"询价—计价—报价"流程

出境旅游产品价格构成一般包括:出发城市与境外目的地城市间往返交通费、境外地接费、签证费、领队分摊费、市内接送费、境外旅游意外险、旅行社预期利润。

目前我国出境旅游的具体操作是由专线负责,收客主要由各服务网点负责,出境组团社对旅游者的报价分为以下步骤(见图5-1)。

第一步,出境组团社向境外接待社和国际大交通询价。

向境外接待社询价的内容主要包括房价、车费、餐费、景点门票、地接费等。向国际大交通部门询价的内容主要包括飞机航班和机票价格。

第二步,确定境外接待社和国际大交通报价之后,出境组团社进行内部计价。

出境组团社内部计价实际上就是核算该团的成本。将境外地接社报价、国际大交通费、签证费、领队费、保险费等加总,计算出该团的接待成本价,即出境组团社内部计价=境外接待社的报价+往返国际大交通费+签证费+领队分摊费+保险费+税费+其他费用+客源地市内接送费等。

第三步,出境组团社向各服务网点(代理旅行社、在线平台)报价。

出境组团社进行内部计价之后加上操作费用(操作费包括整个旅游行程的制定落实费、航空机票出票操作费、境外旅游服务预订协调工作费、签证资料整理及证件办理费用等)就是旅行社对各服务网点(代理旅行社、在线平台)的报价。

操作费用是根据具体的出境旅游线路来确定的。跟团旅游的利润低一些,一般为计价的15%左右;包团旅游的利润高一些,一般是计价的15%以上。因此,出境组团社报价=内部计价+操作费用(利润)。

第四步,各服务网点(代理旅行社、在线平台)向旅游者报价。

出境组团社所属的服务网点(代理旅行社、在线平台)对旅游者报价一般是采用成本加成法进行的,加成利润比率是根据不同出团时间、不同的旅游线路来确定的,即出境组团社所属服务网点(代理旅行社、在线平台)对游客的报价＝出境组团社报价＋服务网点(代理旅行社、在线平台)的预期利润。

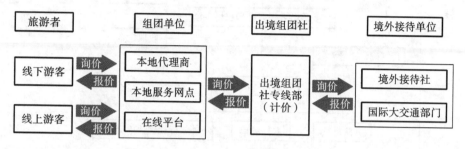

图 5-1　出境组团社报价步骤

(资料来源:根据刘宝平工作室,http://www.jiangbeishuicheng.com/article/detail/id-9728.html 整理。)

分析思考

出境旅游产品的高毛利率吸引大量旅行社涌入出境旅游市场,出境旅游环节出现的不合理报价,服务质量参差不齐,引起了旅游者的不满。

思考:

(1)出境旅游业务运作程序是什么?财务部门应该发挥哪些作用?

(2)出境旅游结算中有哪些单据?其审核要点是什么?

最近几年,出境旅游成为我国公民消费热点。出境旅游的高毛利率,吸引部分旅行社纷纷进入出境旅游市场。出境旅游计划安排周期提前,环节设计较多,需要旅行社各部门通力配合,才能在保证出境旅游结算顺利进行。

一、出境旅游结算程序

旅游者在出境旅游前,需向组团社报名,办理出境旅游手续,交付旅游费用。成团后由组团社派领队带团出游,由境外旅行社按"接待计划"接待旅游团,当旅游团游程结束回来后,由领队填写"接团情况表"。组团社出境旅游财务核算员,根据"接待合同""接待计划""团员名单""收款凭证""变更通知"等资料,编制"出境旅游结算表",确定收入、成本、毛利。当收到境外旅行社账单时,审核付款,并调整成本差异。出境旅游业务运行程序如图5-2所示。

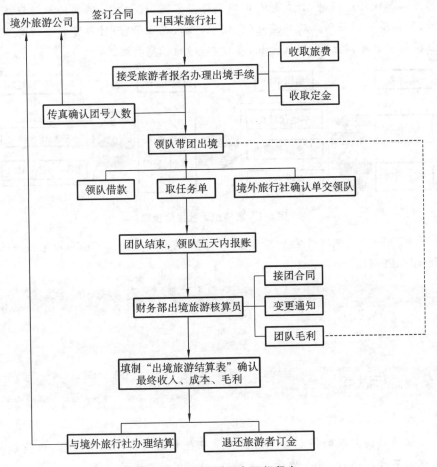

图 5-2 出境旅游业务运行程序

"出境旅游结算表"是组团社编制的单团核算的结算表,是确定收入、成本、毛利的结算依据。"出境旅游结算表"按团编制,分成两大部分,左边为收款情况,右边为支出情况(见图5-3)。收款是指向每个旅游者收取的旅费情况,支出是指整个旅游团旅费开支的情况。

二、出境旅游结算标准

(1) 境外旅行社根据组团社提出的委托要求进行报价,内容包括机场税、码头税、中文导游费、房费、餐费、游览车费、观光景点门票等费用,双方确认后,则按此报价结算。

(2) 团队报价实行16人免1人,一般用于领队减免。但是具体哪些项目适用减免需要交易双方商定。

(3) 12岁以下儿童,房费按实际用房情况结算,交通费按交通部门有关规定结算,其他费用按成人标准的80%结算。

(4) 出境旅游不分淡旺季,一般节假日的价格高于平时价格。出境旅游的结算分线路及天数,按人结算。

出境旅游结算表

计划号：
保险号：

团名：　　　　人数：　　　领队：　　　出入境日期：　年 月 日　　　年 月 日

收款情况					支出情况			
名单	金额	收款日期	发票号	凭证号	项目	金额	付款日期	凭证号
					机票款（国际）			
					机票款（国内）			
					护照			
					机场税			
					保险			
					团费（马）			
					团费（新）			
					团费（泰）			
					团费（港澳）			
					成本合计：			
					备注			
收入合计：					毛利：			

图 5-3　出境旅游结算表范例

三、出境旅游结算业务的会计核算

出境旅游业务的费用收取，采用预收款的方式。组团社在旅游者出境前，必须收到款项。出境旅游的收费款项包括三个方面：一是旅费款，即由组团社按每个旅游者的旅游线路和出游天数收取的包括吃、住、行、游等各项费用在内的款项。二是换汇款。按国家外汇管理局规定，境内居民自费出境旅游，可以兑换一定数量的外汇，由组团社集中办理兑换外汇手续时，应向旅游者收取的款项即为换汇款。随着出境旅游的普及，目前是由旅游者自行到中国人民银行指定换汇银行办理。三是保证金款。为防止旅游者在境外滞留不归，组团社会要求旅游者在出发前缴纳一定的出国旅游保证金、在境外旅游期间将护照交由领队统一保管和回国后配合旅行社到使领馆办理"销签"手续。所交出境旅游保证金金额因出境线路、旅游者的出境记录及其经济条件、职业、婚姻状况等不同而存在金额差异。随着经济的发展、监管形式的多样化，目前一些组团社与银行进行合作，采取银行第三方监管模式或银行保函模式收取保证金，旅游者将保证金存放于银行监管账户，由银行实施监管，当达到保证金退还条件时，银行即撤销监管措施；如触发保证金不予退还条件的，银行将款项汇给旅行社。当然，随着我国经济实力的增强，一些出境旅游缴纳的旅游保证金项目正在逐步取消。

(一)出境旅游收入的核算

出境旅游业务均采用预收款方式,出境旅游核算的会计分录如下:

(1)收到预收款时:

借:银行存款/库存现金/其他货币资金
　　贷:预收账款

(2)成团旅游结束后,结转收入或结转成本时:

借:预收账款
　　贷:主营业务收入

借:主营业务成本
　　贷:应付账款/银行存款

为正确核算单团营业收入,有些旅行社在预收账款下设"单团核算"二级明细科目。到了月末再统一结转各团队的营业收入。

【例5-1】 安心旅游公司从事出境旅游批发业务,2019年3月10日出发的巴厘岛8日游线路共计销售30人,销售业务统计如表5-1所示。

表5-1 巴厘岛8日游销售业务统计表(团号:BMUS820190310A)

客户名称	类型	销售价格/元	人数	结算金额/元	结算方式
携程网(名单略)	同行	3 500	15	52 500	月结账
途牛网(名单略)	同行	3 500	10	35 000	月结账
张三夫妇+儿子	直客	3 800	3	11 400	信用卡
李四夫妇	直客	3 800	2	7 600	现金
合计				106 500	—

(1)收到预收款时:

借:银行存款——人民币——某某银行　　　　　　　　　　　　　11 400
　　贷:预收账款——单团核算—东南亚部—BMUS820190310A　　11 400

借:库存现金——人民币　　　　　　　　　　　　　　　　　　　7 600
　　贷:预收账款——单团核算——东南亚部——BMUS820190310A　7 600

(2)结算同行收客时:

借:应收账款——携程网　　　　　　　　　　　　　　　　　　52 500
　　应收账款——途牛网　　　　　　　　　　　　　　　　　　35 000
　　贷:预收账款——单团核算——东南亚部——BMUS820190310A　87 500

(3)到2019年3月31日,期末确认收入,编制会计分录时:

借:预收账款——单团核算——东南亚部——BMUS820190310A　106 500
　　贷:主营业务收入——组团收入——东南亚部　　　　　　　100 471.69
　　　　应交税费——应交增值税(销项税额)　　　　　　　　　6 028.31

(4)与同行月结到期,实际收到款项时:

借:银行存款　　　　　　　　　　　　　　　　　　　　　　　87 500

　　　　贷：应收账款——携程网　　　　　　　　　　　　　　　52 500
　　　　　　应收账款——途牛网　　　　　　　　　　　　　　　35 000

（二）出境旅游成本的核算

（1）预付境外旅行社团款，或者预付包机费、邮轮舱位费时：

借：预付账款

　　贷：银行存款

（2）如果销售部门事先将产品设计单明细交给财务部报备，则财务人员可以清楚了解每个团的成本，从而按照计划成本编制会计分录反映应付账款，还可以按照境外地接社、机票、邮轮舱位费、签证费、保险费等项目设置应付账款的二级明细科目。

借：预付账款

　　贷：应付账款——××境外地接社

（3）支付境外旅行社团款等项目时：

借：应付账款——××境外地接社

　　贷：银行存款

（4）成团旅游结束后，结转成本时：

借：主营业务成本

　　贷：预付账款

为能正确核算单团成本，有些旅行社在预付账款下设"单团核算"二级明细科目。月末再统一结转各团队的营业成本。

【例 5-2】 接上例，安心旅游公司从事出境旅游批发业务的，2019 年 3 月 10 日巴厘岛 8 日游线路共销售 30 人，2019 年 2 月 25 日出团前需承担并支付的相关成本费用如表 5-2 所示（特别说明：本例中将领队补贴计入团队成本）。

表 5-2　巴厘岛 8 日游采购旅游服务情况统计表（团号：BMUS820190310A）

供应商名称	类　型	结算价格/元	数量	结算金额/元	结算方式
东方航空	交通（成人）	1 200	30 人+1 人	37 200	出团前 1 周内付清
	交通（儿童）	1 200	—	0	
ABC 旅行社	境外地接社	500	30 人	15 000	月结账
H 酒店	境外酒店（6N）	2 400	15 间	36 000	月结账
签证公司	—	150	30 人	4 500	出团前 1 周内付清
保险公司	—	50	30 人+1 人	1 550	出团前 1 周内付清
电器转换器		60	1 个	60	转账
领队补贴		300	8 天	2 400	转账
销售佣金	同行返佣	100	25 人	2 500	出团后 1 月内付清

续表

供应商名称	类　　型	结算价格/元	数量	结算金额/元	结 算 方 式
	合计(不含销售佣金)			96 710	—
	加上同行返佣后成本合计			99 210	—

注:①巴厘岛 8 日游,旅行社派出领队 1 名,发生机票费和保险费。每天带团津贴 300 元。②由于领队是多次往返巴厘岛,本次无须办理签证。③领队境外酒店住宿费由当地酒店提供免费房。旅游者按照双人标准间入住,实际用房 15 间。④巴厘岛电压与国内不同,由领队携带 1 个电器转换设备备用。⑤本团有同行收客 25 人,按照双方约定,出团后 1 月内结清同行返佣(每人 100 元),银行转账。

(1) 出团前支付款项时:

借:预付账款——单团核算——东南亚部——BMUS820190310A　　43 250
　　贷:银行存款——人民币——某某银行　　　　　　　　　　　　43 250

(2) 计算月结供应商款项时:

借:预付账款——单团核算——东南亚部——BMUS820190310A　　51 000
　　贷:应付账款——ABC 旅行社　　　　　　　　　　　　　　　15 000
　　　　应付账款——H 酒店　　　　　　　　　　　　　　　　　36 000

(3) 实际支付同行返佣时:

借:预付账款——单团核算——东南亚部——BMUS820190310A　　2 500
　　贷:银行存款　　　　　　　　　　　　　　　　　　　　　　2 500

(4) 计提发放给游客的电器转换器,价值 60 元时:

借:预付账款——单团核算——东南亚部——BMUS820190310A　　60
　　贷:库存商品　　　　　　　　　　　　　　　　　　　　　　60

(5) 结算本社全职领队补贴时:

借:预付账款——单团核算——东南亚部——BMUS820190310A　　2 400
　　贷:应付职工薪酬——东南亚部　　　　　　　　　　　　　　2 400

(6) 2019 年 3 月 31 日,结转该团成本:

借:主营业务成本——东南亚部——BMUS820190310A　　　　　96 710
　　销售费用——同行返佣　　　　　　　　　　　　　　　　　2 500
　　贷:预付账款——单团核算——东南亚部——BMUS820190310A　99 210

(7) 月结到期,实际支付境外地接费、住宿费时:

借:应付账款——境外地接社　　　　　　　　　　　　　　　15 000
　　应付账款——H 酒店　　　　　　　　　　　　　　　　　36 000
　　贷:银行存款　　　　　　　　　　　　　　　　　　　　51 000

(三) 单团核算法在出境旅游业务中的运用

传统旅行社基本的会计核算操作,是记录企业实现的收入和发生的成本,但从管理的角度出发,如何能清晰了解每个团队的收入、成本情况,以及款项的收付时间这些问题,不同旅行社采用不同的方式予以解决。较为科学的方式是采用编制团队收入成本毛利核算表,有些旅行社称为出境旅游单团核算表。表 5-3 所示为巴厘岛 8 日游团队收入成本毛利核算表。

出境旅游团队收入成本毛利表的编制是依据实际发生的收入、成本、费用原始凭证编制而成,由于出境旅游涉及环节多,加上语言或通信沟通上可能存在障碍,财务结算人员在审核账单时应注意:

(1) 要事先与境外合作方签订合同或协议,依据合约出团及办理结算。

(2) 要辨别签证的真伪,防止受骗上当。

(3) 要明确住宿标准、用餐标准、游览项目的时间和标准,如有购物店,则需列明购物地点及次数。

(4) 采用多种付款方式办理结算,如预付款、现付款,可以留有尾款待旅游者安全回国后一次付清。

(5) 要重视旅游者出国旅游期间的人身安全,事先购买相应的保险。

模拟实践　　审核出境旅游结算单,编制会计分录

请登录厦门网中网 EPC 实训教学平台,熟悉结算单(见图 5-4)的内容,审核无误后编制会计分录(注:EPC 系统中结算单为简化版本,企业可以根据需要设置,保证会计核算的准确性和及时性)。

2019 年 5 月 12 日

金额单位:元

客户名称	北京创意广告服务有限公司	人数	20 人	团号	A200000
旅游线路	日本六日游	导游	李江怀	业务员	张康丽
时间	5月7日—5月12日	天数	6 天	计调	赵丽
费用项目	金额	单据张数	备注		
地接费	103 100		日本光大旅行社为地接社		
交通费	50 000				
保险费	4 240				
费用金额合计	157 340				

制表人:赵丽　　　　　　　　　　　　　　　　　　　　　审核人:陈琳

图 5-4　结算单范例

团号：BMUS82019031OA

表 5-3　巴厘岛 8 日游团队成本毛利核算表

2019 年 3 月份

金额单位：元

| 客户名称 | 销售人员 | 预订单编号 | 团队人数信息 ||||| 应收团款信息 ||| 已收款信息 |||| 未收到团款信息 || 应付代理费及佣金信息 || 备注信息 |
			成人	儿童	全陪领队	合计	平均价格	应收款总额	到款日期	到款金额	凭证号	未收金额	月末转账凭证号	公司代理费	个人佣金	
携程网	贾	RA97T	15			15	3 500	52 500	2019/3/31	30 000	银收 20	22 500				
途牛网	易	D9FN4	10			10	3 500	35 000	2019/4/9	35 000	银行 3	0				
张三夫妇+儿子	君	K9RH5	3			3	3 800	11 400	2019/3/1	11 400	现收 11	0				
李四夫妇	戴	PWBMZ	2			2	3 800	7 600	2019/3/2	7 600	现收 15	0				
华七					1	1	0					0				
						0										
收入合计			30	0	1	31	3 435.5	106 500		84 000		22 500		0	0	

128

续表

成本项目大类	成本明细	供应商名称	付款成本计算列式	人数	用外币结算计算					用人民币结算计算		已付团款信息			未付款团款信息		备注信息
					币种	单价	外币金额	汇率	折算人民币应付款总金额	单价	应付款总金额	付款日期	付款金额	凭证号	未付款金额	月末转账凭证号
签证领馆签证费	领馆签证费	AAA	RMB150×30	30			0	0	0	150	4 500	2019/3/8	4 500	银付138	0	
	领馆签证费						0		0		0				0	
	落地签证费						0		0		0				0	
交通费	机票(成人)	东方航空	1 200	31						1 200	37 200	2019/3/1	37 200	银付138	0	
	航空公司赔款										0				0	
国外地接费	地接费(成人)	境外地接社	RMB15 000	1						15 000	15 000	2019/4/9	15 000	银付5	0	
	调整差额费										0				0	

续表

项目	明细	供应商	数量计算	数量	金额			日期	凭证	
国外住宿费	H酒店		36 000		36 000	0	36 000	2019/4/9	银付6	0
领队费用	领队补贴		2 400	1	2 400	0	2 400	2019/3/31	转账31	0
领队费用	其他陪同费用					0	0			0
保险费	意外保险费	华泰	50×31	31	1 550	0	1 550	2019/3/8	银付78	0
旅游用品	旅游三宝				50	0	0			0
旅游用品	电源转换器		10×6	6	10	0	60	2019/3/9	转账31	0
其他费用	代付客人小费					0	0			0
其他费用	质量赔款等					0	0			0
其他费用	其他费用					0	0			0

续表

销售费用	销售代理费	同行返佣	100×25	0	0	0	0
	销售佣金		25	100	2 500	2019/4/9	2 500	银行付 11	0
成本合计					99 210		99 210		0

团队收入合计	团队成本合计	毛利	毛利率
106 500	99 210	7 290	6.85%

结算人员签名	专线主管审核签名	东南亚部门负责人签名	第一次打印日期

注：巴厘岛8日游，旅行社派出领队1名，发生机票费和保险费。领队每天带团团津贴为300元。由于领队是多次往返巴厘岛，本次无需办理签证。

拓展阅读　"OTA＋金融"有望终结出境游保证金纠纷

第三节　国内旅游结算业务的核算

学习引导　地接团款该如何结算？

海南 A 旅行社有限公司（以下简称 A 公司）作为地接社，与湖南 B 国际旅行社有限公司（以下简称 B 公司）进行业务合作，自 2008 年 8 月至 2009 年 2 月，双方共发生地接团款 351 458 元，B 公司已经支付了地接团款 290 076 元。2009 年 1 月 28 日 A 公司作为地接社，在接待 B 公司组织的 HN20090128-0201 旅游团时，该团沈某某等 8 人向三亚市旅游质量监督管理所进行了投诉，认为 A 公司擅自改变行程，违反合同约定，最后沈某某等 8 人离开旅游团。2009 年 3 月 4 日，B 公司与沈某某等 8 人就该事件进行了协商，双方达成一致意见，由 B 公司赔偿沈某某等 8 人 62 280 元。2009 年 4 月 29 日，B 公司向 A 公司发出一份"扣款说明"，告知了 B 公司赔偿沈某某等 8 人 62 280 元这一事实，A 公司和 B 公司分别在"扣款说明"上加盖了公章。海南三亚市旅游质量监督管理所对此事件出具了"情况说明"。2011 年，A 公司向湖南省长沙市芙蓉区人民法院起诉，要求 B 公司支付地接团款 61 382 元及其银行利息。

本案经一审、二审判决，法院最终驳回了 A 公司的诉讼请求。

（资料来源：中国旅行社协会法律工作委员会《旅行社常见疑难法律问题（第三版）》，2015 年。）

分析思考

旅行社之间开展组织、接待等业务,互为组团社和接团社,这样就存在团款结算的问题。上述案例中 A 公司和 B 公司对双方发生的地接团款 351 458 元、已经支付的地接团款 290 076 元及未支付的地接团款 61 382 元均予以认可。那么 B 公司赔偿沈某某等 8 人 62 280 元能否抵扣为支付的地接团款 61 382 元呢?

思考:
1. 旅行社之间的国内旅游结算业务形式有哪些?
2. 国内旅游结算的程序是什么?

一、国内旅游结算业务形式及结算程序

旅行社国内旅游结算程序和收款方式与出境旅游结算业务所不同的是,提供旅游产品和劳务的都是国内旅游服务单位,所发生的货币收支行为都是以人民币来结算的。国内旅游的保险费以每人 4 元收取,保险额为 10 万,其投保手续同入境旅游业务。

(一)国内旅游结算业务形式

旅行社国内旅游业务分为三种情况。

(1)自组自接:旅行社既是组团社又是接团社。
(2)自组他接:旅行社自组旅游团后,交其他旅行社接待。
(3)他组自接:旅行社接待其他组团社委托的旅游团。

当旅游团行程结束,由导游填写"报销单",然后交财务核算员进行结算。结算时分为三种形式。

(1)自组自接团:各地费用现付。
(2)自组他接团:各地费用通过银行预付或旅游团结束后汇款。
(3)他组自接团:向组团社预收款后,再现付或转账支付各地团费。

针对学习引导中 A 公司和 B 公司所发生的国内旅游业务的结算形式为自组他接团,则 A 公司作为地接社,在接待 B 公司组织的 HN20090128-0201 旅游团时,对于沈某某等 8 人离开旅游团的事件发生,应该承担相应责任。因此,B 公司赔偿沈某某等 8 人 62 280 元可以抵扣 B 公司的未支付的地接团款 61 382 元。此案例中,旅行社财务人员应建立明细账,及时与挂账客户对账,如发生对账不清的,应及时查明原因进行处理。

(二)国内旅游结算程序

旅游者在参加国内旅游前,需向组团社报名,办理出游手续,交付旅游费用。成团后由组团社派导游带团出游,由地接旅行社按"接待计划"接待旅游团,当旅游团游程结束回来后,由导游填写"接团情况表"。组团社国内旅游财务核算员,根据"接待合同""接待计划""团员名单""收款凭证""变更通知"等资料,编制"国内旅游结算表",确定收入、成本、毛利。当收到地接社或其他旅游服务单位寄来的账单时,应审核付款,并调整成本差异。

二、国内旅游结算业务的会计核算

国内旅游结算业务一般采用预收旅游者团款、向地接社预支旅费的方式。在会计上分别设置"应收账款"或"预收账款",以及"预付账款"或"应付账款"科目进行核算。

【例 5-3】 安心旅游公司 2018 年 4 月至 5 月开展国内旅游业务如下。

(1)4 月 1 日,安心旅游公司与雁荡山丙旅行社签订接团协议 40 人团,雁荡山 4 日游,每人 500 元。由安心旅游公司预付 50% 团费,余款在该团返沪后一周内结算。

(2)4 月 20 日,A 公司选派 40 名员工参加该项旅游活动,向安心旅游公司支付团款 24 000 元。

(3)4 月 30 日,安心旅游公司导游李四出团前借款 1 000 元。

(4)5 月 1 日,该团离沪到雁荡山,安心旅游公司即刻办理电汇预付雁荡山丙旅行社团款 10 000 元。

(5)5 月 6 日,该团返沪,安心旅游公司接到雁荡山丙旅行社结算单,所列团款为 20 000 元,导游李四报销差旅费 500 元。

(6)5 月 10 日,安心旅游公司电汇支付雁荡山丙旅行社余下团款。

根据上述资料,安心旅游公司编制会计分录如下:

(1)4 月 20 日预收团款时:

借:银行存款	24 000
贷:预收账款——A 公司	24 000

(2)4 月 30 日导游借款时:

借:其他应收款——李四	1 000
贷:库存现金	1 000

(注:安心旅游公司导游报账规定,导游带团后,一个月内必须回团报账。前团不清,后团不借。)

(3)5 月 1 日预付团费时:

借:应付账款——雁荡山丙旅行社	10 000
贷:银行存款	10 000

(4)5 月 6 日,该团返沪后,确认团队收入、成本时:

借:预收账款——A 公司	24 000
贷:主营业务收入	24 000
借:主营业务成本	20 000
贷:应付账款——雁荡山丙旅行社	20 000

同时,导游报销差旅费时:

借:销售费用	500
库存现金	500
贷:其他应收款——李四	1 000

(5)5 月 10 日电汇支付雁荡山丙旅行社余款时:

借:应付账款——雁荡山丙旅行社	10 000
贷:银行存款	10 000

拓展阅读　　企业采购差旅供应商时看重的因素

第四节　入境旅游结算业务的核算

学习引导　　入境旅游付款延期怎么办？

旅行社国内入境旅游业务部门的工作人员反映，如今一些境外的组团机构，例如日本的组团机构，就明确指出要求国内的旅行社必须承诺延后 3 个月甚至更长时间再收取团费，否则就不予组团。国内的一些旅行社为了争取海外的客源，也不得不参与"拖后付款"的竞争，从而就造成了国内旅行社之间一连串的相互拖欠团费的现象。

（资料来源：编者收集并整理。）

分析思考

入境旅游产品研发周期较长、接待难度大，前期投入的资金要比国内旅游大，加之后期结算账期的延迟，会形成旅行社资金周转困难的局面。

思考：

你认为应该如何杜绝境外旅行社的这种"拖后付款"现象？

一、入境旅游结算业务的程序

组团社在承接入境旅游业务时，一般事先与境外旅行社签订组团合同。境外旅行社一旦组织到客源即与组团社确认成团，并由组团社拟定相应的"旅华日程表"作为日后结算的凭据。组团社外联业务员根据"旅华日程表"编制旅游团的"接待计划"，并将"接待计划"抄送国内各地旅行社、酒店、交通部门、公安局等。当旅游团入境后，"旅华日程表"有变动时，外联业务员须立即发出变更通知，及时通知有关接待单位，修正"接待计划"。在旅游团离境后，外联业务员将最终的"旅华日程表""接待计划""变更通知"等表单交财务部外联核算员结算。外联核算员审核后，编制"结算账单"，向境外旅行社报账结算，确认收入；同时审核各接团社填报的"旅游团费用拨款结算通知单"，确认成本（见图5-5）。

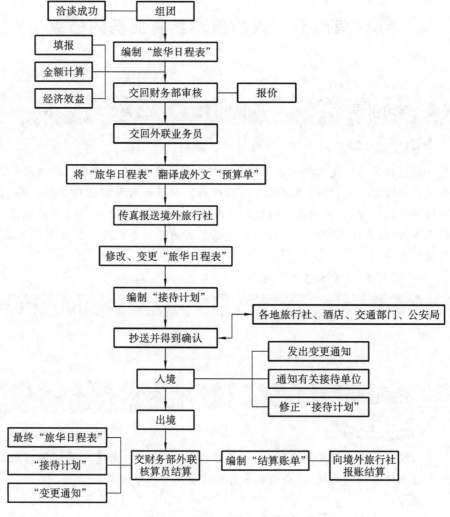

图 5-5　入境旅游业务运行程序

目前,一些旅行社的入境旅游报价是完全由计调和销售人员确定的,从企业内部管理来看,存在一定的风险。因此,本书建议由财务人员参与"旅华日程表"的审核,确保承接入境旅游所带来的经济效益符合企业长远发展。

二、入境旅游结算业务的会计核算

(一)入境旅游国际结算的内容

组团社与境外旅行社的费用结算应采用预收款方式,但由于市场竞争和历史原因,形成了多种收款方式并存的局面,如应收团款、取消费的方式。当然,各种收款方式的采用可以根据往来旅行社的规模大小、信誉的好坏、业务量的大小来选择。与新建业务往来的境外旅行社,除签订组团合同外,必须预收全部或部分旅游费用,尤其是规模小、业务量少的旅行社,更要采用预收款方式。对于那些规模大、业务量多、合作时间长、信誉好的旅行社,应采用定期收款的方式,贯彻一团一结,即单团核算形式。一般赊账期为1—3个月。根据前述任务导入的案例可知,旅行社应贯彻"先收款,后接待"原则,防止出现超长账期,增加发生坏账损失的风险。这是因为账期越长,账款无法收回的可能性就越大。如债务人因经营不善破产倒闭,或者意外事件造成无法偿还款项,或者债务人隐匿消失等,均会给企业带来极大损失。

1. 预收和现收团款的结算

对于预收团款的旅游团,境外旅行社收到组团社业务员开出的"预算单"后,必须在旅游团入境前将款项汇入组团社。旅游团旅行完毕,由财务部开出"结算账单",交领队或寄境外旅行社,如果"结算账单"与"预算单"的费用有差异,将视金额的大小,实行多退少补。为了详细掌握入境旅游团的信息,一般团队入境前先填制"旅华日程表",如图5-6所示。

旅华日程表审核要点包括国别、团号、旅游者人数、减免人数、计划号、保险号、陪同人数、天数、日期、星期、车次、航班、城市间交通费、综合服务费、手续费、各景点门票等。其中综合服务费的天数,首尾按1.5天计算,即不管旅游团第一天什么时间入境,最后一天什么时间出境,第一天和最后一天统算为1.5天。

【例5-4】 美国F-0501豪华旅游团一行16人于20××年5月1日中午12:00入境,5月8日上午10:00出境,要求全程提供综合服务(10人以上豪华等标准为200元)。组团社安心旅游公司在与美国旅行社结算团费时,综合服务费结算为多少元?

综合服务费结算为
$$200 \times 7.5 \times 15 = 22\ 500(元)$$

2. 多收团款的结算

旅游团已收的团款有多余的时候,财务部负责按"结算账单"将多余的款项退回。由外联业务员填写"退款单",写清退款团名、退款日期、退款原因、退款金额,并由收款人和经办人签名,"退款单"一式三联,一联交收款人,一联交外联业务员,一联交财务。

3. 取消费的结算

组团社成团后,个别旅游者取消旅行计划,如不发生损失费,组团社可以不收取消费;如

旅华日程表

计划号：
保险号：
国别：　　　旅游者人数：　　陪同人数：
团号：　　　（减免　）　　综合服务等级：　　金额单位：元

天数	日期	星期	车次航班或其他	离开		抵达		城市间交通费	房差	每人综合服务费
				时间	城市	时间	城市			
1										
2										
3										
4										
5										
6										
7										合计：
8										房费合计：
9										城市间交通费：
10										
11										风味费：
12										保险费：
13										手续费：
14										北京
15										西安
16										上海
17										桂林
18										广州
19										苏州
20										杭州
21										无锡
22										其他：
23										每人合计：
备注										每人对外报价：
										全团报价：

填表人：　　填表日期：　　综合平衡：　　财务核算：

图 5-6　旅华日程表范例

果全团取消，组团社应向境外旅行社收取消费，具体标准如下：

(1) 从入境日的前一天算起，15 日以上的，收取全部旅费的 1％。

(2) 从入境日的前一天算起，入境前 8 天至 15 天，收取全部旅费的 5％。

(3) 从入境日的前一天算起，入境前 2 天至 7 天，收取全部旅费的 30％。

(4) 入境前 24 小时以内，除收取全部旅费的 30％外，另收取入境当天的餐费，住宿费以及当日的综合服务费，但不能超过所委托的旅费。

(5)取消费的计算,以取消通知到达组团社之日为基准。

4. 应收团款的结算

目前,入境旅游组团社与境外旅行社结算团款的方式,绝大多数是先旅游,后收款。这种方式的优点是结算的正确率较高,因为旅游团所有行程已结束,没有在途旅费和变更事项。但是此结算方式风险很大,容易收不回团费,产生坏账损失。

组团社应收结算境外旅行社旅游费用时,借记"应收账款——××旅行社",贷记"主营业务收入"。退还多收的旅费时,借记"应收账款——××旅行社",贷记"银行存款"。应补收旅费时,做相反的分录。

【例5-5】 1月安心旅游公司欧洲外联部收到法国A旅行社发出的FB991201团的确认件,财务填制结算账单,应收综合服务费包价为20 507.5元。二月份收到汇款3 250美元。其会计处理如下:

(1)确认收入时:

借:应收账款——法国A旅行社　　　　　　　　　　　　　　　20 507.5
　　贷:主营业务收入——欧洲外联——组团外联收入　　　　　　20 507.5

(2)收到汇款3 250美元,当日汇率为1美元对人民币6.30元,入账固定汇率为1美元对人民币6.30元时:

借:银行存款——美元户　　　　　　　　　　　　　　　　　　20 475
　　贷:应收账款——法国A旅行社　　　　　　　　　　　　　　20 507.5
　　　　财务费用——汇兑损益　　　　　　　　　　　　　　　　32.5

5. 入境旅游结算账单审核要点

结算账单是入境旅游团的旅游费用合计,是旅游团旅华期间的实际收费账单,也是组团社对境外旅行社开出的销售发票。"结算账单"一式三联,第一联作付款凭证,第二联在境外旅行社付款时,退回外联财务核算员,作应收账款核销凭据,第三联组团社外联业务员留存。结算账单格式如图5-7所示。

(二)入境旅游国内结算业务的核算

入境旅游国内结算业务的核算包括组团社与接团社之间的结算,以及接团社与各旅游产品资源供应商的结算。

1. 组团社与接团社之间的结算业务会计核算

组团社与接团社之间,每年须签订淡旺季的结算合同。如果合同价发生变化,需提前3个月通知对方,并得到对方确认。接团社按照"接待计划"和"接待合同"向组团社结算旅费,组团社与接团社之间的结算业务流程如图5-8所示。

【例5-6】 安心旅游公司2020年制订了一份接待日本春天CT-1008团的计划,由上海A旅行社、苏州B旅行社负责接待。接待计划如图5-9所示。

中国国际旅行社结算账单
C.I.T.S　SETTLEMENT　ACCOUNT

致 To:	填发日期 Date:	编号 No:
国别/地区 Country/Area	旅游人数 Number of Tourists:	
旅游团（者）名称 Name of Group or Tourist	旅行等级 Tour Class:	
	旅行起讫日期 Tour Period:	
费用内容 Items	金额（美元） Amount（in USD）	
1.包价 Package Rates RMB _____ 2.附加费用 Additional Charges	USD _____	
应付我公司总额 The Sum Total Payable to S.T.C	USD _____	
已收到 Payment Received	折合　USD _____ Equivalent to	
尚欠（余）款项 _____ Balance Due to S.T.C	USD _____	
备注 Remarks _____		
银行账号及开户银行 Bank Account Number _____		

图 5-7　中国国际旅行社结算账单范例

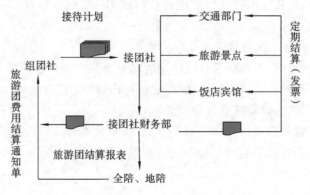

图 5-8　组团社与接团社之间的结算业务流程

> **关于接待日本春天 CT-1008 团的计划**
>
> 计划号　4567　　保险号　7891
>
> 上海 A 旅行社、苏州 B 旅行社：
> 　　由我社组织的该团一行 20 人,于 2020 年 10 月 8 日至 11 日来华旅游,请按标准接待。各地用房 9 双、2 单、1 全陪房。
> 　　苏州:安心旅游公司自订苏州饭店(含西早)。游拙政园、寒山寺、虎丘。
> 　　上海:请上海 A 旅行社订上海宾馆(含西早),10 日晚餐订金门大酒店海鲜料理,每人 200 元,餐后安排杂技。游外滩、豫园、玉佛寺。
> 　　以上计划内费用均已收。
> 　　全陪:A 旅行社日本部　　×××组团社联系人:
>
> 　　　　　　　　　　　　　　日　程
> 10 月 8 日(周五)　　WH294　　上海/入境(21:00)
> 10 月 9 日(周六)　　火车　　　上海(8:30)/苏州(9:30)
> 10 月 10 日(周日)　　火车　　　苏州(10:00)/上海(11:00)
> 10 月 11 日(周一)　　WH293　　上海(12:00)/出境(自备票)
>
> 　　安心旅游公司与 A 旅行社已签订的合同价如下:
> 　　上海宾馆(含西早)双间 400 元,单间 350 元,全陪房 100 元。
> 　　杂技 60 元,豫园 25 元,玉佛寺 15 元,上海至苏州火车票为 24 元/人,综合服务费 70 元,接送费 30 元,全陪费 150/天,便餐 35 元。
>
> 　　　　　　　　　　　　　　　　　　　　　　　　安心旅游公司
> 　　　　　　　　　　　　　　　　　　　　　　　　2020 年 8 月 20 日

图 5-9　接待计划

上海 A 旅行社作为接团社需要填制"旅游团费用拨款结算通知单"与组团社安心旅游公司办理结算,如图 5-10 所示。

上海 A 旅行社向组团社安心旅游公司报送"结算通知单",经审核无误后,编制会计分录如下:

借:应收账款——安心旅游公司　　　　　　　　　　　　　　　19 107.90
　　贷:主营业务收入　　　　　　　　　　　　　　　　　　　　　　19 107.90

安心旅游公司收到上海 A 旅行社报送"结算通知单"经审核无误,编制会计分录如下:

借:主营业务成本　　　　　　　　　　　　　　　　　　　　　　19 107.90
　　贷:应付账款——上海 A 旅行社　　　　　　　　　　　　　　　　19 107.90

上述图中的结算项目是按照全包价入境标准团进行结算的,计算标准如下:

1) 综合服务费

综合服务费包含餐费(正餐每人含 1 瓶矿泉水或 1 杯啤酒)、市内交通费、旅行社目标利润、杂费(含地方收取的特别费用、税、全陪费、地陪费、宣传费、领队综合服务费减免平摊、自然单间空床费平摊等)。

综合服务费实行 16 免 1,即 15 人以上全包价旅游团实现 16 人减免 1 人的综合服务费。第一个减免者一般都是领队。地接社对于全陪的综合服务费是否适用减免并未有明确统一的规定。儿童综合服务费计算与成人不同:不足 2 岁全免;2 岁至 12 岁(不含)半价(不占床位)。

上海 A 国际旅行社　旅游团费用拨款结算通知单

（　）沪财　收　号

名称：安心旅游公司　　　　　　　　　20××年××月××日　　　　　　　编号：01

计划号	4567	国别	日本	旅行社名称	春天旅行社	外宾人数	成人 20 人
旅游团名		日本春天 CT-1008		旅游团类型	外国人		2岁至/2岁（不含）
旅行等级		标准团体等		全陪姓名	×××		2岁以下　人
外宾到离时间		10月8日21:00 乘 WH294 抵沪用/餐至10月9日8:30 用早餐后乘 火车 离沪					
		10月10日11:00 乘 火车 抵沪用午餐至10月11日12:00 用早餐后乘 WH293 离沪					
		月　日　乘　　　　抵沪用　餐至　月　日　用　餐后乘　　　离沪					

		项　　目	天数	单价/元	数量	金额/元
旅行团综合服务费		综合服务费拨款(1)	1.33	70.00	19 人	1 768.90
		综合服务费拨款(2)				
		综合服务费拨款(3)				
		房费 9 标准间	2	400.00	9 间	7 200.00
		房费 2 单人间	2	350.00	2 间	1 400.00
		午餐费	1	35.00	19 人	665.00
		晚餐费				
		晚餐后到达或未用早餐离开的接送费	1	30.00	19 人	570.00
		派出全程陪同劳务费	4	150.00	1 人	600.00
	计划内加拨款	游江费				
		风味费	1	200.00	20 人	4 000.00
		杂技费	1	60.00	20 人	1 200.00
		超公里费				
		特殊门票费	—	40.00	20 人	800.00
		附加费				
		其他(1)				
		其他(2)				
		旅游团综合服务费合计				18 203.90
外宾交通费		乘火车	—	24.00	20 人	480.00
		乘				
		乘				
		行李托运费	—	10.00	20 人	200.00
全程陪同费用	交通费	乘火车	—	24.00	1 人	24.00
		乘				
		乘				
	共餐费	早　人次　　午　人次　　晚　人次				
	房费	(1)10月8日21:00 至10月9日8:30 住上海宾馆	1	100.00	1 间	100.00
		(2)10月10日11:00 至10月11日12:00 住上海宾馆	1	100.00	1 间	100.00
		(3)月　日　至　月　日　住			间	
		全程陪同费用合计/元				224.00
		拨款结算总计/元				19 107.90
备注						

报送部门：日本部　　　会计：×××　　　全陪：×××　　　地陪：×××

注：①上述结算单中，按照组团社与接团社的约定，享受"十六免一"，即每16个人免除1人的综合服务费、午餐费、晚餐费、晚餐后到达或未用早餐离开的接送费，因此，这些项目的结算人数为19人。②风味费、杂技费、特殊门票费、火车票、行李托运费则按照实际人数20人结算。

图 5-10　旅游团费用拨款结算通知单范例

入境团在我国国内各地的综合服务费是按照在一地的停留天数结算的,停留不足一天的部分按照停留时段计算,计算标准有国旅、中旅、青旅三种形式。

(1)国旅标准。国旅系统采用的结算方式是按照旅游者用餐地点划分综合服务费,具体内容如表5-4所示。

表5-4 国旅结算标准(停留不足一天综合服务费结算标准)

地 点	综合服务费(扣除餐费)
用早餐(7时)地点	33%
用午餐(12时)地点	34%
用晚餐(18时)地点	33%

(2)中旅标准。中旅系统采用的结算方式是按照抵离时间分段划分综合服务费,具体内容如表5-5所示。

表5-5 中旅结算标准(停留不足一天综合服务费结算标准)

抵达当地时间	百分数	备 注	离开当地时间	百分数	备 注
0:01—9:00	100%	安排早餐	0:01—9:00	25%	安排早餐
9:01—11:00	80%		9:01—11:00	40%	
11:01—13:30	65%	安排午餐	11:01—13:30	60%	安排午餐
13:31—17:00	50%		13:31—17:00	80%	
17:01—19:30	30%	安排晚餐	17:01—24:00	100%	安排晚餐
19:31—24:00	25%				

注:①抵离时间是指交通工具的抵离时间,如交通工具延误,则按实际时间;如因机场(车站、码头)的原因延误,且地陪已离团,则按地陪离团时间计算。②旅游团当天抵当天离开的不按此表划分,按中转计算。③实行夏令时间仍按本表执行。④备注用餐为相应时间内所供餐次,餐费按实际用餐情况结算。

(3)青旅标准。青旅系统采用的结算方式是按照旅游团在当地停留时间划分综合服务费,具体内容如表5-6所示。

表5-6 青旅结算标准(停留不足一天综合服务费结算标准)

停留小时数	综合服务费(扣除餐费)
1. 口岸城市接待过境团	
4小时以内	按10小时结算
4—10小时(含4小时)	按15小时结算
10—18小时(含10小时)	按18小时结算
18小时以上(含18小时)	按实际停留小时结算
2. 去外地一日游当天返回当地	按16小时结算

应收旅游团(者)在当地的综合服务费 = $\dfrac{\text{全天的综合服务费}}{24\text{ 小时}}$ × 旅游团(者)在当地的实际停留时间。

2) 餐费

餐费是按照标准团、经济团、豪华团等列明不同的餐标、服务品类,按照实际用餐顿数、用餐标准、用餐人数进行结算。导游和司机一般不用结算餐费。

3) 房费

房费要区分是境内组团社代订还是境外组团社自订的,一般要列明星级标准、房价、过夜天数、用房间数。领队或全陪用房的房价另行结算。

4) 专项附加费

专项附加费一般包含特殊景点的门票费(如江、河、湖游览费及景点门票费,又如上海之巅观光游览费、海洋水族馆门票费等)、汽车超公里费、专业活动费、计划内文娱活动费、保险费、行李搬运费、票务手续费、途中饮料费、不可预见费等。以上项目只有实际发生时才单列于"结算通知单"。

5) 城市间交通费

国际机票占有较大的比重,如果是境外自购往返机票,就无须结算。如委托旅行社预订的,则按照实际支付数加相关手续费进行结算。领队或全陪城市交通费按实际发生数结算。

2. 旅行社与接待单位之间的结算业务核算

入境旅游国内结算业务除了包括组团社与接团社之间的结算业务,还包括旅行社与接待单位之间结算业务的会计核算。旅行社与各接待单位之间的应付结算业务,是通过"应付账款"科目核算和反映,发生应付款项时,借记"主营业务成本""销售费用""管理费用"等科目,贷记"应付账款";偿付时,借记"应付账款",贷记"银行存款"。"应付账款"期末贷方余额表示尚未偿付款项的余额,该账户应按各债权单位设置明细账,进行明细核算。

【例5-7】 安心旅游公司与春天宾馆签订了2018年旺季合同,双人标准房每间天400元,并实行16人免1床位的优惠,结算期为2个月。四月份共有A团、B团、C团3个旅游团入住春天宾馆。

当月安心旅游公司收到春天宾馆开具的分团结算账单:A团32人,房费为12 000元;B团15人,房费为3 200元;C团8人,房费为4 800元。

安心旅游公司财务核算员根据"接团计划""日程安排表""订房合同""订房确认单"等资料审核账单,审核无误后,编制会计分录如下:

借:主营业务成本——房费 20 000
　　贷:应付账款——春天宾馆 20 000

七月份实际支付房费时,编制会计分录如下:

借:应付账款——春天宾馆 20 000
　　贷:银行存款 20 000

如发现有误,可将账单退回或通知酒店开具红字发票冲正。

在实际工作中,如在结账日,仍未收到接待单位开来的结算账单,根据权责发生制原则,可按计划成本入账,待实际收到结算账单时再进行调整。

【例5-8】 安心旅游公司3月组织10个旅游团前往东方明珠景点游览,共200人次,票价为50元,结算价按9折计算,无16人免1人票价的优惠。月底安心旅游公司未收到该景点的结算账单,则按计划成本入账时,编制会计分录如下:

借:主营业务成本——门票费　　　　　　　　　　　　　　　　9 000
　　贷:应付账款——东方明珠　　　　　　　　　　　　　　　　　　9 000

当收到结算账单,实际参观人数为195人,实际支付时:
首先,调减成本225元,采用红字冲账法编制会计分录:

借:主营业务成本——门票费　　　　　　　　　　　　　　　　 225
　　贷:应付账款——东方明珠　　　　　　　　　　　　　　　　　　 225

其次,实际通过银行办理转账支付时:
借:应付账款——东方明珠　　　　　　　　　　　　　　　　　 8 775
　　贷:银行存款　　　　　　　　　　　　　　　　　　　　　　　　8 775

| 模拟实践 | 旅行社销售业务的会计核算 |

活动目的:
对北京国旅总社接受委托的业务,准确进行销售业务的会计核算。

活动内容:
华光国旅接受北京国旅总社的委托,接待广州GZ-1803团17人在本地旅游。3天结束返北京,财务部门根据陪同人员填写的"旅游团接待活动情况表"及该团"日程计划表"等表单记录,结合本地区旅游收费标准填写该团的"结算通知单"内容如下:

综合服务费=(17—1)×3×250=12 000(元)
餐费:
早餐费=17×2×20=680(元)
午餐和晚餐费=17×5×50=4 250(元)
房费=8×3×150=3 600(元)
代购票手续费=300(元)
风味餐费=50×17=850(元)
合计:1 200+680+3 600+4 250+300+850=21 680(元)

要求:请编制相关的会计分录。

活动步骤:
(1)分析业务类型,是组团业务还是接团业务;

（2）确定会计账户的使用；
（3）计算入账金额；
（4）编制会计分录。

活动评价：

通过该任务的学习，学生能够了解旅行社销售业务的会计核算，能够识别旅游业务，并准确编制会计分录。

拓展阅读　　旅行社结算业务的发展趋势

本章小结

本章主要介绍旅游结算的内容及结算方式，分析了不同结算方式的选择对企业资金管理的影响，重点介绍了出境旅游、国内旅游、入境旅游的业务运行流程及各旅游业务项目的结算标准，还介绍了出境旅游、国内旅游、入境旅游中所涉及的旅游团队的收入核算和成本核算。

课后训练

第六章

旅游企业费用的核算

 学习目标

知识目标

(1) 掌握旅游企业销售费用的核算内容、账户的结构、明细账户的设置；

(2) 掌握旅游企业管理费用的核算内容、账户的结构、明细账户的设置；

(3) 掌握旅游企业财务费用的核算内容、账户的结构、明细账户的设置；

(4) 掌握旅游企业应付职工薪酬费用的核算内容、账户的结构、明细账户的设置。

能力目标

(1) 能正确核算旅游企业的销售费用，会建立旅游企业销售费用账户；

(2) 能正确核算旅游企业的管理费用，会建立旅游企业管理费用账户；

(3) 能正确核算旅游企业的财务费用，会建立旅游企业财务费用账户；

(4) 能正确核算旅游企业的应付职工薪酬，会建立旅游企业应付职工薪酬账户。

素养目标

(1) 强化学生控制费用的意识，做到公平、公正、合理地划分费用；

(2) 提高学生防患于未然的意识，增强资金成本的观念，争取结算工作中的主动权，减少汇兑损失，降低经营风险；

(3) 培养学生的职业道德、职业操守，坚持不做假账，践行社会主义核心价值观中的公正、法制、敬业、诚信等理念。

知识框架

第六章 旅游企业费用的核算
- 第一节 旅游企业销售费用的核算
  - 一、销售费用的核算内容
  - 二、销售费用的账户设置
  - 三、销售费用的账务处理
- 第二节 旅游企业管理费用的核算
  - 一、管理费用的核算内容
  - 二、管理费用的账户设置
  - 三、管理费用的账务处理
- 第三节 旅游企业财务费用的核算
  - 一、财务费用的核算内容
  - 二、财务费用的账户设置
  - 三、财务费用的账务处理
- 第四节 旅游企业应付职工薪酬的核算
  - 一、应付职工薪酬的核算内容
  - 二、应付职工薪酬的账户设置
  - 三、应付职工薪酬的账务处理

教学重点

(1) 销售费用、管理费用、财务费用、应付职工薪酬的核算内容及账户设置；

(2) 收益性支出与资本性支出的界限、销售费用与管理费用的区别；

(3) 销售费用、管理费用、财务费用、应付职工薪酬的账务处理。

教学难点

销售费用与管理费用的区别　汇兑损益的账务处理　应付职工薪酬的账务处理

案例导入

文化和旅游部2020年度全国旅行社统计调查报告（节选）

一、填报情况

2020年度全国旅行社季度组织接待和年度财务数据审核完成率分别为86.02%、84.81%、84.30%、88.60%和86.60%，年度平均审核完成率为86.07%。27个地区年度平均审核完成率超过全国平均水平，其中22个地区的年度平均审核完成率在90%以上。

二、行业规模

截至2020年12月31日，全国旅行社总数为40 682家（按2020年第四季度旅行社数量计算），比2019年增长4.47%。除吉林和黑龙江旅行社数量减少，减幅分别为0.71%和1.55%外，其余30个地区旅行社数量都有不同程度的增长，海南、新疆、湖南、贵州、甘肃 5 个地区涨幅均在 10% 以上,其中海南增幅最大为 24.22%。广东、北京、江苏、浙江、山东 5 个地区旅行社数量超过 2 000 家,数量最多的广东为 3 390 家。此外,西藏、宁夏和新疆 3 个地区旅行社数量少于 500 家,分别为 310 家、173 家和 162 家。

2020 年度全国旅行社资产总计为 1 992.46 亿元,其中负债总计 1 603.29 亿元,所有者权益总计 389.17 亿元。全国旅行社从业人员 322 497 人,其中大专以上学历人数 220 311 人,签订劳动合同的导游人数 108 803 人。

三、经营情况

2020 年度全国旅行社营业收入 2 389.69 亿元,营业成本 2 280.86 亿元,营业利润 —69.15 亿元,利润总额 —71.77 亿元,本年应交税金总额 12.77 亿元,旅游业务营业收入 1 374.56 亿元,旅游业务营业利润 3.27 亿元。

(一)三大市场情况

2020 年度全国旅行社国内旅游营业收入 1 194.49 亿元,占全国旅行社旅游业务营业收入总量的 86.90%;国内旅游业务营业利润 2.65 亿元,占全国旅行社旅游业务营业利润总量的 80.91%。

2020 年度全国旅行社入境旅游营业收入 16.16 亿元,占全国旅行社旅游业务营业收入总量的 1.18%;入境旅游业务营业利润为 0.05 亿元,占全国旅行社旅游业务营业利润总量的 1.59%。

2020 年度全国旅行社出境旅游营业收入 163.91 亿元,占全国旅行社旅游业务营业收入总量的 11.92%;出境旅游业务营业利润为 0.57 亿元,占全国旅行社旅游业务营业利润总量的 17.50%。

(二)类别情况

2020 年度全国具有出境旅游业务资质的旅行社旅游业务营业收入 808.96 亿元,占全国旅行社总量的 58.85%;旅游业务营业利润 7.86 亿元;本年应交税金总额 9.09 亿元,占全国旅行社总量的 71.21%。

2020 年度全国外商投资旅行社旅游业务营业收入 42.19 亿元,占全国旅行社总量的 3.07%;旅游业务营业利润 —0.05 亿元;本年应交税金总额 0.25 亿元,占全国旅行社总量的 1.97%。

(资料来源:整理自中华人民共和国文化和旅游部官方网站。)

旅游业是一种服务行业,主要包括吃、住、行、游、购、娱六大要素。按旅游目的地划分有国内旅游、出境旅游、入境旅游;按组团方式分为自联、横联或自组和接待。不管是什么方式,都离不开上述六大要素,由此决定了旅游业的会计核算范围。会计核算的内容主要包括为旅游者提供服务而直接或间接收取的费用,即收入,以及为此而产生的各式各样的成本和费用;还包括在核算过程中涉及的各项资产、负债及一定时期的财务状况、经营成果等财务指标;同时还应包括非财务指标,如人数、人次、天数等。在本章中,我们将掌握旅游企业销售费用、财务费用、管理费用、应付职工薪酬的核算等内容。

第一节　旅游企业销售费用的核算

学习引导　　费用异常给企业带来的财务危机

2019年，某旅行社因账面列支大额业务宣传费，属于购买宣传品、纪念品列入业务宣传费，被列入风险名录，如今，仍有一些企业妄图通过增加企业费用，从而达到少缴税的目的，但往往会自食恶果。其原因在于，企业本身存在着费用过多的风险，而企业的期间费用异常也会在无形之中给企业带来巨大的财务危机。因此，旅行社对于期间费用的核算，一定要做到准确无误，不管是科目的运用还是二级、三级明细科目的设置，都要准确，只有这样才能将正确的信息反映给财务报表分析者，从而使分析者很快发现其中的异常所在，尽早地规避风险。

分析思考

旅行社是以盈利为目的经济实体，追求利润最大化是旅行社生产经营的目标，而影响利润的因素是收入、成本和费用，因此，正确核算所发生的成本、费用是旅行社正确计算利润的前提。

思考：

(1) 期间费用包括哪些？

(2) 如何划分旅行社的收益性支出与资本性支出的界限？

旅行社营业的期间费用是指间接地为旅游团队提供服务发生的耗费和支出。期间费用从营业收入中得到补偿，并直接计入当期损益。

旅行社费用的范围包括：①企业营业、服务、管理人员的工资，以及按规定提取的职工福利费、工会经费等；②在经营过程中发生的运杂费、水电费、广告费、公共事业费等；③在经营过程中发生的物质资料消耗，如燃料和物料用品的消耗、固定资产的折旧、低值易耗品摊销等；④支付给银行的借款利息及金融机构的手续费等；⑤按规定列入费用的有关开支，如土地使用税、房产税、车船使用税、印花税等；⑥经营过程中发生的各项管理费用，如咨询费、诉讼费、办公费、董事会会费、保险费等。

企业中凡是不属于经营业务范围的实际耗费,同经营业务没有直接关系,或是在经营业务中非正常的耗费,均不能列支为费用。以下各项开支不属于费用的范畴:①应作为资本性支出的各项开支;②各项赞助、捐赠支出;③被没收的财物及各项违约金、赔偿金、滞纳金以及其他各项罚款等;④对外投资支出及分配给投资者的利润;⑤与经营业务无关的其他支出,如固定资产盘亏、非常损失等。

旅行社的费用按其经济用途主要是期间费用,包括销售费用、管理费用、财务费用。

一、销售费用的核算内容

销售费用是旅行社营业部门在经营中发生的各项费用,如旅行社的销售部、外联部、接待部、计调部等部门发生的费用均属于销售费用。其核算的内容包括运输费、包装费、保险费、展览费、广告宣传费、修理费、邮电费、差旅费、水电费、折旧费、物料消耗、低值易耗品摊销、营业部门人员的工资、福利费、工作餐费、服装费等。

二、销售费用的账户设置

(一)账户的结构

借方登记旅行社发生的各项销售费用,贷方登记期末转入"本年利润"账户的各种销售费用的转出数,该账户在期末结转后无余额。

(二)明细账户的设置

旅行社应设置"销售费用"总分类账户,"销售费用"总分类账户下可根据经济业务具体事项分别设置明细科目,如"工资""职工福利""邮电费""差旅费""展览费""广告宣传费""服装费""运输费""装卸费""包装费""保险费""物料用品""低值易耗品摊销""水电费""折旧费"等。

三、销售费用的账务处理

旅行社发生销售费用时,借记"销售费用"科目,贷记对方科目,期末,将销售费用的余额转入"本年利润"科目,贷记"销售费用"科目,结转之后,"销售费用"科目无余额。

(1)归集销售费用时:
借:销售费用
　　贷:相关科目
(2)结转损益时:
借:本年利润
　　贷:销售费用

【例6-1】 北京华新旅行社有限公司(简称华新旅行社)是增值税一般纳税人,该旅行社2019年10月发生下列有关销售费用的业务(不考虑相关税费)。

(1)10月2日,华新旅行社为游客提供包装物产生包装费600元,以银行存款结算。

借:销售费用——包装费	600	
贷:银行存款		600

(2) 10月6日,华新旅行社向保险公司支付第四季度保险费3 000元,以银行存款结算。

借:销售费用——保险费	3 000	
贷:银行存款		3 000

(3) 10月7日,销售部领用一次性物料用品6 400元。

借:销售费用——物料用品	6 400	
贷:原材料——物料用品		6 400

(4) 10月8日,领用一次性摊销的低值易耗品1 000元,前期领用的分期摊销低值易耗品应由本月分摊600元。

借:销售费用——低值易耗品摊销	1 600	
贷:低值易耗品		1 000
待摊费用		600

(5) 10月10日,华新旅行社本月推销旅游产品开展展览活动而支付的场地租用费3 000元,以银行存款结算。

借:销售费用——展览费	3 000	
贷:银行存款		3 000

(6) 10月15日,华新旅行社支付销售部门采购员张展腾差旅费2 000,以银行存款结算。

借:销售费用——差旅费	2 000	
贷:银行存款		2 000

(7) 10月16日,华新旅行社以银行存款支付北京东道广告公司本月的广告费600元。

借:销售费用——广告宣传费	600	
贷:银行存款		600

(8) 10月20日,华新旅行社为销售部职工制作工作服装花费6 000元,以银行存款结算。

借:销售费用——服装费	6 000	
贷:银行存款		6 000

(9) 10月30日,财务部支付本月销售部使用的电话费600元,以银行存款结算。

借:销售费用——邮电费	600	
贷:银行存款		600

(10) 10月30日,计提销售部本月固定资产的折旧费,共2 000元。

借:销售费用	2 000	
贷:累计折旧		2 000

(11) 10月31日,结转本月发生的销售费用。

借:本年利润	25 800	
贷:销售费用		25 800

模拟实践　辨识经营业务凭证,正确编制会计分录

北京华新旅行社 6 月末市场部报销差旅费,根据以下单据(见图 6-1、图 6-2)完成账务处理。

差旅费报销单

2019 年 6 月 30 日　　　　单据及附件共 2 张

所属部门	市场部			姓名	张晓明	出差事由	考察贵阳市场		
出发		到达		起止地点	交通费	住宿费	伙食费	其他	
月	日	月	日						
6	28	6	28	北京—贵阳	¥430.00				
6	29	6	29	贵阳—北京	¥430.00				
					现金付讫				
合计大写金额:捌佰陆拾元整					¥860.00	预支旅费		退回金额	
								补付金额	

总经理:罗杰　　财务经理:肖丽红　　会计:李毅　　出纳:廉洁　　部门经理:张晓明　　报销人:张晓明

图 6-1　附件 1(差旅费报销单)

图 6-2　附件 2(火车票)

解析:

差旅费记账凭证如图 6-3 所示。

记　账　凭　证

2019年6月30日

公司名称:北京华新旅行社有限公司　　　　凭证号: 46　　附件: 3 张

摘要	会计科目		借方金额	贷方金额
	总账科目	明细科目		
报销差旅费	销售费用	差旅费	788.99	
报销差旅费	应交税费	应交增值税	71.01	
报销差旅费	库存现金			860.00
合计:捌佰陆拾元整			860.00	860.00

会计主管:　　　　记账:　　　　复核:　　　　制单:

图 6-3　差旅费记账凭证

第二节　旅游企业管理费用的核算

学习引导　企业日常办公费用的会计核算

北京华新旅行社有限公司招聘刚毕业的大学生王洋为会计，让该旅行社的前辈李敏作为小王的指导老师，李敏要求小王根据以下单据完成2019年6月末相关业务。

(1) 6月末支付水费，并分配水费(见图6-4、图6-5、图6-6)。

水费分配表

部门	单价/元	耗用量/吨	金额/元
管理部门	3	230	690
销售部门	3	100	300
合计			990

审核人：李敏　　　　制单人：林美枝

图6-4　附件1(水费分配表)

1100194130

北京增值税专用发票

№ 62161851

1100194130
62161851

开票日期：2019年06月30日

购买方　名称：北京华新旅行社有限公司
纳税人识别号：911101089698701642
地址、电话：北京市海淀区安化街保电路92号 010-56670756
开户行及账号：交通银行北京海淀支行 417733156631753288312

密码区：
03*3187<4/+8490<+95-59+7<243
4987<0—>>-6>525<693719->7*7
87*3187<4/+8490<+95708681380
9<712/<1+9016>6906++>84>93/-

货物或应税劳务、服务名称	规格型号	单位	数量	单价	金额	税率	税额
*水冰雪*自来水		吨	330	3.00	990.00	9%	89.10
合计					¥990.00		¥89.10

价税合计(大写)　⊗壹仟零柒拾玖元壹角整　(小写)¥1079.10

销售方　名称：北京自来水集团有限公司
纳税人识别号：911101015678886653
地址、电话：北京市东城区朝阳门北大街769号 010-74115912
开户行及账号：中国建设银行北京东城支行 3100100457605877721

北京自来水集团有限公司 911101015678886653 发票专用章

收款人：　复核：　开票人：陈昊　销售方：(章)

第三联：发票联　购买方记账凭证

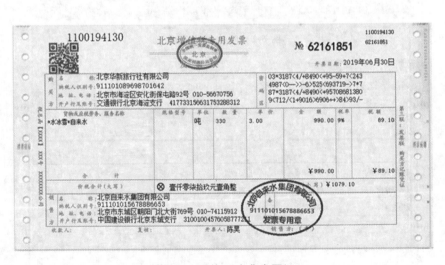

图6-5　附件2(水费发票)

(2) 6月末支付电费，并分配电费(见图6-7、图6-8、图6-9)。

第六章 旅游企业费用的核算

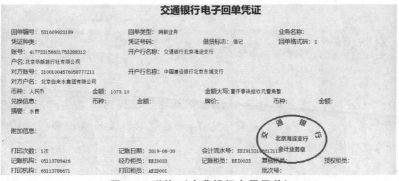

图 6-6　附件 3（水费银行电子回单）

电费分配表

部门	单价/元	耗用量/千瓦时	金额/元
管理部门	0.8	1 000	800
销售部门	0.8	500	400
合计			1 200

审核人：李敏　　　　　　　　制单人：林美枝

图 6-7　附件 4（电费分配表）

图 6-8　附件 5（电费发票）

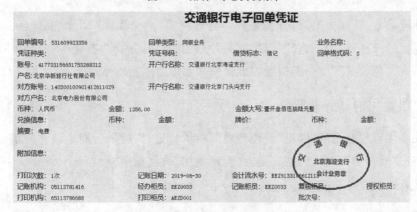

图 6-9　附件 6（电费银行电子回单）

分析思考

在上述案例中,需要明确区别销售费用与管理费用。在实际业务中不能忽略相关税费,要会识别、审核常用原始凭证,并重视对发票的监控和管理,包括自制发票和外来发票的管理,防范经营风险。

思考:
(1) 月末支付水电费是分配至销售费用还是管理费用?
(2) 如何判断?

一、管理费用的核算内容

管理费用是指旅行社管理部门为组织和管理企业经营活动而发生的各项费用。其核算的内容包括旅行社在筹建期间发生的开办费、行政管理部门职工薪酬、物料消耗、低值易耗品摊销、办公费、差旅费、会议费、工会经费、职工教育经费、租赁费、中介机构费、咨询费、诉讼费、业务招待费、邮电费、水电费、折旧费等。

二、管理费用的账户设置

(一)账户的结构

借方登记旅行社发生的各项管理费用,贷方登记期末转入"本年利润"账户的金额,该账户在期末结转后无余额。

(二)明细账户的设置

旅行社应设置"管理费用"总分类账户,"管理费用"总分类账户下可根据经济业务具体事项分别设置二级科目,如"工资""职工福利""办公费""开办费""差旅费""交际应酬费""会议费""外事费""租赁费""中介机构费""诉讼费""水电费""折旧费"等。

三、管理费用的账务处理

旅行社发生管理费用时,借记"管理费用"科目,贷记对方科目,期末结转时借记"本年利润"科目,贷记"管理费用"科目,结转之后"管理费用"科目无余额。

(1) 归集管理费用时:
借:管理费用
　　贷:相关科目

(2) 结转损益时:

借:本年利润
　　贷:管理费用

【例 6-2】 北京华新旅行社有限公司是增值税一般纳税人,该旅行社 2019 年 10 月发生下列有关管理费用的业务(不考虑相关税费)。

(1) 10 月 5 日,华新旅行社用现金购买办公用品 800 元。

借:管理费用——办公费　　　　　　　　　　　　　　　　800
　　贷:银行存款　　　　　　　　　　　　　　　　　　　　800

(2) 10 月 16 日,人力资源部王勉报销差旅费 2 600 元,他出差前预借现金 3 000 元,报销时退回多余款。

借:管理费用——差旅费　　　　　　　　　　　　　　　2 600
　　库存现金　　　　　　　　　　　　　　　　　　　　　400
　　贷:其他应收款——王勉　　　　　　　　　　　　　　3 000

(3) 10 月 20 日,摊销本月应分摊的业务招待费 5 000 元。

借:管理费用——业务招待费　　　　　　　　　　　　　5 000
　　贷:长期待摊费用　　　　　　　　　　　　　　　　　5 000

(4) 10 月 30 日,财务部支付本月行政管理部门使用的电话费 500 元,以银行存款结算。

借:管理费用——邮电费　　　　　　　　　　　　　　　　500
　　贷:银行存款　　　　　　　　　　　　　　　　　　　　500

(5) 10 月 30 日,华新旅行社以银行存款支付行政管理部门水电费 700 元,聘请中介机构费 3 000 元。

借:管理费用——水电费　　　　　　　　　　　　　　　　700
　　　　　　——中介机构费　　　　　　　　　　　　　3 000
　　贷:银行存款　　　　　　　　　　　　　　　　　　　3 700

(6) 10 月 30 日,计提本月行政管理部门发生固定资产折旧费 3 000 元,行政管理部门以现金支付设备日常修理费用 500 元,不满足固定资产确认条件。

借:管理费用　　　　　　　　　　　　　　　　　　　　3 500
　　贷:累计折旧　　　　　　　　　　　　　　　　　　　3 000
　　　　库存现金　　　　　　　　　　　　　　　　　　　500

(7) 10 月 31 日,结转本月发生的管理费用。

借:本年利润　　　　　　　　　　　　　　　　　　　　16 100
　　贷:管理费用　　　　　　　　　　　　　　　　　　　16 100

解析:

费用的支出一般要和部门挂钩,如果是销售部门发生的费用要在"销售费用"中列支,如果是管理部门发生的费用则要记入"管理费用"。小王做的记账凭证如图 6-10 和图 6-11 所示。

记 账 凭 证

2019年6月30日

公司名称：北京华新旅行社有限公司　　凭证号：44　　附件：3 张

摘要	会计科目		借方金额/元	贷方金额/元
	总账科目	明细科目		
分配水费	销售费用	水电费	300.00	
分配水费	管理费用	水电费	690.00	
分配水费	应交税费	应交增值税	89.10	
分配水费	银行存款	交通银行北京海淀支行		1 079.10
合计：壹仟零柒拾玖元壹角整			1 079.10	1 079.10

会计主管：　　　记账：　　　复核：　　　制单：王洋

图 6-10　水费记账凭证

记 账 凭 证

2019年6月30日

公司名称：北京华新旅行社有限公司　　凭证号：45　　附件：3 张

摘要	会计科目		借方金额/元	贷方金额/元
	总账科目	明细科目		
分配电费	管理费用	水电费	800.00	
分配电费	销售费用	水电费	400.00	
分配电费	应交税费	应交增值税	156.00	
分配电费	银行存款	交通银行北京海淀支行		1 356.00
合计：壹仟叁佰伍拾陆元整			1 356.00	1 356.00

会计主管：　　　记账：　　　复核：　　　制单：王洋

图 6-11　电费记账凭证

模拟实践　　辨识经营业务凭证，正确编制会计分录

北京华新旅行社 6 月末行政部报销业务招待费，根据以下单据（见图 6-12、图 6-13）完成账务处理。

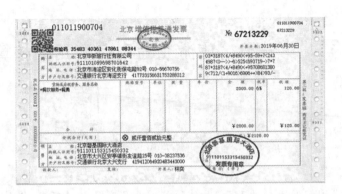

011011900704 北京增值税普通发票 № 67213229
011011900704
67213229
校验码 35483 40361 47861 08344
开票日期：2019年06月30日
购买方 名称：北京华新旅行社有限公司
纳税人识别号：91110108969870l642
地址、电话：北京市海淀区安化街保屯路92号 010-56670756
开户行及账号：交通银行北京海淀支行 41773315663l753288312
密码区 03*3187<4/+8490<+95-59+7<243
4987<0—>>-6>525<693719->7*7
87*3187<4/+8490<+95708681380
9<712/<1+9016>6906++>84>93/-
货物或应税劳务、服务名称 *餐饮服务*餐费
金额 2000.00 税率 6% 税额 120.00
合计 ¥2000.00 ¥120.00
价税合计（大写）⊗ 贰仟壹佰贰拾元整 （小写）¥2120.00
销售方 名称：北京馨基国际大酒店
纳税人识别号：911101153315450332
地址、电话：北京市大兴区安亭镇街友谊路25号 010-38237536
开户行及账号：交通银行北京大兴支行 419412064920483443000
收款人： 复核： 开票人：林奕 销售方：（章）
北京馨基国际大酒店 911101153315450332 发票专用章

图 6-12　附件 1(发票)

报销申请单

填报日期：2019年 6 月 30 日

姓名	林晏钛	所属部门	行政部
报销项目	摘要	金额	备注：
招待费	报销招待费　现金付讫	2 120.00	
合计		¥2 120.00	

金额大写：零 拾 零 万 贰 仟 壹 佰 贰 拾 零 元 零 角 零 分

报销人：　　部门审核：　　财务审核：　　审批：

图 6-13　附件 2(报销申请单)

解析：

业务招待费记账凭证如图 6-14 所示。

记 账 凭 证

2019年6月30日

公司名称：北京华新旅行社有限公司　　凭证号：47　附件：2 张

摘要	会计科目		借方金额/元	贷方金额/元
	总账科目	明细科目		
报销业务招待费	管理费用	业务招待费	2 120.00	
报销业务招待费	库存现金			2 120.00
合计：贰仟壹佰贰拾元整			2 120.00	2 120.00

会计主管：　　记账：　　复核：　　制单：

图 6-14　业务招待费记账凭证

第三节 旅游企业财务费用的核算

学习引导 　积极规避入境旅游的汇率风险

随着我国旅游市场的开放,对外的旅游业务交往日益频繁,境外旅游机构与国内的合资、合作以及直接在我国境内设立独资旅行社的情况越来越多。国内接团社在入境旅游的接待中会遇到组团社提出的付款方式与欠款的期限问题。但不同的是,国内接团社在应收账款的管理与控制上,除了国内应收账款的坏账损失风险因素,又多了一项汇率的风险问题。在与境外旅行社同行的交流中,国内接团社要对境外旅行社的资信情况进行深入了解,避免在出现了大量的应收账款且久久收不回来时才想起对其进行资信调查。必要时,国内接团社在合作之前就应自行或请咨询公司对境外旅行社进行资信调查,选择资深的、口碑好的公司进行合作。

(资料来源:《中国旅游报》,2013年。)

分析思考

旅行社涉及境外业务时会涉及汇率变动所带来的汇兑损益,旅行社汇兑损益是指由于汇率变动将外币项目折算为人民币项目而产生的汇兑损失。汇率变动既可能产生损失,也可能产生收益,统称汇兑损益。

思考:

(1)旅行社的汇兑损益用哪个会计账户进行核算?

(2)如何编制会计分录?

一、财务费用的核算内容

财务费用是指旅行社为筹集生产经营所需资金等而发生的各项费用。其核算的内容包括旅行社经营期间发生的利息支出(减利息收入)、汇兑损失(减汇兑收益)、金融机构手续费等。

二、财务费用的账户设置

（一）账户的结构

借方登记旅行社发生的各项财务费用，贷方登记期末转入"本年利润"账户的金额，账户在期末结转后无余额。

（二）明细账户的设置

旅行社应设置"财务费用"总分类账户，"财务费用"总分类账户下可根据经济业务具体事项分别设置二级科目，如"利息支出""汇兑损失""手续费"等。

三、财务费用的账务处理

旅行社发生财务费用时，借记"财务费用"科目，贷记对方科目，期末结转时借记"本年利润"科目，贷记"财务费用"科目，结转之后"财务费用"科目无余额。

(1) 归集财务费用时：

借：财务费用
　　贷：相关科目

(2) 结转损益时：

借：本年利润
　　贷：财务费用

【例6-3】 北京华新旅行社有限公司是增值税一般纳税人，该旅行社2019年10月发生下列有关财务费用的业务（不考虑相关税费）。

(1) 10月1日，华新旅行社上个月计提应收账款10 000美元，按照9月1日的汇率6.45计提人民币应收账款64 500元。本月收到款项，但银行的结汇汇率6.43，从而产生差异。

借：银行存款　　　　　　　　　　　　　　　　　　　　　　　64 300
　　财务费用——汇兑损益　　　　　　　　　　　　　　　　　　 200
　　贷：应收账款　　　　　　　　　　　　　　　　　　　　　　64 500

(2) 10月15日，华新旅行社收到银行存款利息800元。

借：银行存款　　　　　　　　　　　　　　　　　　　　　　　　 800
　　贷：财务费用——利息收入　　　　　　　　　　　　　　　　　 800

(3) 10月29日，华新旅行社接到银行通知，本月银行手续费900元，已转账。

借：财务费用——手续费　　　　　　　　　　　　　　　　　　　 900
　　贷：银行存款　　　　　　　　　　　　　　　　　　　　　　　 900

(4) 10月31日，华新旅行社向银行借入短期借款1 200 000元，期限6个月，年利率5%，利息分月预提，本金与利息到期一次支付。

10月末，预提当月应计利息为1 200 000×5%÷12=5 000（元）。

借：财务费用——利息支出　　　　　　　　　　　　　　　　　 5 000
　　贷：应付利息　　　　　　　　　　　　　　　　　　　　　　5 000

(5) 10月31日，结转本月发生的财务费用。

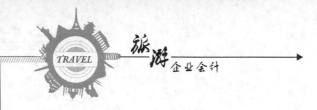

借：本年利润 5 300
　　贷：财务费用 5 300

知识卡片　2014—2017年我国国际旅游服务贸易持续顺差

扣减国人海外留学、就医、务工、置业和金融投资等非旅游花费，结合中国旅游研究院出境旅游抽样调查数据，初步测算2014—2017年我国旅游服务贸易支出分别约为896.4亿美元、1 045亿美元、1 098亿美元和1 152.9亿美元。同时，考虑大量持内地银行卡的港澳高频游客在内地的花费，超两千万搭乘我国航空公司航班入境游客的机票支出，以及补充抽样调查时遗漏的停时3个月至1年游客的花费，算得2014—2017年我国旅游服务贸易收入分别约为1 053.8亿美元、1 136.5亿美元、1 200亿美元和1 234亿美元（见表6-1）。2014—2017年我国国际旅游服务贸易始终保持顺差，但顺差额呈阶段性收窄趋势。

表6-1　2014—2017年我国国际旅游贸易相关数据

年度	旅游服务贸易收入/亿美元	旅游服务贸易支出/亿美元	差额/亿美元
2014	1 053.8	896.4	157.4
2015	1 136.5	1 045	91.5
2016	1 200	1 098	102
2017	1 234	1 152.9	81.1

（资料来源：中华人民共和国文化和旅游部官方网站。）

第四节　旅游企业应付职工薪酬的核算

学习引导　全国旅游监管服务平台的推广应用培训在西安举行

2019年，由文化和旅游部市场管理司主办，陕西省文化和旅游厅承办的全国旅游监管服务平台推广应用工作（陕西）片区培训班在西安举办。

培训班旨在深入贯彻落实党中央、国务院关于深化"放管服"改革的要求，落实好部党组的工作部署，同时增强旅游行业管理人员和重点旅行社企业人员的业务能力，提高信息化监管水平，切实推动全国旅游监管服务平台的建设和使用。

此次培训特邀全国旅游监管服务平台的培训专员进行授课，采用座谈、现场教学与提问答疑相结合的方式，分别从团队审批、电子合同、安全管理、信用管理、推广应用、运行监测、旅行社资质审批、导游业务、权限管理等功能模块的操作进行系统的现场演示和讲解，培训内容紧密结合各地区及旅行社工作实际，具有很强的指导性和针对性，为旅游管理人员开拓视野、提升技能、相互学习、共同交流搭建了平台，也为扎实推进全国旅游监管服务平台推广应用，加速"旅游＋互联网"融合，提高监管效率、强化服务能力，提升文化和旅游行业"放管服"水平，加快推进市场信息化监管工作提供了新动力。

来自河北、重庆、四川、西藏、陕西、新疆和新疆兵团七个省区市文化和旅游部门相关工作负责人及重点旅行社负责人参加培训。

（资料来源：中华人民共和国文化和旅游部官方网站。）

分析思考

上述由文化和旅游部市场管理司主办的培训有利于旅游企业管理人员开拓视野、提升技能、相互学习，从而强化旅游企业人员综合业务能力。旅游企业为了提高工作效率，培养更多优质人才，对员工进行培训，使他们具有预期的、合乎具体工作岗位的业务水平，包括上岗前教育费用、岗位培训及脱产学习费用等。

思考：

培训可以使员工掌握旅行社的先进的管理理念和管理办法，可以提升员工的专业技能和综合素质。那么，培训所产生的培训费该如何做会计分录呢？

一、应付职工薪酬的核算内容

应付职工薪酬是指企业根据有关规定应付给职工的各种薪酬，包括职工工资、奖金、津贴和补贴，职工福利费，医疗、养老、失业、工伤、生育等社会保险费，住房公积金，工会经费，职工教育经费，非货币性福利等因职工提供服务而产生的义务。

二、应付职工薪酬的账户设置

（一）账户的结构

应付职工薪酬账户的贷方登记本月结算的应付给职工的各种薪酬（或月末计算分配的

职工薪酬);借方登记本月实际支付的职工薪酬;月末本账户如有余额,表示本月应付职工薪酬与实际已支付职工薪酬之间的差额;月末如为贷方余额,表示本月应付而未付的职工薪酬;月末如为借方余额,表示本月多支付的职工薪酬。

(二)明细账户的设置

旅行社应设置"应付职工薪酬"总分类账户,"应付职工薪酬"总分类账户下可根据经济业务具体事项分别设置明细科目,如"工资""职工福利费""社会保险费""住房公积金""工会经费""职工教育经费""非货币性福利"等。

三、应付职工薪酬的账务处理

旅行社计提工资时,借记"管理费用""销售费用"等科目,贷记"应付职工薪酬"科目。发放工资时,借记"应付职工薪酬"科目,贷记"银行存款""库存现金"等科目。

社保费的核算一般通过"其他应付款"和"应付职工薪酬"这两个科目核算,计提社会保险费时,借记"管理费用""销售费用"等科目,贷记"应付职工薪酬——社会保险费(单位)"。缴纳社会保险费时,借记"应付职工薪酬——社会保险费(单位)"以及"其他应付款——社会保险费(个人)",贷记"银行存款"科目。

旅行社从"应付职工薪酬"科目中扣还的各种款项(代垫的家属药费、个人所得税等),借记本科目,贷记"其他应收款""应交税费——应交个人所得税"等科目。

【例6-4】 北京华新旅行社有限公司为10名经理级别以上的管理人员每人提供一辆小汽车供其免费使用,每辆汽车每月计提折旧为1 000元。同时为5名副总裁以上高级管理人员每人租赁一套三室一厅的公寓供其免费使用,每套月租金为6 000元,该旅行社的有关分录如下。

1. 免费使用汽车

(1) 确认应付职工薪酬:

借:管理费用——福利费　　　　　　　　　　　　　　　　10 000
　　贷:应付职工薪酬——非货币性福利　　　　　　　　　　10 000

(2) 计提折旧费:

借:应付职工薪酬——非货币性福利　　　　　　　　　　10 000
　　贷:累计折旧　　　　　　　　　　　　　　　　　　　　10 000

2. 免费提供公寓

(1) 确认应付职工薪酬:

借:管理费用——福利费　　　　　　　　　　　　　　　　30 000
　　贷:应付职工薪酬——非货币性福利　　　　　　　　　　30 000

(2) 支付公寓租金:

借:应付职工薪酬——非货币性福利　　　　　　　　　　30 000
　　贷:银行存款　　　　　　　　　　　　　　　　　　　　30 000

【例6-5】 北京华新旅行社有限公司行政部门员工的薪酬构成为基本工资7 000元,个人缴纳社会保险费为 600 元,单位承担部分为 1 400 元,住房公积金个人负担 350 元,单位负担 350 元。缴纳社保并发放工资,不考虑个人所得税,该旅行社的有关分录如下。

1. 计提工资

借:管理费用——工资 7 000
    贷:应付职工薪酬——工资 7 000

2. 代扣个人社保及住房公积金

借:应付职工薪酬——工资 950
    贷:其他应付款——社会保险费(个人) 600
                ——住房公积金(个人) 350

3. 计提社保及住房公积金

借:管理费用——社会保险费 1 400
        ——住房公积金 350
    贷:应付职工薪酬——社会保险费(单位) 1 400
                ——住房公积金(单位) 350

4. 缴纳社保及住房公积金

借:应付职工薪酬——社会保险费 1 400
        ——住房公积金 350
  其他应付款——社会保险费 600
        ——住房公积金 350
    贷:银行存款 2 700

5. 发放工资

借:应付职工薪酬——工资 6 050
    贷:银行存款 6 050

拓展阅读 加强工资核算中的内部会计控制

 本章小结

本章主要概括了旅行社销售费用、管理费用、财务费用及应付职工薪酬的核算内容;阐述了账户的结构、明细账户的设置;详细介绍了旅行社销售费用、管理费用、财务费用,以及应付职工薪酬的核算及账务处理实务。

 课后训练

第七章

旅游企业税金的核算

 学习目标

知识目标

(1) 掌握一般纳税人旅游企业增值税的核算方法;

(2) 掌握小规模纳税人旅游企业增值税的核算方法;

(3) 掌握旅游企业附加税及其他税费的核算方法;

(4) 掌握旅游企业所得税的核算方法;

(5) 掌握旅游企业个人所得税的核算方法;

(6) 了解各税种相关的法规规定及优惠政策。

能力目标

(1) 能运用差额计税法计算旅游企业应纳增值税额并进行会计处理;

(2) 能运用全额计税法计算旅游企业应纳增值税额并进行会计处理;

(3) 能正确计算其他税费应纳税额并进行相关的会计处理;

(4) 能运用间接计税法计算企业所得税应纳税额;

(5) 能根据个人资料计算应纳个人所得税额并进行相关的会计处理;

(6) 能根据各项税费计算结果编制纳税申报表。

素养目标

(1) 具有依法节税的意识;

(2) 具备严谨、诚信的职业品质和良好的职业素养。

知识框架

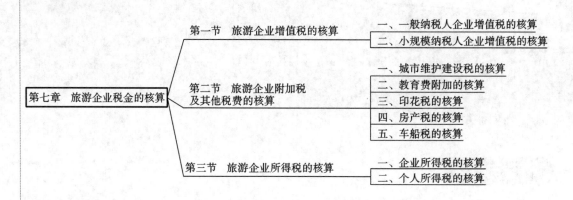

教学重点

（1）运用差额计税法计算旅游企业应纳增值税额；
（2）运用间接计税法计算企业所得税应纳税额；
（3）根据个人所得资料计算应纳个人所得税额。

教学难点

差额计税法　间接计税法　税收优惠

案例导入

"营改增"后的税费核算

　　西安旅游股份有限公司是一家以旅游业为主、多元化经营、国有控股的大型旅游企业。1996年在深圳证券交易所挂牌上市，证券代码000610，股票简称西安旅游。自1996年上市以来，其主营业务随着公司战略的变化进行了部分调整。目前，西安旅游股份有限公司的经营范围以旅游业务、餐饮服务、住宿服务、游艺娱乐活动等为主。2020年共取得营业收入299 367 471.17元，其中旅行社取得营业收入119 313 104.64元，酒店取得营业收入25 992 349.55元，商贸取得营业收入154 062 016.98元；2020年实现净利润33 220 566.76元。

　　"营改增"政策实施以前，旅游服务行业中的文化体育业按3%的税率缴纳营业税，娱乐业、服务业和餐饮业则按5%的税率缴纳营业税。而"营改增"以后，旅游娱乐服务、餐饮住宿服务归为生活服务业,按6%的税率就增值额部分缴纳增值税。同时,以流转税(增值税加消费税)为计税依据征收城市维护建设税、教育费附加和地方教育附加;以其经营所得和其他所得征收企业所得税,并为员工代扣代缴个人所得税等。根据西安旅游股份有限公司2020年年度报告显示,该公司应交税费情况如表7-1所示。

表7-1　西安旅游股份有限公司应交税费情况表　　　　　单位:元

项　目	期末余额	期初余额
增值税	420 154.22	774 957.39
企业所得税	6 414 528.81	9 632.56
个人所得税	411 247.63	433 741.35
城市维护建设税	32 672.03	56 962.20
房产税	1 410 314.25	1 531 714.15
土地使用税	553 442.33	798 920.59
教育费附加	15 821.64	26 866.22
地方教育附加	11 171.68	18 253.34
水利建设基金	4 353.01	10 511.81
印花税	93 381.17	33 031.81
帮困基金	3 547.02	3 547.02
合计	9 370 633.79	3 698 138.44

(资料来源:整理自《西安旅游:2020年年度报告》。)

在本章中,我们将学习如何计算旅游企业应缴纳的各项税费。

第一节　旅游企业增值税的核算

旅游企业增值税的核算

2019年6月5日,北京华新旅行社有限公司接到北京达达通文化信息咨询管理有限公司7日游团费100 000元。同时,采购部门预付了住宿费、交通费、门票费和保险费,共计22 932元。导游张洁预借带团现金开支20 000元。6月5日至6

月12日,导游张洁提供带团游服务,并于6月12日完成该项目后向财务部提交"旅游团(者)费用结算单"(见图7-1)及相关原始单据(略)。

旅游团(者)费用结算单
北京华新旅行社有限公司

填表日期 2019 年 6 月 12 日   单位:元

旅行团(者)名称	杭州旅游团	人数(人)	成人	30	团号	GNHZ0720190606A
旅游线路名称	北京—杭州		儿童	0	业务员	张鹏
时间	2019年6月6日—2019年6月12日		导游	张洁	计调	王达
费用明细	金额	单据张数	备注			
住宿费	7 420		6月5日已经预付			
交通费	4 452					
门票费	10 000		6月5日已经预付			
餐费	17 808					
陪同费	20 000		导游和司机的费用从备用金中支付(6月5日借款)			
保险费	1 060					
合计	¥60 740					

制表人:王达   审核人:李敏

图7-1 旅游团(者)费用结算单

分析思考

北京华新旅行社有限公司在提供旅游服务的同时,产生了旅游团费收入和住宿费、交通费等旅游服务成本,请结合前面章节所学知识思考下列问题。

思考:

(1)针对上述业务,北京华新旅行社应如何计算缴纳增值税?

(2)针对上述业务,北京华新旅行社会计人员应如何进行账务处理?

增值税是对在我国境内销售货物或者提供加工、修理修配劳务,销售服务、无形资产、不动产以及进口货物的单位和个人,就其增值额征收的一种流转税。其中,销售服务是指提供交通运输服务、邮政服务、电信服务、建筑服务、金融服务、现代服务、生活服务。旅游企业为旅游者提供的旅游娱乐服务属于生活服务类。

旅游娱乐服务,包括旅游服务和娱乐服务。旅游服务,是指根据旅游者的要求,组织安排交通、游览、住宿、餐饮、购物、文娱、商务等服务的业务活动;娱乐服务,是指为娱乐活动同时提供场所和服务的业务。

为规范增值税征收管理,简化增值税的计算和征收,我国《增值税暂行条例》将增值税纳税人按企业的经营规模和会计核算水平分为一般纳税人和小规模纳税人。自2018年5月1日起,年应征增值税销售额500万元及以下,且会计核算不健全,不能按规定报送有关税务资料的增值税纳税人应认定为小规模纳税人。年应税销售额未超过规定标准的纳税人,且会计核算健全,能够提供准确税务资料的,可以向主管税务机关办理一般纳税人资格登记,成为一般纳税人。由于一般纳税人企业与小规模纳税人企业在增值税的计算与征收办法上有所不同,下面分别进行阐述。

一、一般纳税人企业增值税的核算

根据《财政部　国家税务总局关于全面推开营业税改征增值税试点的通知》(财税〔2016〕36号)规定,自2016年5月1日起,在中华人民共和国境内(以下称境内)销售服务、无形资产或者不动产(以下称应税行为)的单位和个人,为增值税纳税人,缴纳增值税而不再缴纳营业税。对于提供旅游服务的旅游企业,可以选择以取得的全部价款和价外费用,扣除向旅游服务购买方收取并支付给其他单位或者个人的住宿费、餐饮费、交通费、签证费、门票费和支付给其他接团旅游企业的旅游费用后的余额为销售额,即采用差额计税法计算缴纳增值税。值得注意的是,向旅游服务购买方收取并支付的上述费用,不得开具增值税专用发票,可以开具普通发票。

(一) 差额计税法

我国对一般纳税人采用的增值税计税方法为购进扣税法,即先按当期销售额和适用税率计算出销项税额,然后以购进所产生的进项税额进行抵扣,抵扣后的余额即为当期增值税应纳税额。结合旅游企业的差额计税法,应纳增值税额计算公式如下:

$$\begin{aligned}应纳增值税额 &= 当期销项税额 - 进项税额\\ &= 差额销售额 \div (1+6\%) \times 6\% - 可抵扣进项税额\\ &= (全部价款 + 价外费用 - 六项费用) \div (1+6\%) \times 6\% - 可抵扣进项税额\end{aligned}$$

1. 差额销售额

差额销售额是指在差额计税法下,纳税人以取得的全部价款和价外费用,扣除向旅游服务购买方收取并支付给其他单位或者个人的六项费用后的余额,并据此计算销项税额。

2. 六项费用

六项费用是指向旅游服务购买方收取并支付给其他单位或者个人的住宿费、餐饮费、交通费、签证费、门票费和支付给其他接团旅游企业的旅游费用。

上述六项费用应当取得符合法律、行政法规和国家税务总局规定的有效凭证。否则,不得扣除。"有效凭证"中可能包含3%、6%或13%等不同税率的发票,但在差额征税法中"六项费用"按统一税率6%计算可扣减的成本,并据此计算差额销售额。有效凭证是指:

(1) 支付给境内单位或者个人的款项,以发票为合法有效凭证。

(2) 支付给境外单位或者个人的款项,以该单位或者个人的签收单据为合法有效凭证,税务机关对签收单据有疑义的,可以要求其提供境外公证机构的确认证明。

(3) 缴纳的税款,以完税凭证为合法有效凭证。

(4) 扣除的政府性基金、行政事业性收费或者向政府支付的土地价款,以省级以上(含省级)财政部门监(印)制的财政票据为合法有效凭证。

(5) 国家税务总局规定的其他凭证。

若旅游企业取得的上述凭证属于增值税扣税凭证的,其进项税额不得从销项税额中抵扣,因此,建议取得的上述凭证最好是普通发票。如果取得的是增值税专用发票,则需要在认证后作为进项税额转出,否则就会导致税务系统出现大量的流失票。

值得注意的是:

(1) 纳税人提供签证代理服务,以取得的全部价款和价外费用,扣除向服务接受方收取并代为支付给外交部和外国驻华使(领)馆的签证费、认证费后的余额为销售额。向服务接受方收取并代为支付的签证费、认证费,不得开具增值税专用发票,可以开具增值税普通发票。

(2) 纳税人提供旅游服务,将火车票、飞机票等交通费发票原件交付给旅游服务购买方而无法收回的,以交通费发票复印件作为差额扣除凭证。

3. 可抵扣进项税额

一般纳税人旅游企业在经营过程中购买固定资产、办公用品的费用,支付的广告费、水电费、电话费、汽油费,购买旅游用品(如旅游包、旅游帽、旅游相机等)、矿泉水的费用,投保的旅行社责任险等在取得增值税专用发票的情况下均可以进行抵扣。

【例 7-1】 安心旅游公司为增值税一般纳税人,选择差额计税法。20××年 6 月该旅游公司为单位和个人提供旅游娱乐服务,共计 300 万元;同时,收到增值税普通发票:住宿费 70 万元、交通费 100 万元、门票 20 万元、餐饮费 29 万元、签证费 3 万元。本月购进计算机价值 10 万元,取得增值税专用发票注明税额 1.3 万元。该旅游公司 6 月份需缴纳的增值税是多少万元?

$$应纳增值税额 = (300-70-100-20-29-3) \div (1+6\%) \times 6\% - 1.3$$
$$\approx 3.12(万元)$$

(1) 预收单位或个人的旅游费用时:

借:银行存款	300
贷:预收账款	300

(2) 支付住宿费、交通费、门票、餐费、签证费时:

借:主营业务成本	222
贷:银行存款	222

(3) 确认接团收入时:

借:预收账款	300
贷:主营业务收入	283.02
应交税费——应交增值税(销项税额)	16.98

(4) 购买计算机、打印机等办公设备时:

借:固定资产	8.7
应交税费——应交增值税(进项税额)	1.3
贷:银行存款	10

(5) 6 月末,结转本月未交增值税时:

借:应交税费——应交增值税(转出未交增值税)	3.12
贷:应交税费——未交增值税	3.12

同时:
借:应交税费——应交增值税(销项税额抵减)　　　　　　　　　12.56
　　贷:主营业务成本　　　　　　　　　　　　　　　　　　　　12.56
(6) 7月初缴纳6月份的增值税时:
借:应交税费——未交增值税　　　　　　　　　　　　　　　　3.12
　　贷:银行存款　　　　　　　　　　　　　　　　　　　　　　3.12

(二) 全额计税法

除差额计税法外,旅游企业也可选择一般计税方法,即全额计税法缴纳增值税。在全额计税法下,销售旅游服务的一般纳税人,可以将包括向旅游服务购买方收取并支付给其他单位或者个人的住宿费、餐饮费、交通费、签证费、门票费和支付给其他接团旅游企业的旅游费用全部作为销售额,据此计算缴纳增值税,并开具全额增值税专用发票。应纳增值税额计算公式如下:

$$应纳增值税额=当期销项税额-当期进项税额$$
$$=不含税销售额\times 税率-可抵扣进项税额$$

【例7-2】　安心旅游公司为增值税一般纳税人,选择全额计税法。20××年6月该旅行社为单位和个人提供旅游娱乐服务,共计300万元;同时,收到增值税专用发票,其中住宿费70万元、交通费100万元、门票20万元;收到增值税普通发票,其中餐饮费29万元、签证费3万元。本月购进计算机价值10万元,取得增值税专用发票注明税额1.3万元。该旅游公司6月份需缴纳的增值税是多少万元?

$$可抵扣进项税额=70\div(1+6\%)\times 6\%+100\div(1+9\%)$$
$$\times 9\%+20\div(1+6\%)\times 6\%+1.3$$
$$\approx 14.65(万元)$$
$$应纳增值税额=300\div(1+6\%)\times 6\%-14.65$$
$$\approx 2.33(万元)$$

账务处理:
(1) 预收单位或个人的旅游费用时:
借:银行存款　　　　　　　　　　　　　　　　　　　　　　　300
　　贷:预收账款　　　　　　　　　　　　　　　　　　　　　　300
(2) 支付住宿费、交通费和门票时:
借:主营业务成本　　　　　　　　　　　　　　　　　　　　　176.65
　　应交税费——应交增值税(进项税额)　　　　　　　　　　　13.35
　　贷:银行存款　　　　　　　　　　　　　　　　　　　　　　190
(3) 支付餐饮费和签证费时:
借:主营业务成本　　　　　　　　　　　　　　　　　　　　　32
　　贷:银行存款　　　　　　　　　　　　　　　　　　　　　　32
(4) 确认接团收入时:
借:预收账款　　　　　　　　　　　　　　　　　　　　　　　300
　　贷:主营业务收入　　　　　　　　　　　　　　　　　　　　283.02

　　　　应交税费——应交增值税（销项税额）　　　　　　　　　　　16.98
（5）购买计算机、打印机等办公设备时：
　　借：固定资产　　　　　　　　　　　　　　　　　　　　　　　8.7
　　　　应交税费——应交增值税（进项税额）　　　　　　　　　　1.3
　　　　贷：银行存款　　　　　　　　　　　　　　　　　　　　　10
（6）6月末，结转本月未交增值税时：
　　借：应交税费——应交增值税（转出未交增值税）　　　　　　　2.33
　　　　贷：应交税费——未交增值税　　　　　　　　　　　　　　2.33
（7）7月初缴纳6月份的增值税时：
　　借：应交税费——未交增值税　　　　　　　　　　　　　　　　2.33
　　　　贷：银行存款　　　　　　　　　　　　　　　　　　　　　2.33

二、小规模纳税人企业增值税的核算

小规模纳税人企业可以选择差额计税法计算缴纳增值税。在差额计税法下，小规模纳税人企业以其取得的全部价款和价外费用，扣除向旅游服务购买方收取并支付给其他单位或者个人的住宿费、餐饮费、交通费、签证费、门票费和支付给其他接团旅游企业的旅游费用后的余额为销售额。同时，小规模纳税人企业可以按照差额部分向当地税务部门申请代开税率（征收率）为3%的增值税专用发票，购买方可将上述增值税专用发票用于抵扣。

应纳增值税额＝（全部价款＋价外费用－六项费用）÷(1＋3%)×3%

【例7-3】 安心旅游公司为增值税小规模纳税人，选择差额计税法。20××年1月该旅行社为单位和个人提供旅游娱乐服务，共计300万元，其中分包给接团社的金额为120万元，同时，收到增值税普通发票：住宿费20万元、交通费10万元、门票5万元。本月支付水电费取得增值税专用发票价税合计2万元。

账务处理：
（1）预收单位或个人的旅游费用时：
　　借：银行存款　　　　　　　　　　　　　　　　　　　　　　　300
　　　　贷：预收账款　　　　　　　　　　　　　　　　　　　　　300
（2）支付分包费、住宿费、交通费、门票等：
　　借：主营业务成本　　　　　　　　　　　　　　　　　　　　　155
　　　　贷：银行存款　　　　　　　　　　　　　　　　　　　　　155
（3）确认接团收入时：
　　借：预收账款　　　　　　　　　　　　　　　　　　　　　　　300
　　　　贷：主营业务收入　　　　　　　　　　　　　　　　　　　291.26
　　　　　　应交税费——应交增值税　　　　　　　　　　　　　　8.74
（4）支付水电费时：
　　借：管理费用　　　　　　　　　　　　　　　　　　　　　　　2
　　　　贷：银行存款　　　　　　　　　　　　　　　　　　　　　2
（5）6月末，结转本月未交增值税时：

借：应交税费——应交增值税 4.23
　　贷：应交税费——未交增值税 4.23
同时：
借：应交税费——应交增值税 4.51
　　贷：主营业务成本 4.51
（6）7月初缴纳6月份的增值税时：
借：应交税费——未交增值税 4.23
　　贷：银行存款 4.23

拓展阅读　　　　免税政策

第二节　旅游企业附加税及其他税费的核算

学习引导　　众信旅游：多元化业务的税费核算

众信旅游集团股份有限公司作为国内领先的大型旅游产品和服务的综合运营商，全国较大的旅游批发商之一及国内知名旅游零售品牌，公司主要从事旅游批发、旅游零售、整合营销、旅游目的地运营、旅游产业链服务等业务，目的地覆盖欧洲、大洋洲、非洲、美洲、亚洲等全球主要国家和地区。作为旅游产品制造者和服务提供商，公司通过整合旅游资源，为各类人群提供有主题、有特色、高性价比的旅游产品（跟团游、定制游、自由行、半自由行、目的地玩乐产品）及以活动公关策划为核心，以商务会奖旅游业务为基础，为企业、政府、机构等客户提供企业营销咨询、境内外大型项目策划运营、境内外会议执行服务、参展观展、路演发布、奖励旅游、差旅服务、目的地二次开发等整体解决方案。旅游产品以批发、零售等方式销售给客户，最终由公司为客户提供有组织、有计划的组团、发团、机票、签证、境内外行程安

排、安全保障等全方位旅游服务。其中,批发业务通过代理商销售给终端消费者,零售业务通过门店、网站及移动端平台、呼叫中心和大客户拓展及会员制营销等方式销售给终端消费者。整合营销服务通过专业团队拓展企业、机构和政府部门等客户,实现销售并提供服务,同时提供游学留学、移民置业、海外酒店公寓运营、个人外币兑换、代理购物退税、旅游消费信贷及供应链金融等"旅游+"服务。

(资料来源:编者整理。)

分析思考

随着旅游行业竞争日益激烈,众多旅游企业制定了业务多元化发展战略。在上述案例中,众信旅游集团股份有限公司的主营业务除销售传统的旅游产品外,还提供活动策划、商务会奖等服务。在多元化的业务类型下,其日常税务处理也相对复杂,请结合以下问题展开讨论。

思考:

(1) 查找资料,了解"营改增"对旅游企业税负的影响。

(2) 企业开展不同的业务分别需要缴纳哪些税费?

一、城市维护建设税的核算

城市维护建设税是为了加强城市的维护建设,扩大和稳定城市维护建设资金的来源而征收的一种税。城市维护建设税以纳税人依法实际缴纳的增值税、消费税税额为计税依据。

应缴纳城市维护建设税=(增值税+消费税)×适用税率

城市维护建设税税率如下:

(1) 纳税人所在地在市区的,税率为7%;

(2) 纳税人所在地在县城、镇的,税率为5%;

(3) 纳税人所在地不在市区、县城或镇的,税率为1%。

二、教育费附加的核算

教育费附加是为加快发展地方教育事业,扩大地方教育经费的资金来源而征收的一种附加费。教育费附加以纳税人依法实际缴纳的增值税、消费税税额为计税依据,征收比率为3%。

应缴纳教育费附加=(增值税+消费税)×征收比率

【例 7-4】 安心旅游公司位于上海市区,20××年1月实际缴纳增值税 200 000 元,未发生消费税应税项目。试计算该旅游企业本月应缴纳的城市维护建设税和教育费附加。

$$应缴纳城市维护建设税=(增值税+消费税)×适用税率$$
$$=200\,000×7\%$$
$$=14\,000(元)$$

$$应缴纳教育费附加=(增值税+消费税)×征收比率$$
$$=200\,000×3\%$$
$$=6\,000(元)$$

账务处理：
借：税金及附加　　　　　　　　　　　　　　　　　　　　　　20 000
　　贷：应交税费——应交城市维护建设税　　　　　　　　　　14 000
　　　　　　　　——应交教育费附加　　　　　　　　　　　　　6 000

三、印花税的核算

印花税是以经济活动和经济交往中，书立、领受应税凭证的行为为征税对象征收的一种税。在中华人民共和国境内书立应税凭证、进行证券交易的单位和个人，为印花税的纳税人。纳税人应当依据《中华人民共和国印花税法》所附的"印花税税目税率表"缴纳印花税。

按比例税率计算应纳税额的方法：

$$应纳税额=应税凭证计税金额×使用税率$$

旅行社可能涉及的税目、计税依据及税率如表7-2所示。

表7-2　印花税税率表

税　目	计税依据	税　率
借款合同	借款金额	0.05‰
买卖合同	买卖合同的价款（指动产买卖合同）	0.3‰
技术合同	合同所载的价款、报酬或使用费 （不包括专利权、专有技术使用权转让书据）	0.3‰
租赁合同	租赁金额	1‰
保管合同	仓储保管费用	1‰
财产保险合同	保险费（不包括所保财产的金额）	1‰
产权转移书据	土地使用权出让书据所载金额	0.5‰
产权转移书据	土地使用权、房屋等建筑物和构筑物所有权转让书据所载金额	0.5‰
产权转移书据	股权转让书据所载金额	0.5‰
产权转移书据	商标专用权、著作权、专利权、 专有技术使用权转让书据所载金额	0.3‰
营业账簿	实收资本（股本）与资本公积两项的合计金额	0.25‰
证券交易	成交金额（证券交易的出让方纳税，受让方无须纳税）	1‰

【例 7-5】 安心旅游公司 20××年 1 月于上海开业,营业账簿中实收资本与资本公积所载金额共计 1 000 万元;签订借款合同 1 份,所载金额为 100 万元;签订旅游产品买卖合同 3 份,所载金额为 200 万元,由于销售方违约,其中一份价值 40 万元的合同未按期履行;与甲公司签订专有技术使用权转让合同,所载金额为 50 万元。试计算该企业应缴纳的印花税税额。

(1)营业账簿应纳税额:
$$应纳税额 = 10\,000\,000 \times 0.25‰ = 2\,500(元)$$
(2)签订借款合同应纳税额:
$$应纳税额 = 1\,000\,000 \times 0.05‰ = 50(元)$$
(3)签订旅游产品买卖合同应纳税额:
$$应纳税额 = 2\,000\,000 \times 0.3‰ = 600(元)$$
(4)签订专有技术使用权转让合同应纳税额:
$$应纳税额 = 500\,000 \times 0.3‰ = 150(元)$$
(5)当年应纳印花税税额:
$$应纳税额合计 = 2\,500 + 50 + 600 + 150 = 3\,300(元)$$

账务处理:
借:税金及附加　　　　　　　　　　　　　　　　　　　　3 300
　　贷:银行存款　　　　　　　　　　　　　　　　　　　　　3 300

四、房产税的核算

房产税是以房屋为征税对象,按房屋的计税余值或租金收入为计税依据,向产权所有人征收的一种财产税。房产税征收标准分为从价计征和从租计征两种:一是从价计征,其计税依据为房产原值一次减去 10%—30% 后的余值,税率为 1.2%;二是从租计征(即房产出租),以房产租金收入为计税依据,税率为 12%。

从价计征的公式如下:
$$应缴纳房产税额 = 应税房产原值 \times (1 - 扣除比例) \times 1.2\%$$

从租计征的公式如下:
$$应缴纳房产税额 = 租金收入 \times 12\%$$

五、车船税的核算

车船税是指在中华人民共和国境内的车辆、船舶的所有人或者管理人按照《中华人民共和国车船税法》应缴纳的一种税。车船税实行定额税率。车辆的具体适用税额由省、自治区、直辖市人民政府依照《中华人民共和国车船税法》所附的"车船税税目税额表"规定的税额幅度和国务院的规定确定。

核定载客人数 9 人(含)以下的乘用车,按发动机气缸容量每年每辆车征收 60—5 400 元不等的车船税;核定载客人数 9 人以上的客用商用车(包括电车),每年每辆车征收 480—1 440 元不等的车船税;货用商用车每年征收每吨 16—120 元不等的车船税等。

拓展阅读　　　　税收优惠政策

第三节　旅游企业所得税的核算

学习引导　　旅游企业总分支机构的纳税处理

A 旅游公司总部位于上海,由于业务范围辐射多个地区,在江苏、浙江有多个独立核算的分支机构。张某作为 A 旅游公司的财务部实习生,发现 A 旅游公司的分支机构在对企业所得税进行汇算清缴时都是独立完成的,分支机构的经营亏损也未能抵减总公司的利润,这样对 A 旅游公司而言是一种损失。于是,张某查阅了关于分支机构企业所得税汇算清缴的政策规定,并向其领导提出异议。

(资料来源:编者整理。)

分析思考

在上述案例中,张某认为分支机构采用"独立核算"或是"非独立核算",是企业内部管理的要求,而不是税务机关的要求,因此分支机构无论是否独立核算,都可以与总公司汇总完成企业所得税汇算清缴工作。

思考：

(1) 张某的想法是否正确？请查阅资料，找出政策依据。

(2) 旅行社分支机构是否需要办理税务登记？

(3) 分支机构应如何缴纳增值税和其他税费？

一、企业所得税的核算

企业所得税是对中华人民共和国境内企业和其他取得收入的组织征收的一种税。企业所得税的纳税人应依照《中华人民共和国企业所得税法》缴纳企业所得税，但个人独资企业和合伙企业不适用本法，这两类企业缴纳个人所得税。企业所得税计算公式如下：

企业应纳所得税额＝应纳税所得额×适用税率－减免税额－抵免税额

其中，企业应纳税所得额的计算可采取直接计税法或间接计税法。适用企业所得税的基本税率为25%。

（一）直接计税法

在直接计税法下，企业应纳税所得额为收入总额减去不征税收入、免税收入、各项扣除以及允许弥补的以前年度亏损后的余额，其计算公式如下：

应纳税所得额＝收入总额－不征税收入－免税收入－各项扣除－允许弥补的以前年度亏损

1. 收入总额

旅游企业的收入根据企业类型的不同而不同。例如，旅行社的收入主要包括组团外联收入、综合服务收入、零星服务收入、劳务收入、票务收入、地游及加项收入、其他服务收入等。

2. 不征税收入

旅游企业的不征税收入主要有三大类：一是财政拨款；二是依法收取并纳入财政管理的行政事业性收费、政府性基金；三是国务院规定的其他不征税收入，如由国务院财政、税务主管部门规定专项用途并经国务院批准的财政性资金。

3. 免税收入

旅游企业的免税收入主要涉及四大类：一是国债利息收入；二是符合条件的居民企业之间的股息、红利等权益性投资收益；三是在中国境内设立机构、场所的非居民企业从居民企业取得与该机构、场所有实际联系的股息、红利等权益性投资收益；四是符合条件的非营利组织的收入。

不征税收入与免税收入的区别在于，不征税收入本身不构成应税收入，其对应支出所形成的费用也不得在计算应纳税所得额时扣除；免税收入本身已构成应税收入，但基于税收优惠政策而予以免除。

4. 各项扣除

旅游企业实际发生的与取得收入有关的、合理的支出,包括成本、费用、税金、损失和其他支出,准予在计算应纳税所得额时扣除。

1) 成本

成本是指直接用于接待旅游团体或个人,为其提供各项服务所支付的费用,表现为物料消费或者服务性的支出,这些支出可以认定到具体的对象,定期进行归集和反映。

2) 费用

费用是指旅游企业在经营活动中发生的销售费用、管理费用和财务费用,已经计入成本的有关费用除外。

3) 税金

税金是指旅游企业发生的除企业所得税和允许抵扣的增值税以外的各项税金及其附加。

4) 损失

损失是指旅游企业在经营活动中发生的固定资产和存货的盘亏、毁损、报废损失,转让财产损失,呆账损失,坏账损失,自然灾害等不可抗力因素造成的损失以及其他损失。

5) 其他支出

其他支出是指除成本、费用、税金、损失外,旅游企业在生产经营活动中发生的与生产经营活动有关的、合理的支出。

5. 不得扣除的项目

旅游企业在计算应纳税所得额时,下列支出不得扣除:向投资者支付的股息、红利等权益性投资收益款项;企业所得税税款;税收滞纳金;罚金、罚款和被没收财物的损失;超过规定标准的捐赠支出;赞助支出,即企业发生的与生产经营活动无关的各种非广告性质支出;未经核定的准备金支出;与取得收入无关的其他支出;企业之间支付的管理费、企业内营业机构之间支付的租金和特许权使用费,以及非银行企业内营业机构之间支付的利息。

6. 亏损弥补

旅游企业某一纳税年度发生的亏损,可以用下一年度的所得进行弥补,下一年度的所得不足以弥补的,可以逐年延续弥补,但最长弥补年限不得超过5年。

(二) 间接计税法

在间接计税法下,企业应纳税所得额为在会计利润总额的基础上加或减按税法规定进行调增或调减的项目金额后的余额。实务操作中一般采用间接计税法来核算,其计算公式如下:

$$应纳税所得额 = 会计利润总额 \pm 纳税调整项目金额$$

其中,旅游企业可能涉及的纳税调整项目主要包括的内容如表7-3所示。

表 7-3　企业所得税纳税调整项

纳税调整	调整项目	具体规定
纳税调增	视同销售	企业发生非货币性资产交换，以及将货物、财产、劳务用于捐赠、偿债、赞助、集资、广告、样品、职工福利或者利润分配等用途的，应当视同销售货物、转让财产或者提供劳务
	职工薪酬	职工福利费扣除限额为不超过工资、薪金总额的14%
		工会经费扣除限额为不超过工资、薪金总额的2%
		职工教育经费扣除限额为不超过工资、薪金总额的8%，超过限额部分准予在以后纳税年度结转扣除
		补充养老保险费，补充医疗保险费扣除限额为不超过工资、薪金总额的5%
	业务招待费	按照发生额的60%扣除，但最高不得超过当年销售（营业）收入的5‰
	广告费和业务宣传费支出	不超过当年销售（营业）收入15%的部分，准予扣除；超过部分，准予在以后纳税年度结转扣除
	捐赠支出	不超过年度利润总额12%的部分，准予扣除；超过部分，准予以后3年内在计算应纳税所得额时结转扣除
	利息支出	非金融企业向非金融企业借款的利息支出，不超过金融企业同期同类贷款利率计算的数额的部分（非关联方）
	不得扣除	向投资者支付的股息、红利等权益性投资收益款项
		企业所得税税款
		税收滞纳金
		罚金、罚款和被没收财物的损失
		超过规定标准的捐赠支出
		企业发生的与生产经营活动无关的各种非广告性质的赞助支出
		未经核定的准备金支出
		与取得收入无关的其他支出
		企业之间支付的管理费、企业内营业机构之间支付的租金和特许权使用费，以及非银行企业内营业机构之间支付的利息
纳税调减	不征税收入	财政拨款
		依法收取并纳入财政管理的行政事业性收费、政府性基金
		国务院财政、税务主管部门规定专项用途并经国务院批准的财政性资金

续表

纳税调整	调整项目	具体规定
纳税调减	免税收入	国债利息收入
		符合条件的居民企业之间的股息、红利等权益性投资收益
		在中国境内设立机构、场所的非居民企业从居民企业取得与该机构、场所有实际联系的股息、红利等权益性投资收益
		符合条件的非营利组织的收入
	亏损弥补	企业某一纳税年度发生的亏损,可以用下一年度的所得进行弥补,下一年度的所得不足以弥补的,可以逐年延续弥补,但最长弥补年限不得超过5年
	加计扣除	研发费用按实际发生额的75%加计扣除
		安置残疾人员按所支付的工资的100%加计扣除
	税收优惠	符合条件的固定资产可以采取缩短折旧年限或加速折旧的方法调整应纳税所得额
		直接投资于初创科技型企业满2年的,可以按照投资额的70%抵扣应纳税所得额

【例 7-6】 安心旅游公司为居民企业,20××年发生经营业务如下:
(1) 取得销售收入 4 000 万元;
(2) 应结转销售成本 2 600 万元;
(3) 发生销售费用 770 万元(其中广告费 650 万元),管理费用 480 万元(其中业务招待费 25 万元),财务费用 60 万元;
(4) 销售税金 160 万元(含增值税 120 万元);
(5) 营业外收入 80 万元,营业外支出 50 万元(含通过公益性社会团体向贫困山区捐款 30 万元,支付税收滞纳金 6 万元);
(6) 计入成本、费用中的实发工资总额 200 万元,拨缴职工工会经费 5 万元,发生职工福利费 31 万元,发生职工教育经费 7 万元。
要求:根据间接计税法计算安心旅游公司 20××年度实际应缴纳的企业所得税。
(1) 会计利润总额 = 4 000 + 80 - 2 600 - 770 - 480 - 60 - 40 - 50 = 80(万元)
(2) 广告费和业务宣传费调增所得额 = 650 - 4 000 × 15% = 50(万元)
(3) 业务招待费调增所得额 = 25 - 25 × 60% = 10(万元)
由于业务招待费的扣除数为发生额的 60%(25 × 60% = 15 万元),最高不超过当年销售收入的 5‰(4 000 × 5‰ = 20 万元),因此,业务招待费允许税前扣除限额为 15 万元,而本年业务招待费列支为 25 万元,所以需调增 10 万元。
(4) 捐赠支出应调增所得额 = 30 - 80 × 12% = 20.4(万元)
(5) 工会经费应调增所得额 = 5 - 200 × 2% = 1(万元)

(6) 职工福利费应调增所得额＝31－200×14％＝3(万元)

(7) 职工教育经费扣除限额＝200×8％＝16(万元)

职工教育经费实际发生额小于扣除限额,不做纳税调整。

(8) 应纳税所得额＝80＋50＋10＋20.4＋6＋1＋3＝170.4(万元)

(9) 20××年应缴纳的企业所得税＝170.4×25％＝42.6(万元)

安心旅游公司所得税的账务处理:

借:所得税费用　　　　　　　　　　　　　　　　　　　　　42.6
　　贷:应交税费——应交企业所得税　　　　　　　　　　　　42.6

二、个人所得税的核算

个人所得税的纳税义务人,包括中国公民、个体工商户、个人独资企业、合伙企业投资者、在中国有所得的外籍人员(包括无国籍人员,下同)和香港、澳门、台湾同胞。

(一)征税范围及计税方法

纳税义务人在取得以下所得时,需要按规定缴纳个人所得税:工资、薪金所得,劳务报酬所得,稿酬所得,特许权使用费所得,经营所得,利息、股息、红利所得,财产租赁所得,财产转让所得和偶然所得。针对居民个人,具体征税方法有三种,即按年计征、按月计征和按次计征(见表7-4)。

表7-4　个人所得税的计税方法

征税项目	所得类别及计征方式	
工资、薪金所得	居民个人取得的这四项所得称为综合所得	按纳税年度合并计算个人所得税
劳务报酬所得		
稿酬所得		
特许权使用费所得		
经营所得	按年度计税	
利息、股息、红利所得	属于分类所得	按次计税
财产租赁所得		
财产转让所得		
偶然所得		

(二)居民个人综合所得应纳税额的计算

根据2019年1月1日起执行的《中华人民共和国个人所得税法》规定,居民个人取得综合所得,按纳税年度合并计算个人所得税,其计算公式如下:

全年应纳个人所得税额＝应纳税所得额×适用税率－速算扣除数
　　　　　　　　　　＝(全年收入额－60 000－专项扣除－专项附加扣除
　　　　　　　　　　　　－享受的其他扣除)×适用税率－速算扣除数

居民个人取得综合所得,以全年收入额减除费用60 000元以及专项扣除、专项附加扣除和依法确定的其他扣除后的余额,为应纳个人所得税额。

1. 全年收入额

应缴纳所得税的全年收入额包括工资、薪金所得,劳务报酬所得,稿酬所得,特许权使用费所得。其中,劳务报酬所得、特许权使用费所得的收入额为实际取得收入的80%;此外,稿酬所得的收入额在扣除20%费用的基础上,再减按70%计算,即稿酬所得的收入额为实际取得稿酬收入的56%。

2. 费用扣除标准

费用扣除标准为每年60 000元。

3. 专项扣除

专项扣除,包括居民个人按照国家规定的范围和标准缴纳的基本养老保险、基本医疗保险、失业保险等社会保险费和住房公积金等。

4. 专项附加扣除

专项附加扣除,包括子女教育、继续教育、大病医疗、住房贷款利息或者住房租金、赡养老人等支出。

5. 享受的其他扣除

享受的其他扣除,包括个人缴付符合国家规定的企业年金、职业年金,个人购买的符合国家规定的商业健康保险、税收递延型商业养老保险的支出,以及国务院规定可以扣除的其他项目。

6. 适用税率

综合所得个人所得税税率表如表7-5所示。

表 7-5 综合所得个人所得税税率表

级数	全年应纳税所得额	税率/(%)	速算扣除数/元
1	不超过36 000元的	3	0
2	超过36 000元至144 000元的部分	10	2 520
3	超过144 000元至300 000元的部分	20	16 920
4	超过300 000元至420 000元的部分	25	31 920
5	超过420 000元至660 000元的部分	30	52 920
6	超过660 000元至960 000元的部分	35	85 920
7	超过960 000元的部分	45	181 920

(三) 居民个人工资薪金所得的预扣预缴

旅游企业作为扣缴义务人向职工支付工资、薪金所得时,应当按照累计预扣法计算预扣税款,并按月办理扣缴申报。

本期应预扣预缴税额=(累计预扣预缴应纳税所得额×预扣率-速算扣除数)
-累计减免税额-累计已预扣预缴税额

累计预扣预缴应纳税所得额=累计收入-累计免税收入-累计减除费用-累计专项扣除
-累计专项附加扣除-累计依法确定的其他扣除

其中,累计减除费用按照 5 000 元/月乘以纳税人当年截至本月在本单位的任职受雇月份数计算。居民个人工资、薪金所得预扣率表同表 7-5。

年度预扣预缴税额与年度应纳税额不一致的,由居民个人于次年 3 月 1 日至 6 月 30 日向主管税务机关办理综合所得年度汇算清缴,税款多退少补。

(四)居民个人劳务报酬所得的预扣预缴

居民个人取得的劳务报酬所得需纳入综合所得按年征收,但是当职工取得这些收入时,旅游企业仍需按"次"预扣预缴相应的税款。其中,属于一次性收入的,以取得该项收入为一次;属于同一事项连续取得收入的,以一个月内取得的收入为一次。居民个人劳务报酬预扣率如表 7-6 所示。

表 7-6　居民个人劳务报酬预扣率

级数	预扣预缴应纳税所得额	预扣率/(%)	速算扣除数/元
1	不超过 20 000 元的	20	0
2	超过 20 000 元至 50 000 元的部分	30	2 000
3	超过 50 000 元的部分	40	7 000

(1) 每次收入不超过 4 000 元的:

预扣预缴税额＝预扣预缴应纳税所得额×预扣率

＝(每次收入－800)×20%

(2) 每次收入超过 4 000 元,但预扣预缴应纳税所得额不超过 20 000 元的:

预扣预缴税额＝预扣预缴应纳税所得额×预扣率

＝每次收入×(1－20%)×20%

(3) 每次收入的预扣预缴应纳税所得额超过 20 000 元的:

预扣预缴税额＝预扣预缴应纳税所得额×预扣率

＝每次收入×(1－20%)×预扣率－速算扣除数

【例 7-7】　安心旅游公司职员赵某 20××年全年工资、薪金收入 250 000 元。每月缴纳社会保险费核定的工资基数为 12 000 元,当地规定社会保险费和住房公积金缴存比例如下:基本养老保险 8%、医疗保险加生育保险共 2%、失业保险 0.5%、住房公积金 12%。同时,赵某正在偿还首套住房贷款利息,其子正在就读小学三年级,赵某父母均已超过 60 岁且无其他子女。赵某夫妻约定由赵某扣除住房贷款利息及子女教育费。试计算赵某 20××年度应缴纳的个人所得税额。

(1) 专项扣除＝12 000×(8%＋2%＋0.5%＋12%)×12＝32 400(元)

(2) 专项附加扣除中,房贷可扣除每年 12 000 元,子女教育费可扣除每年 12 000 元,赡养老人可扣除每年 24 000 元。

专项附加扣除＝12 000＋12 000＋24 000＝48 000(元)

(3) 应纳税所得额＝250 000－60 000－32 400－48 000＝109 600(元)

(4) 全年应纳个人所得税额＝应纳税所得额×适用税率－速算扣除数

＝109 600×10%－2 520＝8 440(元)

在上述案例中,赵某1—3月份累计收入为60 000万,1—2月已预缴个人所得税500元,试计算赵某这一年3月需预扣预缴多少个人所得税?

(1) 1—3月累计扣除费用=5 000×3=15 000(元)
(2) 1—3月累计专项扣除=12 000×(8%+2%+0.5%+12%)×3=8 100(元)
(3) 1—3月累计专项附加扣除=3 000+3 000+6 000=12 000(元)
(4) 1—3月累计各种扣除金额=15 000+8 100+12 000=35 100(元)
(5) 3月预扣预缴税额=(60 000−35 100)×3%−500=247(元)

账务处理:
借:应付职工薪酬——工资　　　　　　　　　　　　　　　　　247
　　贷:应交税费——应交个人所得税　　　　　　　　　　　　247

拓展阅读　　企业所得税优惠

本章小结

本章主要介绍了旅行社可能涉及的各项税费,详细阐述了旅行社增值税、企业所得税、个人所得税、附加税及其他税费的核算方法,重点介绍了差额计税法、全额计税法和间接计税法的运用。

课后训练

第八章

旅游企业财务报告的编制

学习目标

知识目标
(1) 了解财务报告的构成内容;
(2) 掌握利润表的编制要求及方法;
(3) 掌握资产负债表的编制要求及方法;
(4) 熟悉现金流量表的编制要求及方法;
(5) 了解报表附注的作用。

能力目标
(1) 能分析报表项目与旅游企业业务间的关系;
(2) 能分析资产负债表、利润表和现金流量表间的勾稽关系。

素养目标
(1) 具有旅游企业财务管理全局意识;
(2) 具备严谨、诚信的职业品质和良好的职业素养。

知识框架

第八章 旅游企业财务报告的编制
- 第一节 认识旅游企业财务报告
  - 一、旅游企业财务报告的概念和作用
  - 二、旅游企业财务报表的内容和结构
  - 三、旅游企业财务报表的种类
  - 四、旅游企业财务报表的编制程序及要求
- 第二节 编制旅游企业利润表
  - 一、利润表的作用分析
  - 二、利润表的编制及要求
- 第三节 编制旅游企业现金流量表
  - 一、现金流量表的作用分析
  - 二、现金流量表的内容和格式
  - 三、现金流量表的编制方法
- 第四节 编制旅游企业资产负债表
  - 一、资产负债表的作用分析
  - 二、资产负债表的编制及要求
- 第五节 编制财务报表附注
  - 一、财务报表附注的作用分析
  - 二、财务报表附注的主要内容

第八章 旅游企业财务报告的编制

教学重点

（1）多步式利润表的编制；
（2）资产负债表的编制。

教学难点

三张报表的编制方法　工作底稿法　T型账户法

案例导入

财务数据的质量要求

小王是北京华新旅行社有限公司的会计，表8-1为该旅行社20××年12月31日的会计科目表余额。总经理要求财务部提供企业本月的财务数据，请问小王应如何向非财务人员提供可理解的财务数据，同时保证财务数据横向、纵向的可比性？

表8-1　会计科目余额表

科目名称	科目代码	期末余额/元	
		借方	贷方
库存现金	1001	50 000.00	0
银行存款	1002	1 697 623.57	0
交通银行北京海淀支行	100201	1 697 623.57	0
预付账款	1123	60 000.00	0
北京环宇航空有限公司	112301	60 000.00	0
其他应收款	1221	1 220 000.00	0
张晓明	122101	20 000.00	0
北京市旅游发展委员会	122102	1 200 000.00	0
固定资产	1601	302 400.00	0
办公桌椅	160101	15 000.00	0
轿车	160102	230 000.00	0
格力空调	160103	15 000.00	0
惠普笔记本电脑	160104	14 400.00	0
联想笔记本电脑	160105	20 000.00	0

续表

科目名称	科目代码	期末余额/元 借方	期末余额/元 贷方
爱普生传真一体机	160106	8 000.00	0
累计折旧	1602	0	24 584.00
应付账款	2202	0	50 000.00
北京春丽酒店有限公司	220201	0	50 000.00
预收账款	2203	0	150 000.00
北京金达良实业有限公司	220301	0	150 000.00
应付职工薪酬	2211	0	91 545.38
短期薪酬	221101	0	91545.38
工资	22110101	0	89 431.38
工会经费	22110106	0	2 114.00
应交税费	2221	0	17 266.68
未交增值税	222102	0	15 000.00
应交城市维护建设税	222114	0	1 050.00
应交教育费附加	222115	0	450.00
应交地方教育附加	222116	0	300.00
应交个人所得税	222120	0	466.68
实收资本	4001	0	2 500 000.00
张林	400101	0	1 200 000.00
李敏	400102	0	600 000.00
王小波	400103	0	200 000.00
王伟	400104	0	500 000.00
盈余公积	4101	0	65 327.51
法定盈余公积	410101	0	10 300.00
任意盈余公积	410102	0	92 700.00
利润分配	4104	0	431 300.00
未分配利润	410401	0	431 300.00

第一节 认识旅游企业财务报告

学习引导　　　　旅游企业的利益相关者

企业本质上是一个利益联结体,是各方利益的综合配置,旅游企业亦是如此。一般来说,旅游企业的利益方大致分为经营者(管理人员)、投资者(股东)、债权人以及政府。财务报表为各个利益方提供有用的财务信息。但因为利益需要的不同,不同利益方关注的财务报表内容不尽相同。

经营者更关心旅游企业的利润如何,发展趋势如何,业务竞争力如何。经营者通过阅读财务报告,了解自己的经营业绩,制定财务预算。

投资者更关注旅游企业的投资回报率如何,盈利能力如何。投资者通过财务报告了解企业经营情况,作出合理的投资决策。

债权人更关注企业资金是否充足,资产负债率如何。债权人可以了解企业的财务状况,掌握自己债权安全与否的情况,如果一旦有风吹草动,就及时止损。

政府更关心企业收入多少,纳税情况如何,行业发展情况如何。政府部门通过财务报告了解行业及税收情况,财务报告为更好地制定政策提供依据。

分析思考

在前面章节中,我们已经学习了旅游企业相关的日常和期末业务处理,账务处理的最终目的是生成财务报告,为利益相关者提供决策有用的信息。

思考:

(1)除了经营者、投资者、债权人和政府,旅游企业还有哪些利益相关者?说一说他们对财务报告的诉求。

(2)查找旅游上市公司年报,说一说哪些内容可以为利益相关者提供上述信息。

一、旅游企业财务报告的概念和作用

旅游企业财务报告主要是根据旅游企业会计账簿等日常会计核算资料加工、汇总而成

的,系统并综合地反映旅游企业资产负债和所有者权益情况以及一定时期的经营成果和现金流动情况的书面报告文件体系。它是旅游企业会计信息的输出载体,是旅游企业会计分析的主要依据之一。旅游企业财务报告应包括财务报表及财务情况说明书等,其中一套完整的财务报表至少应当包括"四表一注",即资产负债表、利润表、现金流量表、所有者权益变动表和附注。旅游企业应当依据各项会计准则确认和计量的结果编制财务报告。旅游企业财务报告的作用可以概括为以下几个方面。

(1) 为旅游企业经营管理者改善和加强经营管理,提高旅游企业经济效益,提供必要的信息资料。旅游企业管理者通过阅读分析财务报告,可了解旅游企业的财务状况和经营情况。管理者将财务报告提供的信息与经营目标相比较可以发现存在的问题,并提出相应的改进措施,从而不断提高旅游企业的经营管理水平,进一步实现旅游企业的经济效益。

(2) 为国家有关部门进行宏观调控和管理提供各种信息资料。旅游、财政、工商、税务、审计和银行等部门可以利用旅游企业财务报告提供的有关信息,一方面,可检查监督旅游企业财务遵纪守法情况;另一方面,通过汇总可考核国家旅游经济总体的运行情况,为政府进行宏观调控提供可靠的信息依据。

(3) 为投资者和债权人提供必要的信息资料。投资者(包括潜在投资者)和债权人通过阅读分析旅游企业财务报告,可以了解旅游企业的偿债能力、盈利能力、资产结构等对他们作出决策有重要意义的会计信息,为决策提供依据。

二、旅游企业财务报表的内容和结构

旅游企业财务报表的主要经济业务内容涉及资产、负债、所有者权益、收入、费用和利润等会计要素的经济活动事项。反映这些经济内容的报表结构从形式上可分为表头、表身和表尾三部分。表头主要包括报表的名称、编制单位、编报时间、报表编号、页次以及金额单位等。表身主要是指反映报表具体内容的载体,以相互联系的项目体系来反映。表尾是指需进行特别说明的报表附注,报表附注也可单独反映。

三、旅游企业财务报表的种类

旅游企业财务报表依据不同的分类标准可分为不同的种类,通过分类可对旅游企业财务报表有一个较全面、系统的认识。分类情况见表 8-2。

表 8-2 旅游企业财务报表分类

标 准	种 类	要 点
按时间维度分	静态财务报表	①月末、季末、年末等时节点上的报表
		②根据账户的"结余额"填列
		③如资产负债表
	动态财务报表	①月度、季度、年度等一段时间的报表
		②根据账户的"发生额"填列
		③如损益表、现金流量表等

续表

标　准	种　类	要　点
按主从关系分	主要财务报表	①基本财务报表
		②如资产负债表、利润表、现金流量表
	附属财务报表	①对基本财务报表的某些项目进行详细描述的报表
		②如旅游企业主营业务收支明细表
按使用对象分	对外财务报表	①旅游企业按国家规定定期向有关部门报送的财务报表
		②如资产负债表、利润表、现金流量表
	对内财务报表	①旅游企业根据内部经营管理需要编制的财务报表
		②如组团费用明细表、接团费用明细表
按编制范围分	财务报表	①独立核算的旅游企业按规定编制的财务报表
		②如资产负债表、利润表、现金流量表
	合并财务报表	①指某旅游企业拥有另一企业50%及以上股份的情况下需编制的财务报表
		②如合并资产负债表、合并利润表、合并现金流量表
按编制时期分	月报表	资产负债表、利润表
	季报表	资产负债表、利润表
	年报表	资产负债表、利润表、现金流量表、所有者权益变动表

四、旅游企业财务报表的编制程序及要求

(一)编制程序

1. 账项调整

在采用权责发生制的情况下,一般旅游企业在期末应对应收收入、应付费用、预收收入、预付费用等进行账项调整,如应计提的利息费用、应摊销的房屋租金等。

2. 财产清查

财产清查是指检查现金、银行存款、往来款项和存货等实物资产的真实性,如账实不符,则需编制调整分录,并登记入账,以此保证账实相符,从而使财务报表的编制具有客观性。

3. 对账

对账是指以账簿为中心进行账证、账账、账实之间的核对,也是确保报表信息质量的必不可少的一步。

4. 结账

结账是指结出本期发生额和期末余额,并经核对无误后进行试算平衡,为编制报表做好准备。

5. 编制财务报表

在以上工作的基础上，按要求编制财务报表。但以上程序并不是唯一的，有时业务繁杂时，可先编制会计工作底稿，依据工作底稿编制财务报表，然后再进行登账、结账。

（二）旅游企业财务报表的编制要求

为保证旅游企业财务报表的信息质量，旅游企业在编制财务报表时，应符合以下要求。

1. 客观性要求

财务报表的文字必须真实、数据必须准确、内容必须完整，以保证财务报表所提供的信息客观、可靠、有用，旅游企业某些重要事项若不包括在财务报表所规定的项目内，旅游企业可利用附表或附注以及其他形式加以说明。

2. 相关性要求

相关性要求财务报表在满足国家宏观经济需求的同时，还要满足其他信息使用者的决策需要，平衡财务报表信息的相关性与可靠程度的关系。因此，旅游企业在编制财务报表时，要充分考虑信息使用者的不同要求，确保各方对会计信息的需求得到满足。

3. 明晰性要求

明晰性要求旅游企业财务报表提供的信息完整清晰、简明扼要，有利于会计信息使用者准确、完整和正确地理解财务报表所要反映的内容，并进行科学有效的决策。

4. 及时性要求

及时可靠的会计信息可以使信息使用者制定出科学有效的决策。如果旅游企业财务报表不能及时公布，财务报表信息就会失去其应有的使用价值，甚至会导致错误的决策。因此，旅游企业应按国家规定及时将财务报表公布。

 旅游企业的审计风险与防范

第二节 编制旅游企业利润表

> **学习引导** 旅游企业财务数据的来龙去脉

深圳A旅游公司是一家原民航飞行员创建的公司,该公司下辖是专注低空飞行体验的平台,是以"飞行"为主题的目的地旅游平台,可以预订全国各地的直升机或私人飞机体验、观光,以及城市内点对点、城市到城市的航线运输、低空跳伞等飞行项目。该公司存在以下问题:

(1)账务处理不规范,凭证准确定性有待审查;
(2)财务审批不规范,易造成公司损失。

优化方案:

(1)分析财务数据,审阅公司账务,发现错误凭证及时调整;从财务报表入手分析财务数据,提取隐藏在财务报表数据背后的信息。
(2)调整制度和流程,依据公司现有的情况优化公司制度;规范财务审批的各种流程,避免公司损失。

> **分析思考**

对于账务处理不规范的情况,建议建立完善的财务核算办法,梳理企业的数据源和提供的报表数据,纵向上明确数据从哪来,归入哪个科目,每个科目的数据需要为谁提供,怎样提供;横向上明确要为哪些组织机构提供哪些科目的数据,每个组织机构需要数据细化到何种程度。

思考:

(1)分析财务数据与会计科目的对应关系。
(2)分析财务数据与组织机构的对应关系。

一、利润表的作用分析

利润表是反映企业在一定会计期间经营成果的报表。通过编制利润表,财务报告使用

者可以了解企业利润(或亏损)的形成情况,分析企业利润增减变动的原因。

(一)判断旅游企业的经营业绩优劣

利润表反映旅游企业在一定时期内的各种收入与成本费用发生情况及其最终的财务成果状况。通过阅读利润表,财务报告使用者就可以判断旅游企业在某一期间经营效果的好坏和旅游企业经营管理人员的工作绩效。

(二)分析和预测旅游企业的收益能力

财务报告使用者利用利润表显示的旅游企业营业利润、投资收益及营业外收支等损益明细情况,可以分析旅游企业利润或亏损形成的原因,了解旅游企业利润的构成。这有助于旅游企业经营管理人员作出合理的经营决策,挖掘旅游企业潜力,提高经济效益。

(三)评价旅游企业的投资回报率

财务报告使用者利用利润表提供的数据,可以判断出旅游企业资本保全的情况,从而评价旅游企业的投资报酬率,并作出投资决策。

(四)评价旅游企业的偿债能力

旅游企业偿债能力不仅取决于资本结构和资产流动性,还取决于旅游企业的盈利能力,债权人可通过预测旅游企业盈利能力,进而间接预测其偿债能力,并作出信贷决策。

二、利润表的编制及要求

(一)利润表的格式和内容

利润表由表头和表身两部分组成。表头部分包括名称(即利润表)、报表反映时期、编制单位、货币计量单位、报表编号,表身部分列示利润表的具体项目。

利润表的结构是按利润计算公式"收入-费用=利润"设计的,主要有单步式利润表和多步式利润表两种。

1. 单步式利润表

单步式利润表(见表 8-3)是将本期所有收入加在一起,然后把所有费用加在一起,再两者相减,得出净利润,即将报告期内所有收入与所有费用相减,一步求出本期净利润。其基本关系如下:

全部收入-全部费用=净利润

表 8-3 利润表(单步式)

编制单位:××旅游企业　　　　　　　20××年××月　　　　　　　单位:元

项　　目	本　月　数	本年累计数
一、收益		
营业收入(净额)		
投资收益		
营业外收入		
收益合计		

续表

项　　目	本　月　数	本年累计数
二、费用及所得税		
营业成本		
销售费用		
管理费用		
财务费用		
税金及附加		
营业外支出		
费用合计		
所得税费用		
三、净利润		

2. 多步式利润表

在我国企业编制的利润表采用多步式(见表8-4)。将营业利润、利润总额和净利润分步计算,从而得到最终成果。多步式利润表的主要编制步骤如下:

(1) 以营业收入为基础,减去营业成本、税金及附加、销售费用、管理费用、财务费用、资产减值损失,加上投资收益(减去投资损失)和公允价值变动收益(减去公允价值变动损失)等项目,计算出营业利润;

(2) 以营业利润为基础,加上营业外收入,减去营业外支出,计算出利润总额;

(3) 以利润总额为基础,减去所得税费用,计算出净利润(净亏损);

(4) 以净利润(净亏损)为基础计算出综合收益和每股收益项目。

表8-4　利润表(多步式)

编制单位:××旅游企业　　　　　20××年××月　　　　　单位:元

项　　目	本期金额	上期金额
一、营业收入		
减:营业成本		
税金及附加		
销售费用		
管理费用		
财务费用		
其中:利息费用		
利息收入		
信用减值损失		
资产减值损失		

续表

项　　　目	本期金额	上期金额
加：其他收益		
投资收益（损失以"－"填列）		
公允价值变动收益（损失以"－"填列）		
资产处置收益		
二、营业利润（亏损以"－"填列）		
加：营业外收入		
减：营业外支出		
三、利润总额（亏损总额以"－"填列）		
减：所得税费用		
四、净利润（净亏损以"－"填列）		
五、其他综合收益的税后净额		
六、综合收益总额		
七、每股收益		

（二）利润表的编制方法

利润表中的主要项目介绍如下。

（1）"营业收入"项目，反映企业经营主要业务和其他业务所确认的收入总额。本项目应根据"主营业务收入"账户和"其他业务收入"账户的发生额合计填列。

（2）"营业成本"项目，反映企业经营主要业务和其他业务所发生的成本总额。本项目应根据"主营业务成本"账户和"其他业务成本"账户的发生额合计填列。

（3）"税金及附加"项目，反映各项业务应交纳的消费税、城市维护建设税、资源税、教育费附加等。本项目应根据"税金及附加"账户的发生额分析填列。

（4）"销售费用"项目，反映企业在销售商品和商品流通企业在购入商品等过程中发生的费用，包括广告宣传费、展览费、邮电费、差旅费、水电费等。本项目应根据"销售费用"账户的发生额分析填列。

（5）"管理费用"项目，反映企业为组织和管理生产经营所发生的各项管理费用，包括管理部门人员工资、工会经费、董事费、咨询费、折旧费等。本项目应根据"管理费用"账户的发生额分析填列。

(6)"财务费用"项目,反映企业为筹集生产经营所需资金而发生的各项费用,包括企业在经营期间发生的利息支出、汇兑损失、金融机构手续费等。本项目应根据"财务费用"账户的发生额分析填列。

(7)"资产减值损失"项目,反映企业各项资产发生的减值损失。本项目应根据"资产减值损失"账户的发生额分析填列。

(8)"公允价值变动收益"项目,反映企业应当计入当期损益的资产或负债公允价值变动发生的损益。本项目应根据"公允价值变动损益"账户的发生额分析填列。

(9)"投资收益"项目,反映企业以各种方式对外投资所取得的收益。本项目应根据"投资收益"账户的发生额分析填列。如果为投资损失,本项目用"－"号填列。

(10)"营业外收入"项目和"营业外支出"项目,反映企业发生的与经营无直接关系的各项收入和支出。这两个项目分别根据"营业外收入"和"营业外支出"账户的发生额分析填列。

(11)"所得税费用"项目,反映企业从当期损益中扣除的所得税。本项目应根据"所得税费用"账户的发生额分析填列。

(12)"净利润"项目,反映企业实现的净利润。如为亏损,以"－"号填列。

(13)"其他综合收益的税后净额"项目,反映企业根据企业会计准则规定未在损益中确认的各项利得和损失扣除所得税影响后的净额。

(14)"综合收益总额"项目,反映企业净利润与其他综合收益(税后净额)的合计金额。

(15)"每股收益"项目,包括基本每股收益和稀释每股收益两项指标,反映普通股或潜在普通股已公开交易的企业,以及正处在公开发行普通股或潜在普通股过程中的企业的每股收益信息。

拓展阅读 我国利润表列报变革的内在机理分析

第三节　编制旅游企业现金流量表

学习引导　　银行承兑汇票是否应纳入现金流量表列报

随着社会经济的快速发展和企业间交易量的与日俱增,交易过程中的支付方式也发生着巨大改变,从最初的以物易物,到后来的现金交易、银行转账,再到目前大宗交易广泛承兑汇票,小额多笔交易频繁使用微信、支付宝及其他平台支付等。多种支付方式共存代表着在社会发展与进步的同时,也让交易变得更加安全和便利。银行承兑汇票是除银行转账外较普遍的结算方式之一,但受制于现行的《企业会计准则》对现金流量表相关项目的定义,故无法在参与交易的同时及时将其纳入企业现金流量表进行确认和列报。因此,某些企业存在通过银行承兑汇票干预、粉饰现金流量表的操作。

(资料来源:孙延锋《浅析将银行承兑汇票纳入现金流量表列报的意义》)。

分析思考

银行承兑汇票是一种商业汇票,它是由付款人委托开票银行开出的一种延期支付票据,一般在票据到期之前,银行见票就可付现金。一般银行承兑汇票的最长有效期为180天,在票据期限内可转让给他人使用。

思考:

(1)根据银行承兑汇票的特点和编制现金流量表的意义,分析是否应该将银行承兑汇票纳入现金流量表进行确认和列报?

(2)查阅现行的《企业会计准则》,分析准则对现金流量表项目分类的规则。

旅游企业现金流量表是以现金为基础编制的反映旅游企业财务状况变动的报表,是反映旅游企业会计期间的经营活动、投资活动和筹资活动对现金及现金等价物产生影响的财务报表,其目的是使报表使用者了解和评价旅游企业获取现金及现金等价物的能力,并据以预测旅游企业未来的现金流量。

一、现金流量表的作用分析

现金流量表反映企业在一定会计期间经营活动、筹资活动、投资活动引起的现金流入和流出情况的财务报表,它是一种动态报表,表明企业获得现金及现金等价物的能力,现金流量表的作用体现在以下几个方面:

(1) 现金流量表能直接揭示旅游企业当前的偿债能力和支付能力;

(2) 现金流量表便于信息使用者预测旅游企业未来的现金流量;

(3) 现金流量表能弥补权责发生制的不足;

(4) 现金流量表能增强会计信息的可比性;

(5) 现金流量表有助于防止个别旅游企业粉饰财务状况和操纵经营成果的现象发生。

二、现金流量表的内容及格式

(一) 现金流量表的内容

1. 经营活动产生的现金流量

经营活动是指企业除投资活动和筹资活动外的所有交易和事项。经营活动的现金流入主要是指企业销售产品和提供服务等所收到的现金;经营活动的现金流出主要是指购买产品、接受服务、广告宣传、推销产品、缴纳各种税费等所支付的现金。通过现金流量表中所列示的经营活动产生的现金流量,可以说明企业经营活动对现金流入和现金流出净额的影响程度。

2. 投资活动产生的现金流量

投资活动是指企业长期资产的购建和不包括在现金等价物范围内的投资及其他处置活动。投资活动的现金流入主要包括企业收回投资收到的现金,分得股利、利润或取得债券利息收入收到的现金,以及处置固定资产、无形资产和其他长期资产收到的现金等;投资活动现金流出则主要包括购建固定资产、无形资产和其他长期资产所支付的现金,以及进行权益性或债权性投资等所支付的现金,因此,投资活动产生的现金流量中不包括将现金转换为现金等价物这类投资活动产生的现金流量。通过现金流量表所反映的投资活动而产生的现金流量,可以反映企业通过投资获取现金流量的能力,以及投资产生的现金流量对企业现金流量净额的影响程度。

3. 筹资活动产生的现金流量

筹资活动是指导致企业资本及债务规模和构成发生变化的活动。筹资活动的现金流入主要包括企业吸收权益性投资所收到的现金,发行债券及借款所收到的现金等;筹资活动的现金流出主要包括企业偿还债务所支付的现金,发生筹资费用所支付的现金,分配利润或偿付利息所支付的现金,融资租赁所支付的现金等。通过现金流量表中所反映的筹资活动产生的现金流量,可以分析企业筹资的能力,以及筹资产生的现金流量对企业现金流量净额的影响程度。

(二)现金流量表的格式

现金流量表的格式见表 8-5。

表 8-5　现金流量表

编制单位:××旅游企业　　　　　　20××年××月　　　　　　单位:元

项　　目	本期金额	上期金额
一、经营活动产生的现金流量		
销售商品、提供劳务收到的现金		
收到的税费返还		
收到其他与经营活动有关的现金		
经营活动现金流入小计		
购买商品、接受劳务支付的现金		
支付给职工以及为职工支付的现金		
支付的各项税费		
支付其他与经营活动有关的现金		
经营活动现金流出小计		
经营活动产生的现金流量净额		
二、投资活动产生的现金流量		
收回投资收到的现金		
取得投资收益收到的现金		
处置固定资产、无形资产和其他长期资产收回的现金净额		
处置子公司及其他营业单位收到的现金净额		
收到其他与投资活动有关的现金		
投资活动现金流入小计		
购建固定资产、无形资产和其他长期资产支付的现金		
投资支付的现金		
取得子公司及其他营业单位支付的现金净额		
支付其他与投资活动有关的现金		
投资活动现金流出小计		
投资活动产生的现金流量净额		
三、筹资活动产生的现金流量		

续表

项 目	本期金额	上期金额
吸收投资收到的现金		
取得借款收到的现金		
收到其他与筹资活动有关的现金		
筹资活动现金流入小计		
偿还债务支付的现金		
分配股利、利润或偿付利息支付的现金		
支付其他与筹资活动有关的现金		
筹资活动现金流出小计		
筹资活动产生的现金流量净额		
四、汇率变动对现金及现金等价物的影响		
五、现金及现金等价物净增加额		
加:期初现金及现金等价物余额		
六、期末现金及现金等价物余额		

三、现金流量表的编制方法

(一) 直接法编制现金流量表

编制现金流量表的基本原理,是将以权责发生制为基础的会计核算资料,按照收付实现制进行调整,调整的方法通常有直接法和间接法两种。按照我国现行的《企业会计准则》规定,企业应当采用直接法列示经营活动产生的现金流量。采用直接法编制经营活动的现金流量时,一般以利润表中的营业收入为起算点,调整与经营活动有关项目的增减变动,然后计算出经营活动的现金流量。调整后的经营活动产生的现金流量净额,加上投资活动及筹资活动产生的现金流量净额,即为本期现金及现金等价物的净增加额。

现金流量表中的主要项目介绍如下。

1. 经营活动产生的现金流量

(1)"销售商品、提供劳务收到的现金"项目,反映企业本年销售产品、提供服务收到的现金,以及以前年度销售产品、提供服务本年收到的现金(包括应向购买者收取的增值税销项税额)和本年预收的款项,减去本年销售本年退回产品和以前年度销售本年退回产品支付的现金。

(2)"收到的税费返还"项目,反映企业收到返还的所得税、增值税、消费税、关税和教育费附加等各种税费返还款。

(3)"收到其他与经营活动有关的现金"项目,反映企业经营租赁收到的租金等其他与经营活动有关的现金流入,金额较大的应当单独列示。

(4)"购买商品、接受劳务支付的现金"项目,反映企业本年购买产品、接受服务实际支付的现金(包括增值税进项税额),以及本年支付以前年度购买产品、接受服务的未付款项和本年预付款项,减去本年发生的购货退回收到的现金。企业代购代销业务支付的现金也在本项目反映。

(5)"支付给职工以及为职工支付的现金"项目,反映企业本年实际支付给职工的工资、资金、各种津贴和补贴等职工薪酬(包括代扣代缴的职工个人所得税)。

(6)"支付的各项税费"项目,反映企业本年发生并支付、以前各年发生本年支付以及预交的各项税费,包括所得税、增值税、消费税、印花税、房产税、土地增值税、车船税、教育费附加等。

(7)"支付其他与经营活动有关的现金"项目,反映企业经营租赁支付的租金、支付的差旅费、业务招待费、保险费、罚款支出等其他与经营活动有关的现金流出,金额较大的应当单独列示。

2. 投资活动产生的现金流量

(1)"收回投资收到的现金"项目,反映企业出售、转让或到期收回除现金等价物外的对其他企业长期股权投资而收到的现金,但处置子公司及其他营业单位收到的现金净额除外。

(2)"取得投资收益收到的现金"项目,反映企业除现金等价物外的对其他企业的长期股权投资等分回的现金股利和利息等。

(3)"处置固定资产、无形资产和其他长期资产收回的现金净额"项目,反映企业出售、报废固定资产、无形资产和其他长期资产所取得的现金(包括因资产毁损而收到的保险赔偿收入),减去为处置这些资产而支付的有关费用后的净额。

(4)"处置子公司及其他营业单位收到的现金净额"项目,反映企业处置子公司及其他营业单位所取得的现金,减去相关处置费用以及子公司及其他营业单位持有的现金和现金等价物后的净额。

(5)"购建固定资产、无形资产和其他长期资产支付的现金"项目,反映企业购买、建造固定资产,取得无形资产和其他长期资产所支付的现金(含增值税款等),以及用现金支付的应由在建工程和无形资产负担的职工薪酬。

(6)"投资支付的现金"项目,反映企业取得除现金等价物外的对其他企业的长期股权投资所支付的现金以及支付的佣金、手续费等附加费用,但取得子公司及其他营业单位支付的现金净额除外。

3. 筹资活动产生的现金流量

(1)"吸收投资收到的现金"项目,反映企业以发行股票、债券等方式筹集资金实际收到的款项(发行收入减去支付的佣金等发行费用后的净额)。

(2)"取得借款收到的现金"项目,反映企业举借各种短期、长期借款而收到的现金。

(3)"偿还债务支付的现金"项目,反映企业为偿还债务本金而支付的现金。

(4)"分配股利、利润或偿付利息支付的现金"项目,反映企业实际支付的现金股利、支付给其他投资单位的利润或用现金支付的借款利息、债券利息等。

(二)工作底稿法和 T 型账户法编制现金流量表

旅游企业采用直接法编制现金流量表时,可采用工作底稿法和 T 型账户法。

工作底稿法是指通过特定的表格,以利润表和资产负债表的数据为基础,对每一个报表项目进行分析并编制调整分录,从而编制现金流量表的方法。

T 型账户法是指通过开设"现金及现金等价物"的 T 型账户,以利润表和资产负债表数据为基础,对每一个报表项目进行分析并编制调整分录,从而编制现金流量表的方法。其编制步骤及比较见表 8-6。

表 8-6 现金流量表编制方法比较表

步 骤	工作底稿法	T 型账户法
第一步	将资产负债表的期初数和期末数过入工作底稿的期初数栏和期末数栏	为所有的非现金项目(包括资产负债表项目和利润表项目)分别开设 T 型账户,并将各自的期末期初变动数过入各账户
第二步	对当期业务进行分析并编制调整分录	开设一个大的"现金及现金等价物"T 型账户,每边分为经营活动、投资活动和筹资活动三个部分,左边记现金流入,右边记现金流出,与其他账户一样,过入期末期初变动数
第三步	将调整分录过入工作底稿中的相应部分	以利润表项目为基础,结合资产负债表分析每一个非现金项目的增减变动,并据此编制调整分录
第四步	核对调整分录,借贷合计应当相等,资产负债表项目期初数加减调整分录中的借贷金额以后,应当等于期末数	将调整分录过入各 T 型账户,并进行核对,该账户借贷相抵后的余额与原先过入的期末期初变动数应当一致
第五步	根据工作底稿中的现金流量表项目部分编制正式的现金流量表	根据大的"现金及现金等价物"T 型账户编制正式的现金流量表

拓展阅读 　　　　现金保障天数

第四节 编制旅游企业资产负债表

学习引导　　　　　探索资产负债表

小赵是 A 旅游企业会计部门的实习生,在完成了企业日常业务处理后,小赵逐渐掌握了企业账务处理方式。月末会计主管让小赵学习编制财务报表。但在资产负债表的编制过程中,他发现自己编制的资产负债表中的"应付职工薪酬""应交税费""其他应付款"三个项目与会计主管编制的资产负债表项目期末余额有所不同,但期末余额却是平衡的。小赵应如何查找错误原因?

分析思考

在实际工作中,账务处理的错误会导致报表项目出错或期末余额不平衡的现象,请结合前面章节的学习,帮助小赵找到问题的根源。

思考:

(1)结合上述案例分析小赵编制的资产负债表出现差错的原因。

(2)小赵应该如何改正差错?

旅游企业资产负债表是反映旅游企业在某一特定时点(月末、季末和年末)财务状况的报表。它是根据"资产=负债+所有者权益"的公式,按照一定的分类标准和程序,把旅游企业在一定日期的资产、负债和所有者权益项目予以适当排列,按照一定的编制要求汇总而成的。

一、资产负债表的作用分析

资产负债表是企业对外提供的主要财务报表之一。它是反映企业在某一特定日期财务状况的报表。

(1)信息使用者通过资产负债表可以了解企业所拥有和控制的经济资源及这些资源的分布与结构;

(2) 信息使用者通过资产负债表可以了解企业的短期和长期偿债能力；

(3) 信息使用者通过资产负债表可以了解企业资金的来源及构成；

(4) 信息使用者通过资产负债表可以了解企业的财务弹性；

(5) 信息使用者通过资产负债表可以预测企业财务状况的未来发展趋势。

二、资产负债表的编制及要求

（一）资产负债表的格式和内容

旅游企业资产负债表的格式主要有两种：账户式和报告式。

在我国的资产负债表采用账户式结构，分左右两部分，列示资产、负债、所有者权益项目。

1. 资产

资产项目在资产负债表上按照资产流动性大小即资产的变现能力进行排列，流动性强的，即变现能力强的资产，排在前面；流动性弱的，即变现能力差的资产，排在后面。自上而下，包括流动资产和非流动资产。

2. 负债

负债项目在资产负债表上也是按照流动性进行排列的，即根据负债的偿付时间的长短进行排列。企业需要在一年内或超过一年的一个营业周期内偿还的流动负债排在前面，偿付期超过一年或一个营业周期的长期负债排在后面。负债包括流动负债和非流动负债。

3. 所有者权益

所有者权益一般按照实收资本、资本公积、盈余公积和未分配利润列示。

账户式结构中，左边列示资产项目，右边列示负债和所有者权益项目，左边资产合计总额与右边负债和所有者权益合计总额相等（见表8-7）。

表 8-7 资产负债表

编制单位：××旅游企业　　　　　20××年××月××日　　　　　　　　单位：元

资产	期末余额	上年年末余额	负债和所有者权益（或股东权益）	期末余额	上年年末余额
流动资产：			流动负债：		
货币资金			短期借款		
交易性金融资产			交易性金融负债		
衍生金融资产			衍生金融负债		
应收票据			应付票据		
应收账款			应付账款		

续表

资　产	期末余额	上年年末余额	负债和所有者权益（或股东权益）	期末余额	上年年末余额
应收款项融资			预收款项		
预付款项			合同负债		
其他应收款			应付职工薪酬		
存货			应交税费		
合同资产			其他应付款		
持有待售资产			持有待售负债		
一年内到期的非流动资产			一年内到期的非流动负债		
其他流动资产			其他流动负债		
流动资产合计			流动负债合计		
非流动资产：			非流动负债：		
债权投资			长期借款		
其他债权投资			应付债券		
长期应收款			其中：优先股		
长期股权投资			永续债		
其他权益工具投资			租赁负债		
其他非流动金融资产			长期应付款		
投资性房地产			预计负债		
固定资产			递延收益		
在建工程			递延所得税负债		
生产性生物资产			其他非流动负债		
油气资产			非流动负债合计		
使用权资产			负债合计		
无形资产			所有者权益（或股东权益）：		
开发支出			实收资本（或股本）		

续表

资　　产	期末余额	上年年末余额	负债和所有者权益（或股东权益）	期末余额	上年年末余额
商誉			其他权益工具		
长期待摊费用			其中：优先股		
递延所得税资产			永续债		
其他非流动资产			资本公积		
非流动资产合计			减：库存股		
			其他综合收益		
			专项储备		
			盈余公积		
			未分配利润		
			所有者权益（或股东权益）合计		
资产总计			负债和所有者权益（或股东权益）总计		

（二）资产负债表的编制内容

由于旅游企业本身是组织团队旅游，旅游者到旅游企业报名参加旅游，旅游企业收取旅游款，构成企业的销售收入。行业特点注定了旅游企业较少涉及存货核算的问题。因此，在财务核算方面，涉及资金收付的会计科目成为旅游企业最常用的会计科目。

1. 应收账款

应收账款是指企业因销售产品、提供服务等经营活动应收取的款项。本项目应根据"应收账款"和"预收账款"科目所属各明细科目的期末借方余额合计数，减去"坏账准备"科目中的有关应收账款计提的坏账准备期末余额后的净额填列。

在旅游企业先组织旅游者出游后才收款的情况下，形成企业的应收账款。该项目主要反映前期及本期应收未收的旅游团款。

2. 预付款项

预付款项是指企业按照合同规定预付给供应单位的款项等。本项目应根据"预付账款"和"应付账款"科目所属各明细科目的期末借方余额合计数，减去"坏账准备"科目中有关预付账款计提的坏账准备期末余额后的净额填列。

对于旅行社，该项目主要反映企业预先支付的组团出游的旅游费用。

3. 应付账款

应付账款是指企业因购买产品或接受服务等经营活动而应支付给供应单位的款项。本项目应根据"应付账款"和"预付账款"科目所属各明细科目的期末贷方余额合计数填列。

对于旅行社，该项目主要反映企业前期及当期应付而未付旅游团款。

4. 预收款项

预收款项是指企业按照合同规定向客户单位预收的款项。本项目应根据"预收账款"和"应收账款"科目所属各明细科目的期末贷方余额合计数填列。如"预收账款"科目所属明细科目期末有借方余额的，应在资产负债表"应收账款"项目内填列。

对于旅行社，该项目主要反映企业在提供旅游服务前预收的旅游团款。

5. 其他应付款

其他应付款是指与企业的主营业务没有直接关系的应付、暂收其他单位或个人的款项。本项目应根据"应付利息""应付股利"和"其他应付款"科目的期末余额合计数填列。

 三大财务报表的勾稽关系

第五节　编制财务报表附注

  财务报表附注

附注是财务报表不可或缺的组成部分，企业在附注中列示项目的文字描述或明细资料，表8-8和表8-9为丽江玉龙股份有限公司2020年财务报表附注中关于其他应收款及其坏账准备的明细资料。

第八章 旅游企业财务报告的编制

表 8-8　其他应收款情况　　　　　　　　　　　　　　单位:元

款项性质	期末账面余额	期初账面余额
押金及保证金(工程)	1 500 000.00	4 264 650.00
押金及保证金(其他)	259 920.00	245 520.00
备用金	371 735.50	443 671.80
其他	1 081 170.39	5 129 143.45
合计	3 212 825.89	10 082 985.25

表 8-9　坏账准备计提情况　　　　　　　　　　　　　单位:元

坏账准备	第一阶段 未来 12 个月预期信用损失	第二阶段 整个存续期预期信用损失(未发生信用减值)	第三阶段 整个存续期预期信用损失(已发生信用减值)	合计
2020年1月1日余额	1 959 080.12		57 707.20	2 016 787.32
本期计提	−964 607.21		40 589.09	−924 018.12
2020年12月31日余额	994 472.91		98 296.29	1 092 769.20

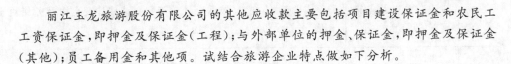

分析思考

丽江玉龙旅游股份有限公司的其他应收款主要包括项目建设保证金和农民工工资保证金,即押金及保证金(工程);与外部单位的押金、保证金,即押金及保证金(其他);员工备用金和其他项。试结合旅游企业特点做如下分析。

思考:

(1) 查找资料,分析旅游企业为什么要缴纳押金和保证金?

(2) 结合行业特点及丽江玉龙旅游股份有限公司 2020 年的年报,分析该公司其他应收款产生坏账的可能原因。

一、财务报表附注的作用分析

旅游企业财务报表附注是对旅游企业在资产负债表、利润表、现金流量表和所有者权益变动表等报表中列示项目的文字描述或明细资料,以及对未能在这些报表中列示项目的说明等。财务报表附注有助于信息使用者全面了解旅游企业的财务状况、经营成果、现金流量和所有者权益的情况,并对报表信息进行详细分析,从整体上更好地理解财务报表。《企业会计准则第30号——财务报表列报》及其应用指南中,对上市公司财务报表附注的披露进行了详尽规定。

二、财务报表附注的主要内容

《企业会计准则第30号——财务报表列报》及其应用指南对财务报表附注的内容做了相应规定(见表8-10)。

表8-10　财务报表附注的主要内容

序号	项目	主要内容
1	企业的基本情况	企业注册地、组织形式和总部地址;企业的业务性质和主要经营活动;母公司以及集团最终母公司的名称;财务报告的批准报出者和财务报告批准报出日,或者以签字人及其签字日期为准;营业期限有限的企业,还应当披露有关其营业期限的信息
2	财务报表的编制基础	企业应当根据准则的规定判断企业是否持续经营,并披露财务报表是否以持续经营为基础编制
3	遵循企业会计准则的声明	企业应当声明编制的财务报表符合企业会计准则的要求,真实、完整地反映了企业的财务状况、经营成果和现金流量等有关信息
4	重要会计政策和会计估计	企业应当披露采用的重要会计政策,并结合企业的具体实际披露其重要会计政策的确定依据和财务报表项目的计量基础;披露重要会计估计,并结合企业的具体实际披露其会计估计所采用的关键假设和不确定因素
5	会计政策和会计估计变更以及差错更正的说明	企业应当按照《企业会计准则第28号——会计政策、会计估计变更和差错更正》的规定,披露会计政策和会计估计变更以及差错更正的情况
6	报表重要项目的说明	企业应当按照资产负债表、利润表、现金流量表、所有者权益变动表及其项目列示的顺序,对报表重要项目的说明采用文字和数字描述相结合的方式进行披露
7	其他	主要包括或有和承诺事项、资产负债表日后非调整事项、关联方关系及其交易等需要说明的事项;关于其他综合收益各项目的信息

旅游企业财务报表附注编制完成后,需检查附注中所揭示的内容是否真实、是否符合有关的法律法规、信息披露是否充分、是否与报表反映的内容相一致等。

拓展阅读　　旅游企业环境信息披露要求

本章小结

　　本章概况介绍了旅游企业财务报表的内容、结构、种类和编制程序；详细阐述了资产负债表、利润表和资产负债表的编制要求和方法；介绍了报表附注的内容和作用，以及三类报表间的勾稽关系。

课后训练

第九章

旅游企业财务分析与财务战略

学习目标

知识目标

(1) 掌握财务分析的程序及方法；
(2) 掌握旅游企业财务指标的计算及应用；
(3) 熟悉旅游企业成本分析和经营毛利分析方法；
(4) 掌握旅游企业单团毛利分析方法；
(5) 掌握旅游企业财务分析报告的编制要求；
(6) 了解旅游企业财务战略的实施步骤。

能力目标

(1) 能运用各项财务指标分析旅游企业的盈利能力、偿债能力、营运能力和发展能力；
(2) 能结合旅游企业特点进行成本分析、经营毛利分析和单团毛利分析；
(3) 能根据财务数据和非财务数据撰写财务分析报告。

素养目标

(1) 具备旅游企业价值管理意识；
(2) 具备严谨、客观的职业品质和良好的职业素养。

第九章
旅游企业财务分析与财务战略

 知识框架

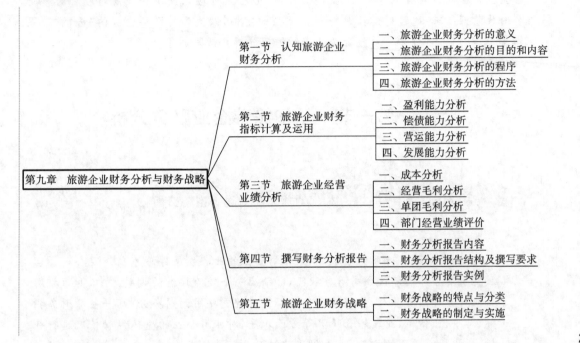

📎 教学重点

（1）将财务指标与业务相结合，分析旅游企业盈利能力、偿债能力、营运能力和发展能力；

（2）结合旅游企业特点进行经营毛利分析；

（3）撰写旅游企业财务分析报告。

📎 教学难点

盈利能力分析　偿债能力分析　营运能力分析　发展能力分析　成本分析　经营业绩评价　财务分析报告　财务战略制定

📎 案例导入

旅游企业战略目标与财务分析

旅游企业持续高质量的发展离不开管理者的审时度势，作出正确的经营决策，而企业

财务分析报告是决策的重要依据。对财务人员而言,如何转变传统财务分析报告以经济利润为核心的思路,准确、及时地为管理者、投资人等利益相关者提供决策有用的信息,对实现企业价值创造具有十分重要的意义。财务分析报告应以旅游企业战略目标为核心,结合时代政策要求,通过对财务分析指标体系的重构,以达到对财务数据的"透视"效果。在本章中,我们将学习如何对旅游企业进行财务分析并撰写财务分析报告。

第一节 认知旅游企业财务分析

学习引导 如何对旅游企业进行财务分析

近年来,旅游行业竞争激烈,某旅游企业的业务发展停滞不前。现公司管理层要求财务部门评估公司财务状况,并给出一个较为详细的调整方案,身为旅游企业财务部门负责人,你应该如何做?这时就需要用到财务分析,一般从财务指标、总市值、估值、业绩增长情况等方面入手,对旅游企业的整体经营情况进行分析,提出规避风险的方案,从而促进旅游企业可持续发展。

分析思考

旅游企业财务分析一般以会计核算资料为依据,运用比较分析法、比率分析法、趋势分析法等方法对财务指标进行深入解读,从而全面评价旅游企业在一定时期内的各种财务能力,分析企业在经营活动中可能存在的问题,总结财务管理工作的经验教训,促进企业改进经营活动,提高企业管理水平。

思考:

结合案例分析,针对不同的需求,旅游企业财务分析应从哪几个方面展开?为什么?

企业财务分析源于20世纪初的美国。旅游企业财务报表信息的使用者,如投资者、债权人、政府部门和企业领导层等为了充分发挥旅游企业财务报表的作用,往往将财务报表上的相关指标通过计算、比较和利用适当的分析方法产生新的数据信息,借此更加准确、系统、深入地评价旅游企业财务状况、经营水平和发展前景,以便作出科学决策。

一、旅游企业财务分析的意义

旅游企业财务分析是指通过采用特定的分析方法,对旅游企业财务报表及相关资料进行深入和系统的分析,以便提供更有价值的财务信息,旅游企业财务报表分析的意义有以下几点。

(一)通过分析可揭示旅游企业经济活动的规律性

现行财务报表是按国家规定统一编制的,主要以满足各类信息使用者共同需求为出发点,因此,报表内容、格式相同。但要了解旅游企业经济活动的规律,信息使用者必须对报表做进一步分析。分析报表时,可通过横向与同类旅游企业的报表比较和纵向与自身发展的历年报表比较,寻找出旅游企业经济活动的规律,为旅游企业战略发展提供依据。

(二)通过分析可产生新的有价值的信息

报表所提供的信息是在相关性原则的要求下编制的。对于不同的信息使用者而言,要进一步深入了解旅游企业的财务状况和经营水平,就必须对所提供的报表做进一步的分析,用分析所产生的新信息来满足深层次的需要。

(三)通过报表分析充分发挥报表的作用

旅游企业财务报表分析是会计工作的进一步延伸,通过分析可深入评价旅游企业的财务状况和经营业绩。同时,它也是弥补财务报表信息单一、克服数据松散、信息量小的重要手段,可为管理者作出决策提供较丰富的信息,充分发挥财务报表的作用。

二、旅游企业财务分析的目的和内容

(一)旅游企业财务分析的目的

旅游企业财务分析的目的在于运用各种分析方法,针对信息使用者决策所需的信息对财务报表及相关资料进行分析,为信息使用者提供更加具体、有价值的相关信息。各类信息使用者的具体分析目的简述如下。

1. 相关管理部门和机构

旅游、工商、税务、银行等相关管理部门和机构通过分析旅游企业财务报表,了解旅游企业的财务状况和经营情况,检查是否有违纪、违法行为,通过分析、汇总掌握旅游企业的整体发展态势,为国家宏观管理提供数据。

2. 旅游企业投资者

旅游企业的投资者最关心的是旅游企业的资本保值、增值问题,关心旅游企业的股息和红利发放水平,旅游企业的盈利能力以及旅游企业的市场竞争能力、抗风险能力等。通过分析报表,较深入地了解以上情况,能够为决策提供科学依据。

3. 旅游企业的债权人

债权人因为不能参与旅游企业剩余收益分享,所以必然关注资金的安全性,关注企业目

前的财务状况、资产的流动性、企业的长期获利能力,以及现金的流入量和流出量。特别是旅游企业的偿债能力,它是保证债务本息能够足额、及时偿还的重要依据。

4. 旅游企业内部管理者

旅游企业内部管理者通过对本单位经营业绩的分析,检查计划和预算的落实情况,确定企业的各项财务措施和总体战略措施是否得到贯彻执行。通过分析财务报表,企业管理者对企业经营及财务等方面予以详尽了解和掌握,及时发现问题,分析原因,寻找对策,为提高经营管理水平奠定基础。

总之,不同利益主体对旅游企业财务报表分析的目的各有侧重,但旅游企业价值最大化是各利益主体进行财务报表分析的共同目的。

(二)旅游企业财务分析的内容

旅游企业财务报表的使用者不同,因而对其内容的要求有不同的侧重。

一般来说分析的内容主要有以下几个方面。

(1)盈利能力分析,包括收入盈利能力分析和资产盈利能力分析。

(2)偿债能力分析,包括短期偿债能力分析和长期偿债能力分析。

(3)营运能力分析,包括流动资产周转能力分析和非流动资产周转能力分析。

(4)发展能力分析,包括盈利趋势分析、现金流量趋势分析和资本保值分析等。

(5)经营业绩分析,包括经营业绩成果分析和经营业绩比较分析等。

三、旅游企业财务分析的程序

为了保证财务分析过程的严谨性和有序性,旅游企业需要制定财务分析程序,以提高分析的效率。一般分析的程序有以下几步。

(一)确定分析目的

由于不同利益主体进行财务报表分析有着各自的目的和侧重点,分析者必须首先确定分析的目的。

(二)制订分析计划

明确目的后,需根据目的制订详细的分析计划,包括分析的内容、时间、采用的分析方法、分析工作的组织分工、工作进度安排、资料的收集加工和分析报告的撰写等。

(三)收集资料

所收集的资料内容包括宏观的财务政策和微观的财务信息。宏观的财务政策资料主要指国家有关的法令、法规、政策以及相关的宏观经济数据和旅游行业的宏观背景等。微观的财务信息资料主要指定期的财务报告、审计报告和旅游企业相关经济数据,其中旅游企业的审计报告对旅游企业财务报表分析起着极其重要的作用。因此,财务报表分析者要利用好审计报告,从而明确分析重点。

(四)整理加工所收集的资料

财务报表分析者根据分析的目的和重点,采用相应的分析方法,按照分析计划对所收集的资料进行加工整理,形成各种指标体系。

（五）撰写分析报告

利用整理加工所得的指标体系和数据，撰写出高质量的旅游企业财务报表分析报告。分析报告要做到观点正确、论据充分、逻辑严谨、结构清晰、语言规范、实用性强，以便信息使用者作出正确、科学的决策。

四、旅游企业财务分析的方法

（一）比较分析法

比较分析法又称对比分析法，是指财务报表分析者利用会计事项存在两个或两个以上有内在联系的相关指标进行相互比较分析的一种方法。通过比较，分析者可找出差异，并研究差异产生的原因及其影响，得出初步结论，提出解决问题的方法和建议。它可以揭示经济现象存在的内在联系和事物发展趋势，还能揭示客观存在的差异以及形成差异的原因，帮助信息使用者更加深入地认识旅游企业的经济本质。

比较分析法一般包括以下几种类型：

(1) 将实际指标与计划指标进行对比可以确定计划完成程度；

(2) 将本期实际指标与上期或上年同期实际指标进行对比，可以掌握企业经济活动的变化趋势和发展速度；

(3) 将本期实际数与本企业历史最高水平进行对比，可以找出差异，促使企业不断提高经营管理水平；

(4) 将企业的实际指标与同行业其他企业，特别是先进企业的同类指标进行对比，可以判断企业在同行业中所处的位置，明确发展方向。

运用比较分析法时，要注意指标的可比性，只有具有同类基础的经济指标，才能进行对比分析。互相对比的指标必须经济内容相同，时间长短相同，计价标准一致。否则就缺乏进行对比的基础。此外，旅游企业在进行比较分析时，还要注意旅游季节（淡季、旺季、平季）、旅游路线（热门线路、冷门线路）、企业服务设施的技术现状、企业接待能力等方面的因素，这些因素对经济技术指标会产生重大影响。

（二）比率分析法

比率分析法是利用两个指标的互相关系，进行比率数值分析的一种方法，借以观察企业的财务状况、经营成果和获利能力等。比率分析法可以把某些不能直接进行对比的指标经过计算得出比率后，利用其比率数值进行分析，得出评价结果。

根据分析的内容和要求不同，比率分析法主要有以下三种形式。

1. 相关比率分析

相关比率分析是以同一时期某个项目和其他有关项目加以对比，求出比率，使之提供新的信息。例如，可以直接从报表中取得所需的比率——资产负债率，也可以根据报表项目进行必要加工后得到所需的比率——存货周转率。

2. 构成比率分析

构成比率分析是通过计算某一经济指标各个组成部分占总体的比率，来观察它的构成

内容及其变化,以掌握该项经济活动的特点和变化趋势。例如,计算单个成本项目在成本总额中所占的比重,并与标准比率进行对比,可明确进一步降低成本的重点。

3. 效率比率分析

效率比率分析是某项财务活动中所费与所得的比率,反映该项目投入与产出的关系,从而了解经营项目效率的高低,减少无效投入,提升投资收益。

(三)趋势分析法

趋势分析法是根据企业连续数期的财务报表,比较各期有关项目的金额,以揭示本期经营成果与财务状况变化趋势的方法。在趋势分析法中,将本期和前几期财务报表信息汇编在一起的财务报表称为比较财务报表。财务报表趋势分析通常采用的方法有横向比较法和纵向比较法。

(四)因素分析法

一个经济指标的结果往往是由多种因素造成的,只有把这种综合性的指标分解为它的各种构成要素,才能了解指标完成好坏的真正原因。这种把综合性指标分解为各因素的方法称为因素分析法。根据各种因素之间关系的复杂性、重要性不同,因素分析法又有多种具体方法,通常主要用连环替代法进行分析。因此,因素分析法又称连环替代法,是指通过顺序替代各个因素的数值,来计算各个因素变动对经济指标影响程度的一种方法。应用这种分析方法,首先要根据经济指标的形成过程,明确某项经济指标受哪些因素变动的影响;其次要确定各因素与经济指标之间的数量关系,并据此得到分析计算式;最后按照一定顺序顺次替代各个因素的数值,计算各个因素的影响程度。

在计算某个因素变动对经济指标的影响程度时,要假定其他因素不发生变动,并且通过每次替换以后的计算结果与其前一次替换以后的计算结果进行比较,即连环比较来确定各个因素的影响程度。通过因素分析法,分析者可以衡量各项因素影响程度的大小,这有利于分清原因和责任,使评价结果更具有说服力。

(五)杜邦分析法

杜邦分析法是由美国杜邦公司最先设计和使用的,也称杜邦模型。它是将若干个用于评价企业经营效率和财务状况的比率有机地结合起来,建立财务比率的综合模型,来分析和评价企业财务状况的方法。采用这种方法可使分析的层次更加清晰,条理更加突出,指标体系更加系统。

(六)沃尔评分法

沃尔评分法的创始人是亚历山大·沃尔。该方法是把若干财务比率用线性关系结合起来,为每项指标确定标准比率,然后根据实际比率、行业最高比率及其比重得出实际指标的评分值,最后根据评分值评价企业的财务状况和经营成果。

拓展阅读 安心旅游公司的杜邦财务分析

第二节 旅游企业财务指标计算及运用

学习引导 安心旅游公司财务指标分析

安心旅游公司 2016—2019 年经营业绩指标如表 9-1 所示,请从盈利能力、偿债能力、营运能力和发展能力角度对旅游企业进行全面的财务分析,并指出旅游企业应从哪些方面完善经营管理水平。

表 9-1 安心旅游公司经营业绩指标

项 目	2016 年	2017 年	2018 年	2019 年
流动比率	2.89	2.74	2.75	3.27
速动比率	2.76	2.71	2.74	3.26
现金比率	0.22	1.41	0.06	0.11
资产负债率/(%)	27	42	34	33
股东权益比率	0.73	0.58	0.66	0.67
产权比率	0.37	0.72	0.52	0.33
应收账款周转率/次	6	4	2.4	1.67
应收账款平均收账期/天	60	90	150	216
存货周转/次	38	68.89	113.33	238.4
流动资产周转率/次	2.64	1.55	1.46	1.38
固定资产周转率/次	11.11	16.67	22.22	4.10
总资产周转率/次	0.75	0.54	0.59	0.42
销售毛利率/(%)	37	38	43	40

续表

项 目	2016 年	2017 年	2018 年	2019 年
销售净利率/(%)	19	19	14	13
资产报酬率/(%)	51	39	21	14
股东权益报酬率/(%)	53	48	29	20
营业增长率/(%)	33	40	17	20
总资产增长率/(%)	45	58	20	10
资本积累率/(%)	53	48	29	11

分析思考

企业年报为经营者提供了大量的数据信息，但如何从这些数据中找出有用的信息对企业经营状况进行分析，就需要借助各种财务指标。

思考：

(1) 上述指标分别反映旅游企业的哪些能力？

(2) 结合旅游企业业务，分析企业应从哪些方面改善经营管理水平？

财务指标分析，是指总结和评价企业财务状况与经营成果的分析指标，包括盈利能力指标、偿债能力指标、营运能力指标和发展能力指标。

一、盈利能力分析

盈利能力是指企业获取利润的能力，也被称为企业的资金或资本增值能力，通常表现为一定时期内企业收益的多少及其水平的高低。盈利能力是企业各利益相关者都关心的问题，同时也是企业经营成败的关键。

反映收入盈利能力的指标，包括营业毛利率、主营业务净利率、成本费用利润率等。

反映资产盈利能力的指标，包括总资产利润率、净资产收益率、资本收益率等。

反映市场价值盈利能力的指标，包括每股收益、市盈率、市净率等。

主要指标的计算公式如下：

营业毛利率＝(营业收入－营业成本)/营业收入×100%

主营业务净利率＝净利润/主营业务收入净额×100%

资产净利率＝净利润/平均资产总额×100%

净资产收益率＝净利润/所有者权益平均余额×100％

每股收益＝(净利润－优先股股利)/发行在外的普通股平均股数

其中,净资产收益率指企业一定时期内的净利润同平均净资产的比率,充分体现了投资者投入企业的自有资本获取净收益的能力,突出反映了投资与报酬的关系,是评价企业资本经营效益的核心指标。

二、偿债能力分析

偿债能力是指企业对各种到期债务偿付的能力。此指标反映了企业财务状况的好坏,企业在经营过程中需要承担一定的负债。企业管理者、投资者、债权人由于经营的需要都非常关心这一指标。

企业偿债能力是反映企业财务状况的重要标志,也是企业偿还到期债务的承受能力或保证程度,包括偿还短期债务和长期债务的能力。偿债能力分析是企业财务分析的重要组成部分。

反映企业短期偿债能力的指标有流动比率、速动比率、现金比率等。

反映企业长期偿债能力的指标有资产负债率、股东权益比率、权益乘数、产权比率、利息保障倍数等。

主要指标的计算公式如下：

流动比率＝流动资产/流动负债

速动比率＝速动资产/流动负债
＝(流动资产－存货净额－待摊费用)/流动负债

现金比率＝(货币资金＋交易性金融资产)/流动负债

资产负债率＝负债总额/资产总额×100％

产权比率＝负债总额/股东权益总额

其中,速动比率是由速动资产和流动负债进行比较所确定的比率。速动资产是指能迅速转化为现金的资产,主要包括货币资金、交易性金融资产、应收及预付款项等。因为存货的变现能力较差,所以在计算速动资产时不包含存货。

产权比率是负债总额与股东权益总额的比率,也称为资本负债率,它反映股东权益对债权人权益的保障程度。产权比率越低,表示企业的长期偿债能力越强,债权人得到的保障程度就越高。但是,产权比率不是越低越好,过低的产权比率说明企业未能充分发挥财务杠杆效应。

三、营运能力分析

营运能力反映了企业资金周转状况,对此进行分析,能了解企业的经营状况的好坏及管理水平的高低。资金周转良好,说明企业的经营管理水平较高,资金利用效率高。反之说明企业资金利用效率低,资金在采购、销售各环节中需要加强管理。

营运能力分析指标有存货周转率、应收账款周转率、流动资产周转率及总资产周转率等。

主要指标的计算公式如下：

存货周转率＝销售收入/存货平均余额
应收账款周转率＝赊销收入净额/应收账款平均余额
流动资产周转率＝销售收入/流动资产平均余额
总资产周转率＝销售收入总额/资产平均总额

其中,应收账款周转率是企业一定时期赊销收入净额与应收账款平均余额的比率。应收账款周转率反映了应收账款在一个会计年度内的周转次数,可以用来分析企业对应收账款的管理能力。该比率越高,说明应收账款的周转速度越快、流动性越强。

四、发展能力分析

企业的发展能力也称企业的成长性,它是企业通过自身的生产经营活动,不断扩大积累而形成的发展潜能。衡量企业发展能力的核心是企业价值增长率。企业能否健康发展取决于多种因素,包括外部经营环境、企业内在素质及资源条件等。发展能力是指企业在从事经营活动过程中所表现出的增长能力,如盈利的持续增长、生产规模的扩大、市场竞争力的增强等。

发展能力指标主要有营业收入增长率、总资产增长率、营业利润增长率、资本保值增值率等。

主要指标的计算公式如下:

营业收入增长率＝当年营业收入增长额/上年营业收入总额×100％
总资产增长率＝当年总资产增长额/年初资产总额×100％
营业利润增长率＝当年营业利润增长额/上年营业利润总额×100％
资本保值增值率＝扣除客观因素后的本年末所有者权益总额/年初所有者权益总额×100％

其中,营业收入增长率是企业当年营业收入增长额与上年营业收入总额的比率。营业收入增长率反映了企业营业收入的变化情况,可以用来评价企业的市场竞争力及发展能力。该比率越高,说明企业营业收入的成长性越好,企业的发展能力越强。

 哈佛分析框架

第三节　旅游企业经营业绩分析

学习引导　旅行社行业发展趋势分析

2020年8月,文旅部发布了《文化和旅游部2019年度全国旅行社统计调查报告》,该报告显示截至2019年12月31日,全国旅行社总数为38 943家(按2019年第四季度旅行社数量计算),比2018年增长8.17%。除云南省旅行社数量减少,减幅为7.22%外,其余31个地区旅行社数量都有不同程度的增长。2019年度全国旅行社营业收入7 103.38亿元,营业成本6 512.90亿元,营业利润32.10亿元,利润总额43.28亿元,税金及附加7.26亿元,所得税13.10亿元,旅游业务营业收入5 165.72亿元,旅游业务利润233.27亿元。(见表9-2)

表9-2　2019年度全国旅行社财务状况表

指标名称	计量单位	代码	全年	指标名称	计量单位	代码	全年
一、年末资产负债	—	1	—	税金及附加	千元	19	726 135.46
流动资产小计	千元	2	229 097 667.28	主营业务利润	千元	20	35 571 065.60
长期投资	千元	3	9 785 761.68	其中:入境旅游业务利润	千元	21	2 019 257.54
固定资产小计	千元	4	10 021 612.26	出境旅游业务利润	千元	22	8 957 810.04
固定资产原价	千元	5	22 509 187.80	国内旅游业务利润	千元	23	12 350 187.39
累计折旧	千元	6	11 225 628.50	管理费用	千元	24	30 030 769.64
其中:本年折旧	千元	7	1 205 890.35	其中:差旅费	千元	26	609 634.96
资产合计	千元	8	272 212 997.34	财务费用	千元	27	1 057 077.77
负债合计	千元	9	220 808 567.88	其中:利息支出	千元	28	763 119.67
所有者权益合计	千元	10	51 404 429.46	公允价值变动收益	千元	29	183 657.19
其中:实收资本	千元	11	59 015 737.45	营业利润	千元	30	3 210 080.28
二、损益及分配	—	12	—	投资收益	千元	31	1 235 482.46

续表

指标名称	计量单位	代码	全年	指标名称	计量单位	代码	全年
营业收入	千元	13	710 337 930.08	利润总额	千元	32	4 328 422.83
其中:入境旅游营业收入	千元	14	26 919 747.60	所得税	千元	33	1 309 646.84
出境旅游营业收入	千元	15	214 555 883.72	三、全部从业人员年平均人数	人	36	415 941.00
国内旅游营业收入	千元	16	275 096 733.44	其中:大专以上学历人数	人	37	282 214.00
营业成本	千元	17	651 290 188.40	签订劳动合同的导游人数	人	38	121 710.00
营业费用	千元	18	19 283 714.55	领队人数	人	39	57 148.00

（资料来源：文化和旅游部、国家统计局。）

分析思考

由《文化和旅游部2019年度全国旅行社统计调查报告》可以看出，2019年旅行社行业发展喜人，但疫情的到来给旅游业带来了沉重的打击，疫情之下旅行社行业应该如何变革？

思考：

(1) 根据上述案例数据分析2019年旅行社行业发展状况。

(2) 结合疫情现实，分析旅行社行业应该何去何从？

旅游企业需进行财务分析的对象繁多，为便于我们了解财务分析方法的运用，本节从成本分析和经营利润分析两方面着手，结合比较分析法和因素分析法，来说明这些方法的应用。

一、成本分析

成本是反映旅游企业工作质量的一个综合性指标。它反映了旅游企业经营各个环节经济活动的结果。旅游企业在保质保量完成接待任务的前提下，营业成本控制得越低，表明企业经营管理水平越高，经济效益越好。以下以旅行社成本分析为例，介绍单团成本分析和等级成本分析在旅行社中的运用。

(一)单团成本分析

单团成本分析是以旅游团为单位进行的成本分析。一般分以下几个步骤进行:

1. 制订科学合理的计划成本

制订科学合理的计划成本是旅行社进行单团成本分析的基础。一般情况下,旅行社按照本企业历史数据或行业水平制订合理的计划成本。制订计划时要考虑各季度、市场、地区、逗留天数等因素。

2. 进行成本差异分析

首先,财务根据单团费用核算结算单,以单团的毛利与计划毛利按等级对比,查找差异;其次,对差异较大的旅游团,要将各项成本实际明细项目数额与计划成本数额进行逐项对比分析,找出哪项成本明显高了或者低了;最后,与导游员填制的旅游团接待情况表进行对照,找出产生差异的因素,并将各种情况按周、旬、月定期进行总结报告,提交有关责任部门,以便及时采取措施,予以控制。

3. 建立一套反馈信息系统

旅游企业需建立一套反馈信息系统,及时把差异及原因传递到有关决策部门及责任方,预防不利差异的扩大,促使有利差异的增长,从而对成本进行更好地控制。

【例9-1】 安心旅游公司资料:20××年6月份该社10人以上的团队平均计划毛利为20元/人天,实际平均毛利为18元/人天。低于实际平均毛利的团有10个团。现抽出一个团——S团进行分析。

S团有14人,20××年6月15日下午抵达A城市。6月17日用午餐后汽车送至邻近风景城参观,两城相距110公里。S团在A城实际的逗留天数为1.67天。经过对S团的各项成本分析,计算求得该团的平均每人每天毛利为5.38元,比实际平均每人每天毛利18元少了12.62元。经查明,主要原因是超公里超支240元,经过仔细核对,发现该团由于车型安排不合理,租用了两辆接待车,其中游客用车412.50元,行李用车247.50元,如调整一下车型,行李车完全可以节省。该团成本差异分析如表9-3所示。

表9-3 S团成本差异分析 单位:元

项 目	收 入	成 本	毛利/净利
房费			
餐费	914.00	914.00	
车费	327.00	310.00	17.00
超公里费	420.00	660.00	−240.00
杂费	257.18	260.00	−2.82
宣传费	46.76	46.76	
接团费	351.63		351.63
毛利合计			125.81
销售费用		21.00	−21.00

续表

项　目	收　入	成　本	毛利/净利
管理费用		10.00	−10.00
税金		15.00	−15.00
净利合计			79.81

(二)等级成本分析

对于规模较大、接待量超过一定数额的旅行社,财务成本核算多采用分等级核算的办法,财务分析也应与之相适应,按等级数量变动、品种结构变动和成本变动三方面的因素分析,其步骤如下。

(1)制订各等级的计划成本,计算计划降低额和计划降低率,计算实际降低额和实际降低率。

(2)计算数量变动的影响,数量变动即实际人天数量比计划人天数量增加或减少,数量增减则成本也同比例地增减(品种结构不变,单位成本也不变的情况)。

(3)计算结构变动的影响:各品种(即各等级)在总数量中所占比重的变动,影响其成本降低额和成本降低率。

(4)计算成本变动的影响:实际降低率扣除品种结构变动的影响率,得出成本变动的影响。

(5)根据以上三方面的影响测算,得出结果及时反馈,制定降低成本的措施。

【例9-2】 安心旅游公司20××年末对本年的单位成本、计划成本及总成本进行统计,请根据表9-4中的资料对安心旅游公司成本差异进行分析。

表9-4　安心旅游公司20××年实际成本与计划成本统计表

等级	数量/(人·天)		单位成本/元			成本计划/元		本年总成本/元		
	计划	实际	上年	计划	实际	按上年成本计算 (1)	按计划成本计算 (2)	按上年成本计算 (3)	按计划成本计算 (4)	按实际成本计算 (5)
6—9人	10 000.00	15 000.00	94	84	90	940 000.00	840 000.00	1 410 000.00	1 260 000.00	1 350 000.00
10人以上	50 000.00	60 000.00	82	75	80	4 100 000.00	3 750 000.00	4 920 000.00	4 500 000.00	4 800 000.00
合计						5 040 000.00	4 590 000.00	6 330 000.00	5 760 000.00	6 150 000.00

计划降低额 = 5 040 000 − 4 590 000 = 450 000(元)

$$计划降低率 = \frac{450\ 000}{5\ 040\ 000} \times 100\% \approx 8.93\%$$

$$实际降低额 = 6\ 330\ 000 - 6\ 150\ 000 = 180\ 000(元)$$

$$实际降低率 = \frac{180\ 000}{6\ 330\ 000} \times 100\% \approx 2.84\%$$

实际比计划少降低 270 000 元;实际降低率比计划降低率少 6.09%。

由上述计算可知,安心旅游公司在 20××年没有完成计划降低额,主要的原因如下:

(1) 数量变动的影响。

数量变动的影响 = (6 330 000 - 5 040 000)×8.93% = 115 197(元)

(2) 结构变动的影响。

$$数量调整后的计划降低额 = 6\ 330\ 000 - 5\ 760\ 000 = 570\ 000(元)$$

$$数量调整的计划降低率 = \frac{570\ 000}{6\ 330\ 000} \approx 9.00\%$$

$$结构变动的影响 = (9.00\% - 8.93\%) \times 6\ 330\ 000 = 4\ 431(元)$$

(3) 成本变动的影响。

成本变动的影响 = (2.84% - 9.00%)×6 330 000 = -389 928(元)

根据上面分析,安心旅游公司少完成计划的 270 000 元原因如下:

由于人天增加,使降低额增加 115 197 元;由于等级结构变动,使降低额增加 4 431 元;由于成本变动,使降低额减少 389 928 元,合计少完成 270 000 元。

二、经营毛利分析

经营毛利额指的是企业的营业收入减去营业成本之后的金额,经营毛利率是经营毛利额与营业收入之间的比率,用以反映企业每一元的营业收入中含有多少毛利额。它是净利润的基础,也是对企业获利能力分析的重要财务指标。其计算公式如下:

$$经营毛利率 = 经营毛利额/营业收入 \times 100\%$$

(一) 内容

经营毛利分析是指分析经营利润比上年或比计划增加或减少的原因,它是整个经济效益分析的中间环节,为进一步分析指明了方向。影响经营毛利的主要因素有人天数量、等级结构、单位人天售价和人天成本四个因素,它们之间的关系是:

$$一定时期的经营毛利 = \sum[人天数量 \times (单位等级售价 - 单位人天成本)]$$

由于旅行社的组团业务和接团业务差距较大,旅行社可以根据实际情况,按这两种业务性质的经营利润,分别计算影响因素。

(二) 计算与分析

影响经营毛利的各项因素是通过与上年比较或与计划比较求得的。由于与上年比较和与计划比较的方法相同,现以与上年比较来说明。

【例 9-3】 安心旅游公司 20××年的资料中显示各等级的上年资料和本年资料(见表 9-5、表 9-6、表 9-7),请分析哪些因素影响企业的利润。

表 9-5　安心旅游公司上年资料

等　　级	人天数	单价/（元/人天）	成本/（元/人天）	利润/（元/人天）
6—9 人	2 000	130	110	20
10 人及以上	18 000	100	85	15

表 9-6　安心旅游公司本年资料

等　　级	人天数	单价/（元/人天）	成本/（元/人天）	利润/（元/人天）
6—9 人	3 000	150	125	25
10 人及以上	20 000	120	100	20

表 9-7　安心旅游公司营收情况　　　　　　　　　　　　　　　　　单位：元

项　　目	上　年	本　年
营业收入	2 060 000.00	2 850 000.00
营业成本、费用	1 750 000.00	2 375 000.00
经营利润	310 000.00	475 000.00

1. 人天数量变动对利润的影响

人天数量变动对利润的影响，是指假定其他因素不变（即等级结构、单位人天售价和单位人天成本不变），本年营业收入比上年营业收入增加或减少所引起的利润按比例的增加或减少。因此，这里所谓的数量变动并不是实际的人天数量的变动，而是一种按营业收入折算出来的人天数量变动。

其计算公式如下：

数量变动对利润的影响＝上年经营利润×营业收入增长比率数量变动对利润的影响
　　　　　　　　　　＝310 000×(2 850 000－2 060 000)/2 060 000
　　　　　　　　　　＝118 883.50(元)

2. 等级结构变动对利润的影响

各个等级的营业收入在全部营业收入中的比重称为等级结构。因为前文所述人天数量变动对利润的影响是假定本年等级结构和上年完全一样，所以利润可以按比例地调整。但是，实际上本年等级结构通常不会和上年完全一样。如果本年度人数少的等级在营业收入中的比重提高了，实际利润必然大于按营业收入增长比例计算的利润；反之，实际利润小于按营业收入增长比例计算的利润。

其计算公式如下：

等级结构变动影响的利润 ＝ $\sum$（各等级人天数增减数量×上年单位人天利润额）
　　　　　　　　　　　　－数量变动对利润的影响

等级结构变动影响的利润＝1 000×20＋2 000×15－118 883.50＝－68 883.50(元)

3. 价格变动对利润的影响

价格变动对利润的影响是指单位人天售价比上年提高或降低而影响的经营利润。其计算公式如下：

$$价格对利润的影响 = \sum[价格变动的各个等级实际人天数 \times (该等级的实际单价 - 该等级上年实际单价)]$$

价格对利润的影响 = 3 000×(150－130)＋20 000×(120－100) = 460 000(元)

4. 人天成本变动对利润的影响

人天成本变动对利润的影响是指本年实际单位人天成本与上年单位人天成本的差额，对利润的增减变动。为了正确计算影响利润的绝对数，单位成本应该包括分配的各项固定成本。

其计算公式如下：

$$人天成本变动对利润的影响 = \sum[各等级的实际人天数 \times (该等级上年的人天单位成本 - 该等级本年实际人天单位成本)]$$

人天成本变动对利润的影响 = (110－125)×3 000＋(85－100)×20 000 = －345 000(元)

在确定各因素对经营利润的影响以后，编制各个因素影响数的汇总表，如表9-8所示。

表9-8 影响经营利润的因素分析　　　　　　　　　　　　　　　　单位：元

影响经营利润增加的因素	有利差异	影响经营利润减少的因素	不利差异
人天数提高	118 883.50	各等级数量的增加	－68 883.50
单位售价提高	460 000.00	单位成本的增加	－345 000.00
合　计	578 883.50	合　计	－413 883.50

结论：将有利差异合计数与不利差异合计数相减，差额165 000元即为本年经营利润与上年经营利润之差。从表9-8可以看出，单位售价提高是使经营利润上升的主要因素，而单位成本的增加是使经营利润下降的主要不利因素。企业要保持良好的经营业绩，应在保持目前市场份额、在售价不变的情况下，挖掘降低成本的潜力，搞好内部控制，降低采购成本，不断提高企业经济效益。

三、单团毛利分析

单团核算，是旅游企业会计核算经常会用到的一种方法。所谓的单团核算，就是将旅游企业在一笔具体的经济业务发生时的每一个财务数据落实到每一个单团，即将每一个团队从其业务部门开始操作直至结束后到财务部进行报账核算的过程中间所产生的一切收入以及支出都要在该单团团号下进行归集。单团毛利即是先计算出每一个单团的毛利，然后再计算每一期总体的经营毛利。采用单团核算的方法，对旅游企业每一个出行团队或者销售的每一个旅游产品进行单独且分门别类的核算，明确每一个团队的出行时间、行程安排、房间、餐饮，以及团队人数、国籍、客户名称、收入成本等内容。

单团核算的优势在于：

(1) 单团核算能够比较及时地核算每一个单团的成本、收入和利润，使旅游企业的经营

管理者一目了然,及时地控制旅游企业成本费用;

(2)单团核算能够及时地反映出旅游企业的应收应付账款信息,有利于旅游企业及时收回团款,便于管理。

单团核算对旅游企业来说非常重要,它是旅游企业财务管理工作的基础。单团核算并不适用于业务量过多的旅游企业进行财务核算,如果某个旅游企业的某一个团队涉及的业务量过多,那么使用单团核算来进行经营毛利的核算,不仅会大大增加财务人员的工作量,还会加大旅游企业的管理成本。但对ERP信息系统完善的旅游企业而言,它可以采用单团核算法计算、分析单团毛利。

四、部门经营业绩评价

对于部门的经营业绩评价,除利用上述四种能力对经营业绩进行分析外,也可采用趋势分析法,就是将该部门连续几年的业绩指标等有关财务数据进行比较,以观察部门的经营状况、财务状况及其发展趋势等,从中找出各部门存在的一些问题,并给出正确的建议,从而为企业的决策提供有用的信息。

  会计收益信息对股票价格的影响

第四节 撰写财务分析报告

  中国中免的财务评价

在完成财务指标的计算和分析后,财务人员需结合行业特点和自身业务性质完成财务分析报告,以中国旅游集团中免股份有限公司(简称"中国中免")为例,试对该公司进行毛利率分析(见表9-9)。

表 9-9　中国中免毛利率分析表　　　　　　　　　　　　单位：万元

项目	2019 年	2018 年	2017 年	2016 年	2015 年
营业收入	4 796 650.00	4 700 732.00	2 828 529.00	2 238 979.00	2 129 188.00
营业成本	2 427 479.00	2 751 833.00	1 984 803.00	1 677 615.00	1 608 951.00
毛利率	49.40%	41.46%	29.82%	25.07%	24.43%

分析思考

中国旅游集团中免股份有限公司前身是中国国旅股份有限公司，2019 年 1 月公司将国旅总社的股权转让给控股股东中国旅游集团，自身则专注于免税品零售市场，因此于 2020 年更名为"中国中免"。

思考：

（1）请结合"中国中免"的业务特点对上述毛利率分析表进行评价。

（2）查找"中国中免"近 5 年的年报，并针对其中某一个关注点展开分析。

一、财务分析报告内容

财务分析报告是以财务报表及其财务报表附注等资料为主要依据，根据计划指标、会计核算、统计资料和通过调查研究获得的资料，对某一部门或某一单位的财务活动状况进行分析，找出差距、问题，提出建议，作出相应投资决策的一种书面报告。

（一）内容

财务分析报告内容包括资本结构分析、偿债能力分析、获利能力分析、资金运用效率分析、现金流量分析、成本费用分析、收入分析、利润分析等。

（二）类型

财务分析报告分为三类：

（1）全面分析报告，也称系统分析或综合分析报告，是对某一部门或某一单位在一定时期内的经济活动，根据各项主要经济指标作全面系统的分析报告。

（2）简要分析报告，也称财务报表分析报告，一般是围绕几个财务指标、计划指标或抓住一两个重点问题进行分析，用于分析财务指标的完成情况，观察财务活动的发展趋势，提出工作改进的建议。

(3) 专题分析报告,也称单项分析或专项分析报告,是对某项专门问题进行深入细致的调查分析后所写的一种书面报告。

二、财务分析报告结构及撰写要求

(一) 结构

1. 标题

可以"××旅游企业财务分析报告"为题,也可以采用双行标题,将主题内容在主标题中体现,如《连续五年业绩增长喜人——××旅游企业财务分析报告》等。

2. 基本情况

基本情况是对旅游企业自身和所在行业的说明,包括本旅游企业概要、所在行业基本情况、近年来业务概要(行业地位等)。

3. 各项财务指标的完成情况和分析

选择合适的财务报告分析方法,对本旅游企业的各项指标进行分析和评价,同时寻找问题的原因和症结。多采用表格、图示等方式展示分析内容,将分析结果以较清晰的方式呈现给财务分析报告的使用者。

4. 建议和要求

根据上述分析结果,对旅游企业的经营管理或投资决策提出相应的意见和看法,以满足报告使用者的不同需求。

(二) 撰写要求

1. 突出重点

在编制财务分析报告的过程中,应对可能影响报告使用者作出决策的事项进行重点关注和披露,在财务分析报告有限的篇幅中突出重点。

2. 数据确凿

财务分析报告应以真实、有效的财务数据和非财务数据为基础进行编制。这些数据作为分析报告的编制依据,如果从源头上失去了真实性,那么财务分析报告也是不可信的。

3. 语言简练

财务分析报告的使用者并不一定具备会计知识,这就需要报告的编制者以语言简练为前提,简洁、清晰地呈现财务分析报告的内容。

4. 报告及时

财务报表具有很强的时间性,同样,财务分析报告的使用者需要掌握企业可获得的最新的财务或非财务信息,以便作出合理的决策,因此,财务分析报告必须及时地呈现企业信息。

三、财务分析报告实例

对旅游企业财务报表数据进行分析时,可以综合运用前文所述财务分析方法,对企业历史数据、行业先进企业数据等进行对比分析。现以 A 旅游股份有限公司为例,对其本期数据与历史数据进行对比分析,阐释财务分析报告的写作方法。

(一)案例企业资料

A 旅游股份有限公司(以下简称 A 旅游公司)是经某省人民政府批准,于 1995 年 12 月设立的中外合资企业,设立时资本总额为人民币 2 534 万元。经中国证券监督管理委员会(证监发行字〔2004〕125 号)《关于核准 A 旅游股份有限公司公开发行股票的通知》核准,A 旅游公司于 2004 年 8 月按每股 6.90 元的发行价格,以"向二级市场投资者定价配售"的方式向社会公开发行人民币普通股 2 500 万股。2004 年 11 月 24 日,A 旅游公司在某省工商行政管理局进行了变更登记。

A 旅游公司主要从事旅游索道的经营、管理。除此之外,经营范围还包括旅游索道其他相关配套服务及对旅游、房地产、酒店、交通、餐饮等行业投资、建设和经营。A 旅游公司 2018—2019 年年度、季度的资产负债表、利润表、现金流量表、利润分配表相关项目如表 9-10、表 9-11、表 9-12 所示。

表 9-10 资产负债表相关项目　　　　　　　　　　　　　　单位:元

项　目	2019 年 12 月 31 日	2019 年 9 月 30 日	2019 年 6 月 30 日	2019 年 3 月 31 日	2018 年 12 月 31 日
货币资金	105 307 479.15	112 482 057.92	162 337 200.49	155 793 268.07	163 003 901.39
交易性金融资产	—	—	—	—	—
应收票据	—	—	—	—	—
应收账款	1 453 391.10	3 616 761.49	2 218 450.55	3 379 461.84	4 158 061.32
预付款项	4 406 450.95	77 626 571.09	76 758 874.26	65 547 614.02	60 773 848.26
其他应收款	1 679 336.19	587 076.83	2 466 421.37	8 849 730.46	10 952 409.24
应收利息	—	—	—	—	—
应收股利	—	—	—	—	1 063 590.00
存货	3 358 426.15	3 162 784.24	6 004 655.09	9 415 314.78	11 302 222.93
其中:消耗性生物资产	—	—	—	—	—
一年内到期的非流动资产	—	—	—	—	—
其他流动资产	—	—	—	—	—
流动资产合计	116 205 083.54	197 475 251.57	249 785 601.76	242 985 389.17	251 254 033.14
可供出售金融资产	—	—	—	—	—
持有至到期投资	—	—	—	—	—

续表

项　目	2019年12月31日	2019年9月30日	2019年6月30日	2019年3月31日	2018年12月31日
长期应收款	—	—	—	—	—
长期股权投资	13 272 301.17	11 849 385.71	11 281 260.03	9 995 488.60	8 247 542.09
投资性房地产	—	—	—	—	—
固定资产	647 757 062.81	512 305 587.87	518 345 085.35	551 966 081.56	559 651 202.25
在建工程	82 961 139.08	130 343 418.24	122 730 761.01	119 565 050.59	111 019 607.90
工程物资					
固定资产清理	—	3 700 940.10	3 700 940.10	—	—
生产性生物资产					
油气资产					
无形资产	56 922 646.54	57 443 652.85	57 800 602.56	58 309 087.06	58 817 571.57
开发支出	—	—	—	—	—
商誉	26 124 493.35	26 124 493.35	26 124 493.35	26 124 493.35	26 124 493.35
长期待摊费用	717 883.62	795 961.69	874 039.72	1 313 068.44	1 404 530.19
递延所得税资产	6 669 199.08	3 440 060.54	868 905.82	76 076.07	76 076.07
其他非流动资产	—	—	—	—	—
非流动资产合计	834 424 725.65	746 003 500.35	741 726 087.94	767 349 345.67	765 341 023.42
资产总计	950 629 809.19	943 478 751.92	991 511 689.70	1 010 334 734.84	1 016 595 056.56
短期借款	50 000 000.00	50 000 000.00	125 000 000.00	235 000 000.00	210 000 000.00
交易性金融负债	—	—	—	—	—
应付票据	—	—	—	—	—
应付账款	62 007 548.18	55 593 719.22	58 119 509.12	63 106 089.30	87 789 954.74
预收款项	1 287 171.32	15 424.00	307 630.00	296 022.50	609 281.12
应付职工薪酬	10 444 077.94	2 473 794.54	2 981 728.75	4 591 192.00	6 261 694.69
应交税费	16 507 168.55	47 473 105.20	40 013 212.40	61 463 548.43	72 073 297.32
应付利息	—	—	—	—	—
应付股利	—	—	—	14 898 457.20	—
其他应付款	27 375 709.48	18 576 894.81	17 935 413.52	13 724 856.11	24 394 623.47

续表

项 目	2019年12月31日	2019年9月30日	2019年6月30日	2019年3月31日	2018年12月31日
应付关联公司款	—	—	—	—	—
一年内到期的非流动负债	10 000 000.00	10 000 000.00	11 500 000.00	21 500 000.00	15 000 000.00
其他流动负债	—	—	—	—	—
流动负债合计	177 621 675.47	184 132 937.77	255 857 493.79	414 580 165.54	416 128 851.34
长期借款	156 000 000.00	136 000 000.00	122 500 000.00	142 500 000.00	134 000 000.00
应付债券	—	—	—	—	—
长期应付款	—	—	—	—	—
专项应付款	—	—	—	—	—
预计负债	—	—	—	—	—
递延所得税负债	—	—	—	—	—
其他非流动负债	—	—	—	—	—
非流动负债合计	156 000 000.00	136 000 000.00	122 500 000.00	142 500 000.00	134 000 000.00
负债合计	333 621 675.47	320 132 937.77	378 357 493.79	557 080 165.54	550 128 851.34
实收资本(或股本)	116 323 048.00	116 323 048.00	116 323 048.00	99 323 048.00	99 323 048.00
资本公积	300 678 971.35	300 678 971.35	300 678 971.35	128 108 971.35	128 108 971.35
盈余公积	52 242 665.09	50 942 510.10	50 942 510.10	50 942 510.10	50 942 510.10
减:库存股	—	—	—	—	—
未分配利润	132 977 104.12	138 990 782.95	132 385 479.45	130 870 509.50	139 088 861.05
少数股东权益	14 786 345.16	16 410 501.75	12 824 187.01	44 009 530.35	49 002 814.72
外币报表折算价差	—	—	—	—	—
非正常经营项目收益调整	—	—	—	—	—

续表

项　　目	2019年12月31日	2019年9月30日	2019年6月30日	2019年3月31日	2018年12月31日
归属母公司所有者权益（或股东权益）	602 221 788.56	606 935 312.40	600 330 008.90	409 245 038.95	417 463 390.50
所有者权益（或股东权益）合计	617 008 133.72	623 345 814.15	613 154 195.91	453 254 569.30	466 466 205.22
负债和所有者（或股东权益）合计	950 629 809.19	943 478 751.92	991 511 689.70	1 010 334 734.84	1 016 595 056.56

表 9-11　利润表相关项目　　　　　　　　　　　　　　　　　　　　　单位:元

项　　目	2019年度	2019年第三季度	2019年第二季度	2019年第一季度	2018年度
一、营业收入	190 446 810.85	134 478 080.83	83 740 369.69	47 206 561.50	183 188 092.77
减：营业成本	43 079 373.10	29 406 199.31	21 035 005.32	12 120 786.86	29 531 188.68
税金及附加	10 093 762.82	7 110 541.49	4 591 298.25	2 591 134.43	9 739 878.78
销售费用	23 082 790.46	13 066 667.56	9 792 397.70	4 565 918.16	21 438 862.37
管理费用	79 359 920.72	54 572 998.33	30 811 978.40	15 291 465.49	51 917 988.32
财务费用	12 438 963.29	10 108 364.64	7 695 886.40	4 379 463.19	10 832 642.06
资产减值损失	191 486.89	771 271.93	−986 088.08	—	321 879.84
加：公允价值变动净收益	—	—	—	—	—
投资收益	7 758 398.06	6 335 482.60	2 949 217.94	1 663 446.51	1 274 583.78
其中：对联营企业和合营企业的投资收益	6 030 233.90	—	2 949 217.94	—	1 102 140.48
影响营业利润的其他科目	—	—	—	—	—
二、营业利润	29 958 911.63	25 777 520.17	13 749 109.64	9 921 239.88	60 680 236.50
加：补贴收入	—	—	—	—	—
营业外收入	227 049.16	69 221.71	12 490.00	10 990.00	8 250.00
减：营业外支出	8 514 458.84	187 984.89	108 477.89	64 540.83	1 977 536.41

续表

项　　目	2019 年度	2019 年第三季度	2019 年第二季度	2019 年第一季度	2018 年度
其中：非流动资产处置净损失	8 228 034.84	28 662.06	28 662.06	—	247 421.51
加：影响利润总额的其他科目	—				
三、利润总额	21 671 501.95	25 658 756.99	13 653 121.75	9 867 689.05	58 710 950.09
减：所得税	1 280 251.20	2 649 825.81	2 563 972.97	1 449 447.70	13 252 876.53
加：影响净利润的其他科目	—	—			
四、净利润	20 391 250.75	23 008 931.18	11 089 148.78	8 418 241.35	45 458 073.56
归属于母公司所有者的净利润	10 086 850.17	14 800 374.01	6 466 906.35	6 680 105.65	38 270 346.17
少数股东损益	10 304 400.58	8 208 557.17	4 622 242.43	1 738 135.70	7 187 727.39
五、每股收益	—	—	—	—	—
（一）基本每股收益	0.09	0.13	0.06	0.07	0.39
（二）稀释每股收益	0.09	0.13	0.06	0.07	0.39
备注					

表 9-12　现金流量表相关项目　　　　　　　　　　　　　　　　　　　　单位：元

项目	2019 年度	2019 年第三季度	2019 年第二季度	2019 年第一季度	2018 年度
销售商品、提供劳务收到的现金	211 087 135.24	146 004 498.67	91 097 404.16	49 554 454.19	205 214 902.29
收到的税费返还	—	—	—	—	—
收到其他与经营活动有关的现金	15 007 476.14	4 654 713.27	3 835 848.32	3 225 214.35	9 708 620.90

续表

项目	2019年度	2019年第三季度	2019年第二季度	2019年第一季度	2018年度
经营活动现金流入小计	226 094 611.38	150 659 211.94	94 933 252.48	52 779 668.54	214 923 523.19
购买商品、接受劳务支付的现金	20 185 273.23	14 040 616.92	8 506 736.05	5 231 155.89	13 677 210.17
支付给职工以及为职工支付的现金	35 485 111.22	27 600 535.52	18 630 053.81	10 458 915.36	23 279 453.53
支付的各项税费	93 399 896.17	53 275 169.22	48 598 852.84	18 339 144.25	31 338 070.98
支付其他与经营活动有关的现金	69 910 344.95	59 872 432.55	48 194 346.28	21 625 200.10	34 977 561.65
经营活动现金流出小计	218 980 625.57	154 788 754.21	123 929 988.98	55 654 415.60	103 272 296.33
经营活动产生的现金流量净额	7 113 985.81	−4 129 542.27	−28 996 736.50	−2 874 747.06	111 651 226.86

（二）盈利能力分析

根据A旅游公司资产负债表、利润表和现金流量表等数据资料，得到盈利能力分析指标数值如表9-13所示。

表9-13 盈利能力分析指标

项目	2019年度	2019年第三季度	2019年第二季度	2019年第一季度	2018年度
每股收益/元	0.09	0.13	0.06	0.07	0.39
销售净利率/(%)	10.71	17.11	13.24	17.83	24.81
销售毛利率/(%)	77.38	78.13	74.88	74.32	83.88
净资产收益率/(%)	3.76	4.22	2.05	1.83	10.33
总资产收益率/(%)	2.07	2.35	1.10	0.83	5.30

根据表9-13得出如下分析结论：

1. 每股收益分析

从每股收益的年度指标变化趋势分析可以看出，2019 年 A 旅游公司的获利能力不如 2018 年；从季度指标来看，2019 年第二季度每股收益曾跌至 0.06 元。分析其原因，是因为 2019 年启动的 A 旅游公司雪山索道停机改造，导致公司损失了雪山索道的营业收入，所以 2019 年每股收益和获利能力大幅度下降。

2. 销售毛利率分析

从销售毛利率的变化可以看出，2019 年销售毛利率较之 2018 年有所降低。2019 年营业收入虽然有所提升，但营业成本上升幅度更大，导致 2019 年销售毛利率下降，说明 A 旅游公司应进一步加强成本控制。但总体而言，2019 年的销售毛利率比较稳定，维持在 75% 左右，可以说明企业抵补各项期间费用的能力较强，盈利能力较强。

3. 净资产收益率分析

净资产收益率是衡量企业资本经营盈利能力的基本指标，能够直接反映资本的增值状况，从净资产收益率的变化可以看出，2018 年公司的净资产收益率达到了 10.33%，2019 年度开始出现大幅下降。这些数据说明 2019 年公司对股东投入资本的利用效率降低，应加强项目监管及运作。

4. 综合分析

对比 A 旅游公司在 2018 年和 2019 年的各项盈利指标后，明显看出 2019 年的盈利能力明显不如 2018 年，公司主营业务是索道运输，因此，索道的停运导致 2019 年的盈利能力下降。

（三）偿债能力分析

根据 A 旅游公司资产负债表、利润表和现金流量表等数据资料，得到偿债能力分析指标数值如表 9-14 所示。

表 9-14 偿债能力分析指标

项　　目	2019 年 12 月 31 日	2019 年 9 月 30 日	2019 年 6 月 30 日	2019 年 3 月 31 日	2018 年 12 月 31 日
流动比率	0.654	1.072	0.976	0.586	0.604
速动比率	0.635	1.055	0.953	0.563	0.577
资产负债率/(%)	35.1	33.9	38.2	55.1	54.1
产权比率	0.541	0.514	0.617	1.229	1.179
利息偿付倍数	2.74	3.54	2.77	3.25	6.42

根据表 9-14 得出如下分析结论：

2019 年第三季度的流动比率和速动比率均有所提升，主要原因是第三季度通过定向增发方式归还银行借款 16 000 万元，在不影响流动资产和速动资产的基础上大幅降低了流动负债，同时产权比率也随之降低，说明企业的偿债能力提升；但由于索道更新改造处于停运状态，主营业务收入比上期减少 43 458 912.93 元，下降 29.09%，同时息税前利润下降导致利息偿付倍数有所下降,说明利润对利息偿付的保障能力不足。

(四)营运能力分析

根据 A 旅游公司资产负债表、利润表和现金流量表等数据资料,得到营运能力分析指标数值如表 9-15 所示。

表 9-15 营运能力分析指标

指标名称	2019年12月31日	2019年9月30日	2019年6月30日	2019年3月31日	2018年12月31日
总资产周转率/(%)	19.36	13.72	8.34	4.66	21.37
流动资产周转率/(%)	103.66	59.94	33.43	19.10	84.14
固定资产周转率/(%)	31.55	25.09	15.54	8.49	54.41
应收账款周转率/(%)	67.88	34.59	26.27	12.53	68.03

总资产周转率是指 A 旅游公司总资产一定时期内周转的次数。从表 9-15 中可以看出,2018 年总资产周转的次数比 2019 年多,效率更高一些。

从流动资产周转率看,2019 年流动资产周转率较 2018 年更快,说明 A 旅游公司流动资产运用的效率更高。较快的周转速度能够相对节约流动资产,营运能力的提升则进一步增强了旅游企业的盈利能力。

固定资产周转率越高,则 A 旅游公司固定资产在一定时间内运用得越充分,2018 年 A 旅游公司固定资产结构分布合理,能够更好地发挥旅游企业固定资产使用效率,企业经营活动更有效。

从应收账款周转率看,A 旅游公司主要从事旅游索道的经营和管理业务,因此,营业收入中的赊销比例极低,约占 1%。由此可以看出,2018 年 A 旅游公司应收账款回收速度快、管理效率高、资产流动性强,同时增强了其短期偿债能力。

(五)成长能力分析

根据 A 旅游公司资产负债表、利润表和现金流量表等数据资料,得到成长能力分析指标数值如表 9-16 所示。

表 9-16 成长能力分析指标

项 目	2019年12月31日	2019年9月30日	2019年6月30日	2019年3月31日	2018年12月31日	2017年12月31日
营业增长率/(%)	3.96	8.76	16.94	56.18	25.37	-5.33
总资产增长率/(%)	-6.49	-2.83	17.39	19.23	45.69	43.68
资本积累率/(%)	32.27	34.21	45.61	11.72	12.68	13.55
三年平均利润增长率/(%)			-27.70			

根据表 9-16 得出如下分析结论：

2017—2019 年，A 旅游公司的营业增长率逐年增加，但是从 2019 年第二季度开始增幅却急剧下降，主要是因为 2019 年 4 月到 11 月 A 旅游公司雪山索道停机改造，其全年利润与现金流以及营业收入等项目金额大幅度下降，造成该年的营业增长率增幅明显下降。同理，总资产增长率也因此而下降，其增长率在 2019 年度呈负增长态势。

而资本积累率的大幅增长则是得益于该公司 2019 年非公开发行股票方案，实际募股资金净额为 18 957 万元，导致所有者权益大幅上升，因此算出的资本积累率也大幅上升。

A 旅游公司的营业收入虽呈增长态势，但增长速度却大幅放缓。根据该公司年报可知，2018—2019 年受到雪山索道停机改造和酒店开办费大幅增长等事件的影响，该公司近三年的平均利润增长率为负，成长能力有待进一步提高。

（六）综合评价

2019 年是 A 旅游公司的改造和投资年，A 旅游公司雪山索道停机改造（2019 年 4 月—2019 年 11 月），随着 2019 年 12 月 A 旅游公司雪山索道技术改造的完成，A 旅游公司雪山索道的运力大幅提升，改造完成后 A 旅游公司雪山索道运力由 420 人/小时提升到 1 200 人/小时，明显减少了游客排队等候的时间，使得游客同时选择两条或者三条索道进行观光的可行性大大增强。

公司酒店优势也将会逐步体现，公司投资的皇冠假日酒店是古城内唯一一家国际五星级标准的休闲会议酒店。目前，皇冠假日酒店无论从服务水准、配套设施、地理位置、市场价格，还是市场定位方面均较该地区同星级的酒店具有明显的竞争优势。

A 旅游公司是该省最早从事旅游开发和经营的企业，也是该地区唯一的上市公司，在区域内具有明显的竞争优势。公司应进一步完善雪山旅游索道、国际品牌酒店、国际旅行社、旅游演艺等多元化的旅游业务，形成旅游产业链优势，提高核心资源的盈利能力，通过资源整合酒店品牌和区位优势，全面提升公司价值。

拓展阅读　　财务报告分析内容及基本格式

第五节 旅游企业财务战略

企业财务战略规划

当前在"双循环"新发展格局之下,各项资源要素的流动速度不断加快,随之引发的直接后果就是市场细分程度不断提高,市场竞争程度更加充分。在这样的环境中,任何企业的管理层都应当重点考虑如何调整企业战略以适应新发展环境的需要。在企业的诸多发展战略中,财务战略是对企业长期发展产生关键影响的战略之一,企业的财务战略质量关系到企业的投资、筹资等诸多重要方面,关系到企业生产经营活动的顺利开展。因此,制定高水平的财务战略规划对于企业发展至关重要。

(资料来源:根据郭章珍《浅谈企业财务战略规划》整理。)

财务战略在企业战略中的地位不言而喻,就旅游企业来说,如何选择本企业的财务战略是关系到旅游企业能够正常发展甚至存亡的重大问题。

思考:

(1) 旅游企业为什么要制定财务战略?

(2) 旅游企业在制定财务战略时应从哪些角度考虑?

一、财务战略的特点与分类

财务战略是指为谋求企业资金均衡有效的流动和实现企业整体战略,为增强企业财务竞争优势,在分析企业内外环境因素对资金流动影响的基础上,对企业资金流动进行全局性、长期性与创造性的谋划,并确保其执行的过程。

企业财务战略的前瞻性和全局性能从整体层面为企业发展提供战略性规划和指导,保证企业资源调度和可持续发展。

（一）特点

1. 财务战略具有全局性

财务战略是以整个旅游企业的筹资、投资和收益分配的全局性工作为对象，根据企业长远发展需要而制定的。因此，财务战略是旅游企业未来财务活动的行动指南，对其各项财务工作具有指导意义。

2. 财务战略具有长期性

财务战略是旅游企业站在全局的角度，谋求长远发展而制定的战略目标和实施策略。因此，财务战略具有长期性。

3. 财务战略具有动态性

在财务战略实施的很长一段时间里，旅游企业所面临的宏观环境和微观环境会产生一些变化，而环境的变化必然引起战略的变化，因此，财务战略具有一定的动态性。

（二）分类

1. 按战略属性分类

投资战略，是指旅游企业涉及的长期、重大的投资方向的筹划，如旅游企业重大并购重组业务、重大固定资产投资业务等。

筹资战略，是指旅游企业涉及的重大筹资方向的筹划，如发行债券、发行股票等。

营运战略，是指旅游企业涉及的营运资本的筹划，如与重大供应商或客户建立合作关系等。

股利战略，是指旅游企业涉及的长期、重大分配方向的筹划，如旅游企业长期的股利政策等。

2. 按激进程度分类

扩张型财务战略，表现为旅游企业长期迅速扩大投资规模，保留全部或大部分利润，实现资产快速扩张。

稳健型财务战略，表现为旅游企业长期稳定的投资规模，保留部分利润，实现资产稳定增长。

防御型财务战略，表现为旅游企业长期保持现有的投资规模和投资收益水平，适当利用外部筹资，基本维持现有资产负债率和资本结构。

收缩型财务战略，表现为旅游企业缓慢下行维持或缩小现有投资规模，减少外部筹资甚至提前偿还债务或回购股份。

二、财务战略的制定与实施

（一）财务战略的制定

制定财务战略，首先要对旅游企业的财务战略环境进行分析，即要收集各环境的信息及其变化过程与规律，分析预测环境的未来状况及其对资金流动所产生的重大影响，如影响的性质、程度、时间等；其次要分析旅游企业自身的财务能力，并结合其整体战略的要求，编制、设计具体财务战略方案；最后通过对各战略方案的评价，选出满意的方案。

（二）财务战略的实施

旅游企业在实施财务战略前，除了考虑财务战略要求，还需关注组织情况，即建立健全有效的战略实施的组织体系,动员全体职工参加,这是确保战略目标得以实现的组织保证;同时明确不同战略阶段的控制标准,将一些战略原则予以具体化。

在实施财务战略时,应遵循以下原则:其一是重要性原则,对于财务战略中的重大问题和事项优先安排,重点关注;其二是及时反馈原则,任何新政的实施都需要在探索中不断完善,财务战略的实施过程亦是如此,实施者应善于发现问题,及时反馈实施结果,并更新实施方案。

此外,财务战略实施完毕后,应对实施结果进行评价,并及时反馈和加以改进,同时也为财务战略管理提供实施依据。

拓展阅读　　财务战略与企业战略的关系

本章小结

本章主要介绍了旅游企业财务分析的目的、内容、程序和方法;详细阐述了旅游企业财务指标的计算及其在盈利能力、偿债能力、营运能力和发展能力分析中的应用;针对旅游企业业务特点,详细介绍了成本分析、经营毛利分析和单团毛利分析方法;同时,结合各种财务分析方法介绍了财务分析报告的撰写要求;最后,介绍了财务战略的制定与实施程序。

课后训练

第十章

旅游企业绩效管理

学习目标

知识目标
(1) 熟悉旅游企业关键绩效指标法的应用程序;
(2) 熟悉旅游企业经济增加值的计算方法;
(3) 掌握旅游企业平衡计分卡的基本原理;
(4) 了解旅游企业绩效棱柱模型的基本原理。

能力目标
(1) 能对绩效管理方法的运用进行分析评价;
(2) 能比较敏锐地判断旅游企业的关键绩效指标;
(3) 能通过实践资料计算旅游企业的经济增加值;
(4) 能准确运用平衡记分卡设计旅游企业绩效管理体系;
(5) 能结合旅游企业情况建立绩效棱柱模型指标体系。

素养目标
(1) 具有旅游企业绩效管理的意识;
(2) 具备团队协作的职业素养。

知识框架

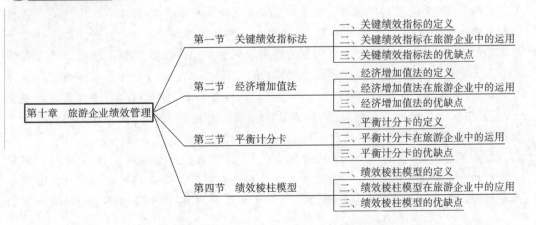

教学重点

(1) 运用关键绩效指标法建立旅游企业绩效考核体系;
(2) 结合平衡计分卡四个维度建立旅游企业绩效考核体系。

教学难点

关键绩效指标　经济增加值　平衡计分卡　绩效棱柱模型

案例导入

携程并购去哪儿

近年来,在科学技术蓬勃发展的时代背景下,互联网与我们的生活密切相关,自从"互联网+"的概念被提出后,互联网行业再次迎来一个发展的小高潮,在众多不同的行业领域中成为万众瞩目的焦点。携程旅行网(以下简称携程)于1999年在上海设立,是在我国较早成立的一家在线旅游公司,其在行业中一直处于遥遥领先的地位,并于2003年成功在纳斯达克上市,证券代码为CRTP。截至2020年,其会员注册数超过5 000万,其业务范围广泛,主要包括通过网络为注册用户提供车票在线预订、住宿在线预订、度假旅游预订等核心业务。携程凭借其在技术与规模等方面的优势,一直保持着行业领先地位。去哪儿网(以下简称去哪儿)成立于2005年,总部位于北京,去哪儿是中国领先的旅游搜索引擎网站,也是在线旅游行业中市场体量较大的企业。去哪儿在经历了多年的发展之后,于2011年获得中国互联网巨头百度的投资,于2013年年底在美国纳斯达克成功上市,是当时中国为数不多的几家在线旅游上市公司之一。去哪儿主要为用户提供酒店、机票、度假等产品的搜索比价服务,当然消费者也可以在网站上购买以上的产品,同时去哪儿的经营范围还涉及移动终端解决方案等。

2014年,随着互联网行业的竞争愈发激烈,价格战和来自竞争对手的压力使得携程经营业绩出现下滑,为了改善这一状况,携程向去哪儿寻求合作。然而,双方的合并过程并不算顺利,数次谈判都因双方的利益问题不欢而散,为打破这一僵局,携程选择与去哪儿的最大股东百度进行谈判,并达成了共识,迫于大股东的压力,去哪儿最终确定与携程合并,合并进程由此开始,2015年10月,合并三方对外公告,宣布携程与百度达成换股协议,携程将获得去哪儿45%的投票权,而百度将获得携程约25%的投票权,至此,合并进程正式完成,原本的竞争对手通过并购手段转变为合作关系。

在本案例中,携程通过换股方式并购去哪儿,以达到扩大业务规模、提高市场占有率从而维持企业竞争力的目的。那么,在并购前后企业业绩是否呈现积极的变化?如何做到全面而准确地评价并购前后的绩效变化?在本章中,我们将学习旅游企业绩效管理的常用方法。

（资料来源：根据李倩、任启芳《平衡记分卡视角下互联网企业并购绩效评价——以携程并购去哪儿为例》整理。）

第一节 关键绩效指标法

> **学习引导　　A 旅行社员工流失问题**

A 旅行社成立于 1956 年，是一家以旅游业为主的多元化经营企业。A 旅行社的使命是提升旅游产品的文化内涵和科技含量，不断增强企业规模实力，打造具有较强竞争力和区域影响力的知名品牌。截至 2019 年 3 月 1 日，A 旅行社现有 20 多家分（子）公司，总公司目前拥有员工 372 名，资产总额达 12 亿以上，属于大型旅行社。但是 A 旅行社员工流失率一直在 20% 左右居高不下，2015 年的流失率为 21.02%，2016 年的流失率为 19.81%，2017 年的流失率为 20.61%，2018 年的流失率为 18.26%。经过调查发现，A 旅行社的员工流失呈现年轻化、高学历的特点，多数是 30 岁左右的员工选择离职，与此类员工进行访谈后发现，他们多属于"80 后""90 后"一代，接受新事物的能力比较强，如果 A 旅行社提供的工作环境以及工作待遇不能满足员工需求，这类员工就会认为所在岗位的工作不能实现自身价值或者发展空间有限时就会选择离职。

A 旅行社人员不断流失，导致再招聘员工成本以及再培训成本也在不断增加；同时，隐形流失人员消极怠工，客户对 A 旅行社的整体满意度在不断下降；更严重的是，A 旅行社销售部门人员的外流，带走了大部分对接的客户资源，这部分客户很有可能被该流失人员带给企业的竞争对手，直接导致企业在相关业务上市场份额的减少；同部门的未离职员工容易受离职者影响产生心理波动，导致 A 旅行社员工凝聚力降低。

对 A 旅行社员工的问卷调查发现，33.92% 的员工表示绩效考核流于形式，没有效果，31.56% 的被调查者表示目前的绩效考核不民主，全部由管理者决策，未参考员工的意见；53.1% 的被调查者认为目前采取的绩效考核指标只能体现部分自身价值。同时问卷调查显示，A 旅行社还存在收入低、工资分配不公、培训选拔方法有误等问题。

（资料来源：根据张孟斌《A 旅行社员工流失问题与对策研究》整理。）

分析思考

根据上述案例可以看出,A旅行社绩效管理存在很大问题。绩效考核思路不清晰,考核指标不直接,影响了企业的薪酬管理、晋升机制、员工培训等方面,最终导致员工流失率高,企业市场份额减少等一系列不良后果。

思考:

(1) A旅行社员工流失问题主要是什么原因导致的?

(2) 如何解决A旅行社员工流失问题?

关键绩效指标法,是指基于企业战略目标,通过建立关键绩效指标(Key Performance Indicator,简称 KPI)体系,将价值创造活动与战略规划目标有效联系在一起,并据此进行绩效管理的方法。

一、关键绩效指标的定义

关键绩效指标,是对企业业绩产生关键影响力的指标,是通过企业战略规划、关键成果领域的业绩特征分析,识别和提炼出的最能驱动企业价值创造的指标。

关键绩效指标法可单独使用,也可与经济增加值法、平衡计分卡等其他方法综合使用。关键绩效指标法的应用对象可为旅游企业、所属单位(部门)和员工。

二、关键绩效指标在旅游企业中的运用

旅游企业应用关键绩效指标法,一般按照制订以关键绩效指标为核心的绩效计划、制订激励计划、执行绩效计划与激励计划、实施绩效评价与激励、编制绩效评价与激励管理报告等程序进行。其中,旅游企业制订绩效计划的程序一般包括构建指标体系、分配指标权重、确定绩效目标值等。

(一)构建指标体系

旅游企业在构建关键绩效指标体系时,一般按照以下程序进行:

第一,制定旅游企业级关键绩效指标。旅游企业应根据战略目标,结合价值创造模式,综合考虑内外部环境等因素,设定旅游企业级关键绩效指标。

第二,制定所属单位(部门)级关键绩效指标。根据旅游企业级关键绩效指标,结合所属单位(部门)关键业务流程,按照上下结合、分级编制、逐级分解的原则,在沟通反馈的基础上,设定所属单位(部门)级关键绩效指标。

第三,制定岗位(员工)级关键绩效指标。根据所属单位(部门)级关键绩效指标,结合员工岗位职责和关键工作价值贡献,设定岗位(员工)级关键绩效指标。

旅游企业的关键绩效指标一般可分为结果类和动因类两类指标。结果类指标是反映旅

游企业绩效的价值指标，主要包括投资回报率、净资产收益率、经济增加值、息税前利润、自由现金流等综合指标；动因类指标是反映旅游企业价值关键驱动因素的指标，主要包括资本性支出、单位生产成本、产量、销量、客户满意度、员工满意度等。

关键绩效指标应含义明确、可度量、与战略目标高度相关。指标的数量不宜过多，每一层级的关键绩效指标一般不超过10个。

（二）分配指标权重

关键绩效指标的权重分配应以旅游企业战略目标为导向，反映被评价对象对旅游企业价值贡献或支持的程度，以及各指标之间的重要性水平。

单项关键绩效指标权重一般设定为5%—30%，对特别重要的指标可适当提高权重。对特别关键、影响旅游企业整体价值的指标可设立"一票否决"制度，即如果某项关键绩效指标未完成，无论其他指标是否完成，均视为绩效目标未完成。

（三）确定绩效目标值

旅游企业确定关键绩效指标目标值，一般参考以下标准：一是依据国家有关部门或权威机构发布的行业标准或参考竞争对手标准；二是参照旅游企业内部标准，包括旅游企业战略目标、年度生产经营计划目标、年度预算目标、历年指标水平等；三是不能按前两项方法确定的，可根据旅游企业历史经验值确定。

三、关键绩效指标法的优缺点

关键绩效指标法的主要优点：一是使旅游企业业绩评价与战略目标密切相关，有利于战略目标的实现；二是通过识别的价值创造模式把握关键价值驱动因素，能够更有效地实现旅游企业价值增值目标；三是评价指标数量相对较少，易于理解和使用，实施成本相对较低，有利于推广实施。

关键绩效指标法的主要缺点是关键绩效指标的选取需要透彻理解旅游企业价值创造模式和战略目标，有效识别核心业务流程和关键价值驱动因素，指标体系设计不当将导致错误的价值导向或管理缺失。

知识卡片　　二八原理

关键绩效指标法符合一个重要的管理原理——二八原理。二八原理是由意大利经济学家帕累托提出的一个经济学原理，即在一个企业的价值创造过程中，存在着"80/20"的规律，即20%的骨干人员创造企业80%的价值；而且在每一位员工身上"二八原理"同样适用，即80%的工作任务是由20%的关键行为完成的。因此，必须抓住20%的关键行为，对之进行分析和衡量，这样就能抓住业绩评价的重心。

二八原理为绩效考核指明了方向,即考核工作的主要精力要放在关键的结果和关键的过程上。

(资料来源:根据相关资料整理。)

第二节 经济增加值法

学习引导 首旅集团的 EVA 业绩评价

随着市场经济的快速发展和资本市场的日益完善,以会计利润为核心的传统财务业绩评价法的局限性日益显露,只考虑债务资本成本而忽视权益资本成本的核算特征容易造成企业过于短视,影响企业的长远发展。经济增加值(EVA)将股东权益资本也作为一项成本纳入公司业绩考核体系,衡量的是企业的"经济利润"而非"会计利润",因此能够更加真实地反映企业价值,弥补传统财务业绩评价方法的不足。近年来,随着国企混改进程加速,完善国企的业绩评价考核体系,建立更加科学的业绩评价机制成为改革的重点之一。2010年,国资委要求在国企全面推行经济增加值(EVA)考核,这标志着以 EVA 为导向的价值创造能力成为我国企业的重要经营目标,也意味着越来越多的企业将引入 EVA 业绩评价机制。

首旅集团是一家实力雄厚的全国性、战略型控股投资企业集团,由北京市国资委控股。于 1999 年成立北京首都旅游股份有限公司(现北京首旅酒店(集团)股份有限公司),并于 2000 年 6 月成功挂牌上市(股票代码 600258.SH)。经过多年的跨越式发展,首旅集团成功跻身"2020 中国品牌 500 强",目前公司的主业为现代服务业及投资经营管理旅游业,经营业务涵盖了酒店、餐饮、旅游、汽车、景区和地产等诸多方面。首旅酒店于 2012 年成为北京国企改革的首批试点企业之一,积极响应国家的号召,推广 EVA 业绩评价机制的实施。在国企改革的大背景下,首旅酒店引入 EVA 业绩评价机制能够更加清晰地看到自身发展存在的问题,帮助企业经营管理者树立长远发展目标,进一步巩固混改成效。

(资料来源:根据张丹蕾《首旅酒店 EVA 业绩评价研究》整理。)

分析思考

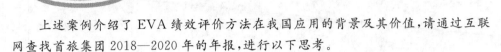

上述案例介绍了 EVA 绩效评价方法在我国应用的背景及其价值,请通过互联网查找首旅集团 2018—2020 年的年报,进行以下思考。

思考:

(1) 根据表 10-1 计算每年的经济增加值并绘制 EVA 变动趋势图。

(2) 比较关键绩效指标法与经济增加值法,了解两者的异同。

表 10-1　经济增加值计算表

类　别	项　目	2018 年	2019 年	2020 年
税后净营业利润/万元	净利润			
	加:资产减值损失			
	利息支出			
	固定资产折旧			
	无形资产摊销			
	递延所得税资产减少			
	递延所得税负债增加			
	调整后税后净营业利润			
平均资本占用/万元	所有者权益			
	加:递延所得税负债			
	长期借款			
	短期借款			
	一年内到期的非流动负债			
	减:在建工程			
	递延所得税资产			
	应付账款			
	预收款项			
	应付职工薪酬			
	应交税费			
	应付利息			
	应付股利			
	其他应付款			
	资本总额			
	平均资本占用			

续表

类别	项目	2018年	2019年	2020年
税前债务资本成本率/(%)	税前债务资本成本率/(%)			
股权资本成本率/(%)	无风险收益率/(%)			
	贝塔系数(β)			
	市场风险溢价/(%)			
	股权资本成本率/(%)			
加权平均资本成本率/(%)	股权资本成本率/(%)			
	股权比例			
	税后债务资本成本率/(%)			
	负债比例			
	加权平均资本成本率/(%)			
各年度经济增加值计算结果/万元	税后净营业利润			
	平均资本占用			
	加权平均资本成本率/(%)			
	经济增加值			
经济增加值与净利润对比/万元	经济增加值			
	净利润			
经济增加值率与净资产收益率对比	净资产收益率/(%)			
	经济增加值率/(%)			

一、经济增加值法的定义

经济增加值法,是指以经济增加值(Economic Value Added,简称 EVA)为核心,建立业绩指标体系,引导企业注重价值创造,并据此进行绩效管理的方法。经济增加值,是指税后净营业利润扣除全部投入资本的成本后的剩余收益。经济增加值为正,表明经营者在为企业创造价值;经济增加值为负,表明经营者在损害企业价值。

经济增加值法较少单独使用,一般会与关键绩效指标法、平衡计分卡等其他方法结合使用。旅游企业应用经济增加值法进行绩效管理的对象,可为旅游企业及其所属单位(部门)和高级管理人员。

二、经济增加值法在旅游企业中的运用

旅游企业应用经济增加值法,应树立价值管理理念,明确以价值创造为中心的战略目标,建立以经济增加值为核心的价值管理体系,使价值管理成为旅游企业的核心管理制度。经济增加值的计算公式如下:

$$经济增加值 = 税后净营业利润 - 平均资本占用 \times 加权平均资本成本率$$

其中,税后净营业利润衡量的是旅游企业的经营盈利情况,平均资本占用反映的是旅游企业持续投入的各种债务资本和股权资本,加权平均资本成本率反映的是旅游企业各种资本的平均成本率。

(一)税后净营业利润

税后净营业利润等于会计上的税后净利润加上利息支出等会计调整项目后得到的税后利润。

$$税后净营业利润 = 净利润 + (利息支出 \pm 其他调整项) \times (1 - 所得税税率)$$

经过相应的会计项目调整,以消除财务报表中不能准确反映旅游企业价值创造的部分。会计调整项目的选择应遵循价值导向性、重要性、可控性、可操作性与行业可比性等原则,根据旅游企业实际情况确定。常用的调整项目有:

(1) 研究开发费、大型广告费等一次性支出但收益期较长的费用,应予以资本化处理,不计入当期费用。

(2) 反映付息债务成本的利息支出,不作为期间费用扣除,计算税后净营业利润时扣除所得税影响后予以加回。

(3) 营业外收入、营业外支出具有偶发性,将当期发生的营业外收支从税后净营业利润中扣除。

(4) 将当期减值损失扣除所得税影响后予以加回,并在计算资本占用时相应调整资产减值准备发生额。

(5) 递延税金不反映实际支付的税款情况,将递延所得税资产及递延所得税负债变动影响的旅游企业所得税从税后净营业利润中扣除,相应调整资本占用。

(6) 其他非经常性损益调整项目,如股权转让收益等。

(二)平均资本占用

平均资本占用是所有投资者投入企业经营的全部资本,包括债务资本和股权资本。其中债务资本包括融资活动产生的各类有息负债,不包括经营活动产生的无息流动负债。股权资本中包含少数股东权益。

$$平均资本占用 = 平均股权资本 + 平均债务资本 \pm 其他调整项$$

资本占用除根据经济业务实质相应调整资产减值损失、递延所得税等,还可根据管理需要调整研发支出、在建工程等项目,引导企业注重长期价值创造。

(三)加权平均资本成本率

加权平均资本成本率是债务资本和股权资本的加权平均资本成本率,反映了投资者所要求的必要报酬率。加权平均资本成本率的计算公式如下:

$$加权平均资本成本率 = 债务资本成本率 \times \frac{平均债务资本}{平均债务资本+平均股权资本} \times (1-所得税税率)$$
$$+ 股权资本成本率 \times \frac{平均股权资本}{平均债务资本+平均股权资本}$$

债务资本成本率是旅游企业实际支付给债权人的税前利率,反映的是旅游企业在资本市场中债务融资的边际成本。如果旅游企业存在不同利率的融资来源,债务资本成本应使用加权平均值。

股权资本成本率是在不同风险下,所有者对投资者要求的最低回报率,通常根据资本资产定价模型确定,计算公式如下:

$$股权资本成本率 = 无风险收益率 + \beta \times (市场预期回报率 - 无风险收益率)$$

其中,β 是企业股票相对于整个市场的风险指数。上市企业的 β 值,可采用回归分析法或单独使用最小二乘法等方法测算确定,也可以直接采用证券机构等提供或发布的 β 值;非上市企业的 β 值,可采用类比法,参考同类上市企业的 β 值确定。

【例 10-1】 安心旅游公司采用经济增加值业绩考核办法进行绩效管理,有关资料如下:

(1) 2021 年安心旅游公司净利润为 400 万元,费用化利息支出为 30 万元,资本化利息支出为 10 万元,研发费用为 10 万元,当期无确认为无形资产的开发支出。

(2) 2021 年安心旅游公司的年末无息负债为 70 万元,年初无息负债为 60 万元;年末带息负债为 870 万元,年初带息负债为 650 万元;年末所有者权益为 500 万元,年初所有者权益为 400 万元;年末和年初均无在建工程。

根据上述资料,计算安心旅游公司 2021 年的经济增加值。

(1) 计算税后净营业利润。

$$研究开发费用等其他调整项 = 研发费用 + 当期确认为无形资产的开发支出$$
$$= 10 + 0$$
$$= 10(万元)$$

$$税后净营业利润 = 净利润 + (利息支出 \pm 其他调整项) \times (1 - 所得税税率)$$
$$= 400 + (30 + 10) \times (1 - 25\%)$$
$$= 330(万元)$$

(2) 计算调整后资本。

$$调整后平均资本占用 = 平均股权资本 + 平均债务资本 \pm 其他调整项$$
$$平均股权资本 = (500 + 400)/2$$
$$= 450(万元)$$
$$平均债务资本 = (870 + 650)/2$$
$$= 760(万元)$$
$$调整后平均资本占用 = 450 + 760$$
$$= 1\,210(万元)$$

(3) 计算平均资本成本率。

$$债务资本成本率 = 利息支出总额/平均带息负债$$

$$利息支出总额 = 资本化利息支出 + 费用化利息支出$$
$$= 30 + 10$$
$$= 40（万元）$$
$$债务资本成本率 = 40/760$$
$$\approx 5.26\%$$

股权资本成本率为 6.5%（对主业处于充分竞争行业的旅游企业，股权资本成本率原则上定为 6.5%）。

$$加权平均资本成本率 = 5.26\% \times \frac{760}{760+450} \times (1-25\%) + 6.5\% \times \frac{450}{760+450}$$
$$\approx 4.90\%$$

（4）计算经济增加值。

$$经济增加值 = 税后净营业利润 - 平均资本占用 \times 加权平均资本成本率$$
$$= 330 - 1\,210 \times 4.9\%$$
$$= 270.71（万元）$$

三、经济增加值法的优缺点

经济增加值法的主要优点：一是考虑了所有资本的成本，更真实地反映了旅游企业的价值创造能力；二是实现了旅游企业利益、经营者利益和员工利益的统一，激励经营者和所有员工为旅游企业创造更多价值；三是能有效遏制旅游企业盲目扩张规模以追求利润总量和增长率的倾向，引导旅游企业注重长期价值创造。

经济增加值法的主要缺点：一是仅对旅游企业当期或未来 1—3 年价值创造情况进行衡量和预判，无法衡量旅游企业长远发展战略的价值创造情况；二是计算主要基于财务指标，无法对旅游企业的营运效率与效果进行综合评价；三是不同行业、不同发展阶段、不同规模等的旅游企业，其会计调整项和加权平均资本成本各不相同，计算比较复杂，影响指标的可比性。

知识卡片　　　　经济增加值

经济增加值（Economic Value Added，简称 EVA）最早在 1982 年由美国 Stern Steward 管理咨询公司提出，并于 20 世纪 90 年代中后期得到推广的一种绩效评价指标。我国国务院国有资产监督管理委员会从 2010 年开始对中央企业负责人实行经济增加值考核。2017 年 9 月 29 日，财政部颁布《管理会计应用指引第 602 号——经济增加值法》。2019 年 3 月 1 日国务院国有资产监督管理委员会颁布了第 40 号令，自 2019 年 4 月 1 日开始实施《中央企业负责人经营业绩考核办法》。

（资料来源：根据相关资料整理。）

第三节 平衡计分卡

学习引导　　　　　　平衡计分卡的推行

　　广东某旅游企业把平衡计分卡作为公司的一项考核制度,开始在这家2 000人规模、年产值数亿元的旅游企业内实施,张小姐作为人力资源部的绩效经理,直接负责平衡计分卡的推行事宜。然而,将近一年的时间过去了,平衡计分卡的推行并不顺利,反而使公司内部产生不少抱怨和怀疑。甚至有人说:"原来的考核办法就像是一根绳子,现在想用四根绳子,这不就是拴得再紧点,为少发奖金找借口。""其实,有些公司遇到的情况和我们差不多。因此,不知道这到底是什么问题,是不是因为平衡计分卡真的不适合中国企业。"张小姐说起这些,显得颇为无奈。

　　(资料来源:根据财政部会计资格考评中心《高级会计实务》整理。)

分析思考

　　把"战略工具"仅仅用在"员工绩效考核"上,希望这种新的业绩考核方式能解决考核和奖金分配问题。这是实施平衡计分卡最常见的错误。

　　仅仅为了员工绩效考核而采用平衡计分卡,是本末倒置的做法。首先,如果平衡计分卡的考核结果只是为了建立相应的薪酬、金钱奖励体系,甚至像末位淘汰等惩罚制度,那么员工行为会变成以下模式:考什么才做什么。因为任何考核不可能穷尽所有的工作,而平衡计分卡只强调关键绩效指标,所以有些事无人问津的现象势必会经常发生。当不得不把一些无指标的工作利用权力强加给员工之时,就是辛辛苦苦建立起来的体系寿终正寝之日。由此会引发员工对新体系的不信任,继而质疑方法和标准不公平,多干了为什么不算成绩?不论再换什么卡,到此都还会失灵。其次,由于员工都想得到好的结果,不想承认自己做得不好,在制定指标值时,员工会拼命压低指标,一年到头,那些人际关系导向的经理不得不实行平衡主义。企业、经理、员工会陷入考核泥潭。

思考：
(1) 旅游企业构建平衡计分卡制度失败的原因是什么？
(2) 如何正确理解平衡计分卡帮助旅游企业进行业绩评价？

一、平衡计分卡的定义

平衡计分卡，由罗伯特卡普兰和大卫诺顿(1992)提出，是指基于企业战略，从财务、客户、内部业务流程、学习与成长四个维度，将战略规划目标逐层分解转化为具体的、相互平衡的业绩指标体系，并据此进行绩效管理的方法。它打破了传统的单一使用财务指标衡量业绩的方法，而是根据企业组织的战略要求而精心设计的指标体系。平衡计分卡通常与战略地图等其他管理会计工具结合使用。

平衡计分卡适用于战略规划目标明确、管理制度比较完善、管理水平相对较高的企业。平衡计分卡的对象可为旅游企业、所属单位(部门)和员工。

旅游企业在构建平衡计分卡时，围绕财务、客户、内部业务流程、学习与成长四个维度，以财务维度为核心，其他维度与财务维度通过指标相联系。将旅游企业的战略目标逐级分解，确定每个维度的关键驱动因素，并进一步转化为被评价对象的绩效指标和行动方案，如图 10-1 所示。平衡计分卡每个维度的指标一般为 4—7 个，总数一般不超过 25 个。

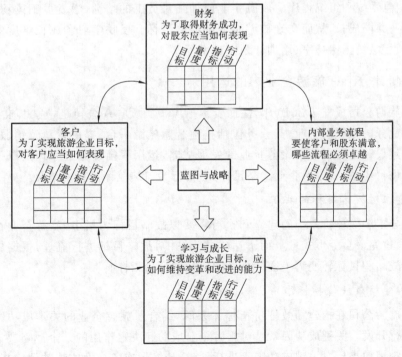

图 10-1　平衡计分卡四个维度

(一)财务维度指标

在财务维度,为了取得财务成功,旅游企业对股东应当如何表现?旅游企业在价值最大化的财务目标的驱使下,通过财务维度的指标向投资者展示旅游企业的经营成果。根据旅游企业所处的生命周期不同,其所选择的财务指标也会有所不同。财务维度指标通常包括投资报酬率、权益净利率、息税前利润、总资产周转率等。

(二)客户维度指标

在客户维度,为了实现旅游企业目标,旅游企业面对客户应当如何表现?客户是旅游企业市场占有率和综合竞争力的体现,如何维护现有客户并开拓潜在客户成为旅游企业的关注点。客户层面体现旅游企业对市场的战略布局,客户维度指标通常包括市场份额、客户满意度、客户保持率、客户获得率和客户盈利率等。

(三)内部业务流程维度指标

在内部业务流程维度,要使客户和股东满意,哪些流程必须卓越?旅游企业应设计合理的内部业务流程以满足客户需要,从而提高客户满意度,实现财务目标。反映内部业务流程维度的指标通常包括旅游产品或服务创新率、服务质量满意率、旅游安全指数、售后服务满意率等。

(四)学习和成长维度指标

在学习和成长维度,为了实现旅游企业目标,应如何维持变革和改进的能力?关键的因素是人才、信息系统和组织程序。旅游企业应加强对员工的培训,激发员工的积极性,使员工与旅游企业共同成长,从而实现旅游企业的战略目标。反映学习和成长维度的指标通常包括员工满意度、员工保持率、培训计划完成率等。

二、平衡计分卡在旅游企业中的运用

A 在线旅游公司成立于 2010 年,注册资本 11 000 万元。A 公司是一家以旅游电子商务服务为核心业务的互联网企业,其业务包括搭建智慧旅游平台、提供智慧营销服务、进行智慧旅游应用建设。为贯彻落实旅游企业的发展战略,运用平衡计分卡原理按以下步骤构建了一套绩效评价体系,将旅游企业战略目标、经营行为与绩效评价有机结合。

(一)建立对战略目标的共识

平衡计分卡绩效评价系统的建立和执行需要以战略目标为指引,旅游企业在制定战略目标后,需通过座谈会等形式自上而下达成共识,并对战略目标进行梳理,根据旅游企业实际情况将其战略和目标转变为平衡计分卡的目标和评价指标。

(二)构建绩效评价指标体系

A 在线旅游公司在构建绩效评价指标体系时,结合了旅游企业的关键成功因素和关键绩效指标进行开发。关键成功因素是对旅游企业成功起决定作用的某个战略要素的定性描述。通过关键绩效指标对关键成功因素进行计量,最终形成各维度的绩效评价指标体系(见表10-2)。

表 10-2　旅游企业绩效评价指标体系

维度	战略目标	关键成功因素	关键绩效指标
财务	提高旅游企业利用资金获利的能力	增加收入	净资产收益率 现有线路销售增长 新线路销售增长 应收账款回收率
		降低成本费用	成本费用率
		发展能力和潜力	营业收入增长率 利润增长率
		……	……
客户	以游客为中心，增加旅游企业可获利游客的数量和比重	游客满意	游客满意度 游客投诉率
		游客保留	游客保留率 新游客获得率
		市场份额	现有线路市场占有率 新线路市场占有率
		游客获利能力	游客收益率 品牌美誉度
		社会贡献	总资产社会贡献率
		……	……
内部业务流程	提高经营效率，促进旅游企业经营成效	创新能力	创新产品数量 新线路销售额占总销售额的比例
		服务质量	服务质量满意率
		售后服务	售后服务满意率
		服务安全	旅游安全指数
		……	……
学习与成长	增强学习能力，保证旅游企业的组织健康成长	员工工作状态	员工满意度 全员劳动生产率
		内部的协调与发展	全员岗位培训率
		有效激励程度	核心员工流失率
		信息系统完善程度	信息反馈与处理
		……	……

(三)确立评价标准

在设计好评价指标体系后,为了增强评价的可操作性,必须建立一个规范的管理标准保证评价工作的进行(见表10-3)。针对每项评价指标制定组织期望的基本要求。在制定标准的过程中,可采取横向比较与纵向比较相结合的方式确定评价标准。旅游企业可将同水平或更高水平的旅游企业作为标杆,同时结合本旅游企业的历史实际指标作为衡量标准,并对各指标赋予权重。

表 10-3 旅游企业绩效评价衡量标准

战略目标				以游客为中心,提升游客满意度,提高市场占有率	
序号	绩效指标	权重/(%)	周期	数据来源	绩效标准
BA1	游客满意度	5	季度	问卷调查	根据季度游客满意度调查得分,90分以上满分,90分以下按比例得分
BA2	游客投诉率	6	月度	投诉记录	受到游客投诉的,每人次扣0.5分

(四)制定实施方案

平衡计分卡的构建与实施涉及旅游企业各个部门,如何有效地执行成为该绩效管理手段是否成功的关键。为保证方案的可行性,需要确定每个具体项目的实施主体、负责人、参与人、对应战略目标及绩效指标(见表10-4)。

表 10-4 旅游企业绩效评价实施方案

序号	实施方案	对应战略目标及指标	责任部门	责任人	实施方案开始时间	实施方案结束时间	具体实施计划	所需资源	预期效果
D1	开展游客满意度调查,按季度进行汇总;按月统计游客投诉数量	BA1、BA2	客服部	王刚	2021年1月1日	2021年12月31日	2021年1月编制游客满意度调查表;2021年3月开始按季度发放并统计分析游客需求;按月开展游客投诉建议专题分析	问卷调查费	提高游客满意度和保留率

三、平衡计分卡的优缺点

平衡计分卡的运用需要结合旅游企业的相关战略及具体实施环境,在运用过程中要把握其优缺点,扬长避短,发挥其提升企业管理水平的作用。

1. 平衡计分卡的优点

(1) 战略目标逐层分解并转化为被评价对象的绩效指标和行动方案,使整个组织行动协调一致;

(2) 从财务、客户、内部业务流程、学习与成长四个维度确定绩效指标,使绩效评价更为全面完整;

(3) 将学习与成长作为一个维度,注重员工的发展要求和组织资本、信息资本等无形资产的开发利用,有利于增强企业可持续发展的动力。

2. 平衡计分卡的缺点

(1) 专业技术要求高,工作量比较大,操作难度也较大,需要持续地沟通和反馈,实施比较复杂,实施成本高;

(2) 各指标权重在不同层级及各层级不同指标之间的分配比较困难,且部分非财务指标的量化工作难以落实;

(3) 系统性强、涉及面广,需要专业人员的指导、旅游企业全员的参与和长期持续地修正与完善,对信息系统、管理能力有较高的要求。

知识卡片　　　　战略地图

战略地图(Strategy Map)由罗伯特·卡普兰(Robert S. Kaplan)和戴维·诺顿(David P. Norton)提出。他们是平衡计分卡的创始人,在对实行平衡计分卡的企业进行长期的指导和研究的过程中,两人发现,企业由于无法全面地描述战略,管理者之间及管理者与员工之间无法沟通,对战略无法达成共识。平衡计分卡只建立了一个战略框架,而缺乏对战略具体、系统且全面的描述。2004年1月,两人的第三部著作《战略地图——化无形资产为有形成果》出版。

战略地图是在平衡计分卡的基础上发展而来的,与平衡计分卡相比,它增加了两个层次的东西,一是颗粒层面,每一个层面下都可以分解为很多要素;二是增加了动态层面,也就是说战略地图是动态的,可以结合战略规划过程来绘制。战略地图是以平衡计分卡的四个层面(财务层面、客户层面、内部业务流程层面、学习与成长层面)目标为核心,通过分析这四个层面目标的相互关系而绘制的企业战略因果关系图。

第四节 绩效棱柱模型

学习引导 旅行社绩效考核

旅游企业绩效考核指标的构建必须从其战略入手,应在厘清企业战略对流程的要求的基础上对流程进行重构,然后重新设计岗位,明确部门和岗位职责,最后建立科学的绩效考核指标体系。

A旅行社在20余年的经营管理中形成了具有很强的市场导向性的业务流程如图10-2所示。首先,营销中心按照正统的市场学流程主动开拓市场,并积累大量的客源。其次,采购部根据营销中心提供的客源需求向上游供应商采购酒店或景点。最后,团控中心根据组团部门的计划进行操团。

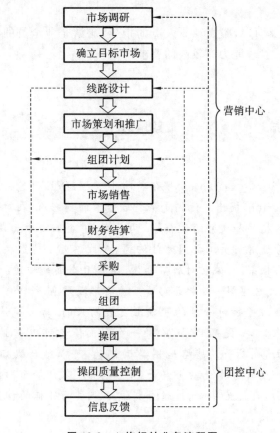

图10-2 A旅行社业务流程图

(资料来源:根据赵波、倪明《旅行社绩效考核指标分解探析》整理。)

分析思考

在上述案例中,为了合理设计绩效考核指标体系,A 旅行社对自身的业务流程进行了梳理重构。旅行社绩效考核指标分解要取得成功,必须使绩效指标能够被清晰地界定,这依赖流程和组织的优化。只有公司、部门、个人三个层面定位明确、职责分明,绩效考核指标才能被清晰地分解。

思考:
(1) 试分析上述业务流程是否合理,为什么?
(2) 具体说明业务流程如何影响绩效考核指标体系的构建。

一、绩效棱柱模型的定义

绩效棱柱模型,是指从企业利益相关者角度出发,以利益相关者满意为出发点,利益相关者贡献为落脚点,以企业战略、业务流程、组织能力为手段,用棱柱的五个构面构建三维绩效评价体系,并据此进行绩效管理的方法(见图10-3)。

绩效棱柱模型适用于管理制度比较完善、业务流程比较规范、管理水平相对较高的大中型旅游企业。绩效棱柱模型的应用对象可以为旅游企业和旅游企业各级所属单位(部门)。

棱柱在光照下可以发生光的色散现象,即日光照射到三棱柱会折射出七彩的颜色,借鉴此现象,Andy Neely 和 Chris Adams 于 2000 年联合开发了绩效棱柱模型,将企业的生产运营过程通过绩效棱柱进行折射,以充分反映各类利益相关者在其中的参与,然后从利益相关者的视角实施管理与评价。绩效棱柱模型以利益相关者满意为基础,通过企业的战略、业务流程、组织能力等方面的共同作用,满足利益相关者需求,赢得其满意后获得利益相关者给企业的贡献。

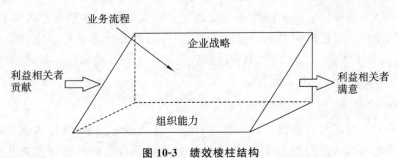

图 10-3　绩效棱柱结构

二、绩效棱柱模型在旅游企业中的应用

A 旅游服务公司成立于 1999 年 11 月,是国有独资公司,注册资本 6 000 万,其下属 A

国际旅行社有限公司注册资本400万元,主营出境旅游,在职员工53人。该旅游企业在制订绩效计划时,采用绩效棱柱模型工具方法。应用该方法时,一般按照明确主要利益相关者、绘制利益相关者地图、优化战略和业务流程,以及提升能力、制订以绩效棱柱模型为核心的绩效计划等程序进行。其中最关键的是,旅游企业应围绕利益相关者地图,构建绩效棱柱模型指标体系,该体系通常包括以下内容。

(一)第一个维度:利益相关者满意

利益相关者的满意程度是绩效棱柱模型的理论起点,也是其有关绩效的第一个维度。利益相关者正逐渐变成绩效中越来越重要的部分,因为"假如企业无法满足顾客、员工、供应商、周围社区、政府等利益相关者,他们就无法长期满足股东的需要",所以通过指标来确定旅游企业的利益相关者的满意情况显得尤为重要。

(二)第二个维度:企业战略

企业战略是企业为了实现持续发展、长远繁荣而制订的一种计划。为了实现持续发展,旅游企业必须满足利益相关者的需求。因此,战略就是这样一种为使利益相关者的需求得到满足而采取的路线方法,即为满足利益相关者的需求,旅游企业应该采取哪种战略。具体而言,战略又可以分为四个层次,即公司战略、商务战略、职能战略、运营战略。不同的战略层次应该运用不同的绩效衡量目标进行考核。

(三)第三个维度:业务流程

在确定企业战略后,旅游企业还需要通过一定的流程来执行这些战略,这就是绩效棱柱模型的第三个维度——业务流程。旅游企业的业务流程要保证与旅游企业的战略相匹配,这样才能确保战略的有效执行,并最终使利益相关者满意。同时,一个旅游企业的流程最能够体现出旅游企业的核心竞争力,一个好的流程能够有效降低旅游企业的成本,增强旅游企业的竞争优势。

(四)第四个维度:组织能力

有了出色的业务流程也必须有一定的物质基础才能使其发挥作用,这就需要绩效棱柱模型的第四个维度——组织能力。该能力主要包括旅游企业的管理水平、供应链质量、人员专业水平与工作经验等。它们共同代表了旅游企业可以满足利益相关者需求的能力,也就是创造价值的能力。对组织能力这一维度进行考核,可以分析出现有能力和满足需求能力的差距,并通过员工培训、上下游整合、售后服务提升计划等方式加以弥补,使旅游企业更好地为利益相关者服务。

(五)第五个维度:利益相关者贡献

利益相关者的贡献与利益相关者的满意有着十分微妙的关系,这也体现了旅游企业与其利益相关者之间的微妙关系。首先,旅游企业必须提供自己的产品服务来实现利益相关者的满意,如实现股东的投资报酬、实现债权人的债务偿还、实现员工的薪资、实现政府的税收等。其次,各个利益相关者也必须向旅游企业提供资源,如股东提供股本资金、债权人提供债务资金、员工提供人力资源、政府提供公共社会福利等。有了这些利益相关者的贡献,旅游企业才能满足这些利益相关者的需求。

总的来说,绩效棱柱更加全面地考虑了旅游企业各个利益相关者的满意及贡献,同时可以更全面地对旅游企业一段时间的绩效情况进行考核。根据上述各维度的绩效目标,构建旅游企业的绩效棱柱模型指标体系如表10-5所示。

表10-5 绩效棱柱模型指标体系

利益相关者	棱柱构面				
	利益相关者满意评价指标	战略评价指标	业务流程评价指标	组织能力评价指标	利益相关者贡献评价指标
与投资者(包括股东和债权人,下同)相关的指标	总资产报酬率、净资产收益率、资产负债率、流动比率等	可持续增长率、资本结构等	标准化流程比率、内部控制有效性等	总资产周转率、管理水平评分等	融资成本率等
与员工相关的指标	员工满意度、工资收入增长率、人均工资等	员工职业规划、员工福利计划等	标准化流程比率、内部控制有效性等	人力资源管理水平	员工毛利水平、员工保持率等
与客户相关的指标	客户满意度、客户投诉率等	品牌意识、客户增长率等	新产品销售比率等	售后服务水平、市场管理水平等	客户忠诚度、客户毛利水平等
与供应商相关的指标	逾期付款次数等	供应商关系质量等	合同履约率、供应商的稳定性等	旅游产品采购折扣率水平、供应链管理水平等	供应商旅游产品质量水平等
与监管机构相关的指标	社会贡献率、资本保值增值率	有政策法规认知度、旅游企业的环保意识	环保投入率、罚款与销售比率等	节能减排达标率等	当地政府支持度、税收优惠程度等

三、绩效棱柱模型的优缺点

1. 绩效棱柱模型的主要优点

绩效棱柱模型的主要优点是坚持主要利益相关者价值取向,使主要利益相关者与旅游企业紧密联系,有利于实现旅游企业与主要利益相关者的共赢,为旅游企业可持续发展创造良好的内外部环境。绩效棱柱模型更广泛地关注了旅游企业的利益相关者,而传统的绩效考核方法只关注股东的利益而忽视了其他利益相关者的需求,这就容易导致绩效考核结果过于片面,也会导致旅游企业出现只重视股东而忽视其他利益相关者的情况,使得旅游企业无法长期繁荣发展。

2. 绩效棱柱模型的主要缺点

绩效棱柱模型的主要缺点是涉及多个主要利益相关者,对每个主要利益相关者都要从五个构面建立指标体系,指标选取复杂,部分指标较难量化,对旅游企业信息系统和管理水平有较高要求,实施难度大、门槛高。

拓展阅读 旅游企业绩效评估的主观偏误

本章小结

本章主要介绍了旅游企业绩效管理的几种常用方法及其应用;重点阐述了关键绩效指标的构建、经济增加值的计算方法、平衡计分卡的四个维度,以及绩效棱柱模型的指标体系;同时介绍了各种绩效评价方法的优缺点。

课后训练

第十一章

旅游企业会计实验报告的撰写

学习目标

知识目标
(1) 熟悉会计人员应具备的职业素养;
(2) 熟悉旅游企业会计人员应具备的职业素养;
(3) 掌握个人实验报告、小组实验报告、个人实验案例撰写的基本要求。

能力目标
(1) 能收集信息、整理和提炼,撰写个人实验报告;
(2) 能收集信息、整理和提炼,撰写个人实验案例;
(3) 能收集信息、整理和提炼,撰写小组实验报告。

素养目标
(1) 具有诚实守信、敬业爱岗的职业素养;
(2) 具备务实、钻研的学习态度;
(3) 具备旅游行业要求的协调组织能力;
(4) 具备财经应用文的基本写作能力。

知识框架

第十一章 旅游企业会计实验报告的撰写
- 第一节 旅游企业会计人员职业素养
  - 一、会计从业人员职业素养
  - 二、旅游企业会计从业人员职业素养
- 第二节 撰写个人实验报告
  - 一、实验报告
  - 二、个人实验报告的内容
  - 三、个人实验案例的内容
- 第三节 撰写小组实验报告
  - 一、课程分组学习基本要求
  - 二、小组实验报告的内容

教学重点

(1) 旅游企业会计从业人员的职业素养；
(2) 个人实验报告的撰写；
(3) 小组实验报告的撰写。

教学难点

实验报告撰写的内容及格式要求　个人实验案例的收集与分析

案例导入

旅游企业会计从业人员素质有待提高

虽然旅游企业规模的扩大、不断吸纳从业者，可以在短时间内为旅游行业的经济利益提供保障，但其经营理念体系相对落后，从业人员整体素质有待提高，会计核算流程不规范，则会效率低下。长此以往，必会对旅游企业，乃至我国旅游行业埋下隐患，不利于旅游产业高效、可持续性发展。目前，旅游企业会计核算工作中存在以下问题。

(1) 旅游会计的核算体系存在问题。

旅游企业属于服务行业，其经营项目繁多、核算内容多样化，只有结合旅游企业发展状况及旅游产业特点，才能保证旅游企业会计核算工作顺利、快速、有效地进行。从旅游企业业务内容方面分析，企业会计核算需要从旅游团产生的利润、旅游路线带来的收益以及营业与生产部门创造的收益进行核算。核算内容复杂烦琐，核算重复率较高，给旅游企业会计核算工作带来了一定的困难，这也是旅游业面临的共同难题。

(2) 旅游会计从业者专业水平不足。

旅游企业具有复杂性、综合性等特点，对旅游行业会计工作者的整体素质要求也更严格。但在市场经济的冲击下，我国69.12%的旅游企业急于追求利益，盲目进行人员扩充，忽视会计核算工作的重要性，从而导致旅游企业整体会计从业人员水平较为低下。根据相关调查，我国旅游企业中，40.50%的会计从业人员未经过专业化训练，相关理论知识匮乏；33.70%的会计从业者缺乏基本的财会管理与核算能力，更有部分财会人员缺乏一定的实践经验。因此，导致旅游企业会计核算过程中，准确率低下，账目操作混乱。

(3) 企业会计核算流程操作不规范。

在我国旅游产业稳步发展的趋势下，部分旅游企业管理体系及制度方面仍不够完善。特别是会计核算方面，由于制度没有完全落实或缺失，以及财会工作者的价值观存在问题、主观能动性存在不足，财会工作者缺乏足够的核算意识，出现会计核算流程操作不规范等现象，进而给旅游企业整体发展带来严重阻碍。现阶段，因制度及财会人员个人等因素,大部分企业的会计核算工作依旧采用传统的账簿、书写凭证等方式进行。而在现金收付方面,会计工作者操作不规范,采用直接收现金的方式进行旅游会计核算,从而导致旅游企业成本和收入少计的现象时有发生,无法保证会计核算工作的准确性及完整性。

针对以上旅游企业会计核算中存在的问题,建议采取的措施如下。

(1)完善并健全旅游会计核算体系。

应基于旅游企业服务、生产项目与岗位的布局,结合企业需求与发展状况,逐步完善旅游会计核算体系。以旅行社为主的服务型旅游企业为例,企业可通过业务划分,在国内、省内、地级市等设立境内游机构或在国外如欧洲、非洲等设立境外游机构。在机构设立的同时,逐渐细分,如境内游可划分为华东线路、云南线路等。以此类推,逐渐细分。完善旅游企业会计核算体系,能够提高会计核算效率,降低核算重复率,进而减少人力成本,便于旅游企业持续稳定的发展。

(2)提高旅游会计从业者专业水平。

旅游企业为保障经济效益的提高,保证会计核算工作的准确性、效率性。应加强对旅游会计核算工作的重视,建立高素质、高水平的旅游财会队伍。首先,从人才选拔角度出发,旅游企业应制定严格的选拔标准,从而甄选出具备专业会计知识,熟悉旅游产业状况的人才。其次,应积极开展专业技能培训,针对应届毕业生展开旅游产业财会核算技能专业培训,建立集体荣誉感及责任感。而对工作年限较长的老员工,可开展员工旅游活动,调动财会从业者对旅游产业的热爱,并聘请专业人员为老员工讲解先进的会计核算知识及技能,针对旅游企业未来发展趋势,将新的有关会计核算分析及计算方法融入会计核算的日常工作,如比较分析、复式记账、成本计算等。

(3)规范旅游会计核算的操作流程。

旅游企业能否高效、持续地发展,与财会核算的制度好坏不无关系。如果相关的制度不健全,则可能为旅游企业带来极大的损失,在财务管理方面,乃至企业投资与发展方面,都会受到严重的影响。在满足国家有关"不相容"职务的要求下,旅游企业应从实际着手,根据岗位具体需求,合理设置岗位。根据旅游行业会计核算项目繁多的特点,企业负责人可细化会计核算内容,规范会计核算工作的流程。例如,在入账时,应要求财会做好审核工作,不能根据简单凭证,便进行入账工作;在进行档案保管工作时,应做到资料的有效区分,档案的安全存放等工作,鼓励采用电子档案;制定预算奖惩制度,预算关乎企业项目资金的投入,影响着企业项目的展开及整体发展。因此,编制预算奖惩制度能够促使财会工作者重视项目预算工作,减少企业不必要的损失。

(4)选取提高会计效率的旅游系统。

随着我国旅游行业的高速发展,旅游企业经营项目日渐增多,给旅游会计核算工作带来巨大的挑战。在具体工作中,部分旅游企业依旧采用账簿来核算旅游成本及收益。不仅在时间成本及人力成本上造成极大的浪费,也会给财务档案整理与保管带来了一定的困难,更给政府审计及税务机关的调查工作带来影响。因此,旅游企业在扩大旅游项目及其他业务项目的同时,应重视旅游会计核算工作的革新,采用适合并能够提高会计核算效率的电子信息系统。相对于传统的账簿、凭证,旅游会计系统具备快捷、准确、可及时调度、便于管理等特点,简化了财会工作人员日常工作,也提高了旅游企业负责人监控应收

款项及成本的效率,进而促使企业财会工作准确、细致地开展。

(资料来源:根据刘理《旅游企业会计核算工作研究》整理。)

本章中,我们将了解实验报告的类型及相关内容,学习撰写个人实验报告、实验案例以及小组实验报告。

第一节 旅游企业会计人员职业素养

学习引导 旅行社会计部经理的岗位职责与任职要求

1. 岗位职责

①在财务总监的领导下,负责会计部的管理工作。②拟订会计部工作计划,经批准后组织实施。③负责资金的计划、筹措和使用。④负责组织对销售费用、管理费用、财务费用、营业外收支、投资收益和利润的核算,并会同有关部门对固定资产进行清算、管理和清查。⑤负责汇总记账凭证、登记总账,编制和报送财务报表、财务预算和财务决算,并负责缴纳税费。⑥负责与财税、审计、外汇管理等部门联系,了解有关政策规定,并接受其领导和监督。⑦运用会计资料对财务状况、经营成果、现金状况进行综合分析,并提交分析报告。⑧完成财务总监布置的其他工作。

2. 任职要求

(1) 政治思想和职业道德。

①拥护党和国家的路线、方针和政策。②热爱本职工作,有较强的事业心和责任感。③遵纪守法,按章办事,不谋私利。④坚持原则,一视同仁,严谨细致,精益求精。

(2) 知识水平。

①业务知识。掌握旅行社财务会计管理专业知识,熟悉会计学、信贷、税收、外汇管理和会计信息化管理等知识,了解旅行社业务、礼仪、保险、债券和股票知识。②政策法规知识。掌握会计法、税法、经济合同法、审计等相关法规,熟悉本企业的规章制度。

(3) 工作能力。

①分析判断能力。能正确理解并执行国家财经法规,能及时发现财务工作中的问题,并进行正确判断。②业务实施能力。能组织和指导本部门工作人员完成会计核算和财务管理工作。③语言文字表达能力。能撰写预算与决算分析报告、财务分析报告及其他的业务报告,口头表达能力较强。④外语能力。能运用一门

外语阅读专业资料,识别票证。

(4)学历、经历、职称、培训与身体素质。

①学历。会计专业、财务管理、审计专业等,大专以上学历。②经历。从事旅行社财务工作三年以上。③职称。助理会计师以上专业技术职称。④培训。经过本岗位资格培训,取得岗位培训证书。⑤身体素质。身体健康、心理素养好、精力充沛。

(资料来源:编者收集与整理。)

分析思考

作为旅游企业会计部经理,你如果仅熟悉会计法规知识,那么能胜任会计工作吗?

思考:

(1)面对日新月异的经济发展,作为一名会计部经理,你应如何跟上时代发展的步伐?

(2)在大数据时代下,会计人员的思维应该发生哪些改变?请举例说明。

(3)旅游企业销售人员拿着电子凭证来办理报销业务,应该如何处理?

一、会计从业人员职业素养

职业素质(Professional Quality)是劳动者对社会职业了解与适应能力的一种综合体现,其主要表现为职业兴趣、职业习惯、职业能力、职业个性及职业情况等方面。影响和制约职业素养的因素有劳动者的受教育程度、实践经验、社会环境、工作经历以及身体状况等,从广义上来讲,职业素质就是职业素养。

会计人员应当遵守职业道德,提高专业能力。随着经济的发展,会计职业素养所包含的内容越来越丰富,主要包括诚实守信、遵纪守法、廉洁自律、客观公正、爱岗敬业、沟通协调等方面。

(一)诚实守信

诚实守信要求会计人员做老实人,说老实话,办老实事,不搞虚假。诚实守信是会计行业最显著的特征。诚信不仅是会计行业对社会所承担的责任和义务,也是会计行业赖以生存和发展的基础,更是会计人员最为重要的素质。在市场经济中,商业秘密可以带来经济利益,作为会计从业人员应依法保守秘密,不为利益所诱惑。

(二)遵纪守法

法律作为由国家强制执行的行为规则,每个社会成员都必须遵守,会计人员也不例外,会计人员需要熟悉并严格遵守各项会计准则、会计制度法规以及方针,确保真实地、完整地、及时地向社会各界提供会计信息。

(三)廉洁自律

廉洁就是不贪污钱财,不收受贿赂,保持清白;自律就是对自己有一定的要求,能控制自己的言行和思想。会计人员整天都要跟钱财打交道,经常会受到一些诱惑,这时,如果职业道德观念不强、自律意识薄弱,就很容易走向犯罪。因此,会计人员要树立正确的人生观和价值观,必须是不贪不占、公私分明的人。

(四)客观公正

客观公正要求会计人员端正态度,依法办事,实事求是,不偏不倚,如实反映,保持应有的独立性。客观就是会计从业人员在履行会计职能时,不受外界因素影响,依法办事,客观反映。公正就是会计人员所依据的会计准则制度,不因主体不同而核算结果迥异,会计人员在落实各项政策和执行会计制度准则时,依据职业标准进行公正、公平、合理的职业判断。

(五)爱岗敬业

爱岗就是热爱与珍惜岗位,尽心尽责履行会计职能,如在工作中有着良好的工作习惯,严准快细、求真务实的工作作风,安心本职工作,任劳任怨。敬业就是以敬畏的心态从事工作,在专业上精益求精,及时解决发现的问题。比如经常推敲记账科目、账务处理方式方法的正确性、科学性,及时改进发现的不足之处。

(六)沟通协调

会计人员不仅要与企业内部人员进行沟通与交流,如预算编制、成本核算等,还要和其他企业、外部审计、咨询机构、金融证券保险机构、政府及行政管理机构进行沟通与交流,通过协调各方关系,来保证企业会计核算、纳税、征信、统计等各项工作的顺利进行。

除此以外,会计从业人员要树立服务意识。财务工作琐碎而具体,在日常的报销结算中应耐心为各方提供优质服务,耐心做好解释工作。

二、旅游企业会计从业人员职业素养

旅游企业不仅在自身经营上要注重员工的专业能力培养,素质提升也极为重要,尤其是诚实守信的素养。职业素养应该贯彻到每一位旅行社从业人员的处事理念中,从而成为企业发展的一个标杆。旅游企业应该履行承诺,加强自律,增强主体责任感,诚信合法经营,规范管理流程,执行服务标准,优化服务环境,为旅游者营造一个舒心、安全、优质的旅游服务综合环境,树立旅游行业诚信、文明、优质的整体形象。

旅游企业会计人员,除了必备的会计职业素养,还要具备与旅游行业发展相适应的其他职业素养,包括市场敏捷、知识更新、高效务实、健康心理、创新意识、战略思维等方面。

(一)市场敏捷

旅游行业的发展受到如经济、政治、气候等因素的影响。作为旅游从业者要时刻关注本行业的市场情况,包括国内旅游、出境旅游及入境旅游。要能够敏锐地察觉到市场行情变动的原因、变动在哪里,企业的财务方面需要做哪些调整,通过敏捷收集市场信息,结合企业经营状况,为管理者提供未来市场方向、产品优化方面的建议。

根据国家统计局以及文化和旅游部的数据显示(见图11-1),2018年,我国旅游业发展迅猛,产业规模持续扩大,产品体系日益完善,市场秩序不断优化,全年全国旅游业总收入达5.97万亿元,对我国GDP的综合贡献为9.94万亿元,占我国国内GDP总量的11.04%,旅游业带动相关产业和社会经济活动的全面发展。进入2019年,旅游业增速放缓,2020年由于受到新冠肺炎疫情影响,旅游业遭受重创,同比收入下降65.8%。目前很多企业面临着转型升级的考验,这就需要旅游企业会计人员顺应市场变化,转变服务与管理理念和方式,为推动企业发展出谋划策。

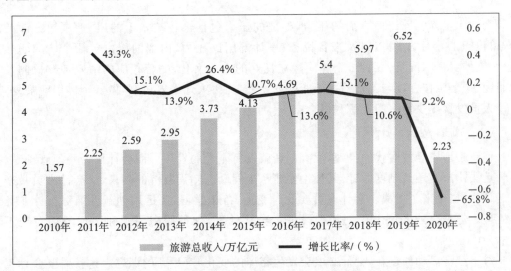

图11-1 2010—2020年中国旅游总收入和年增长情况

(资料来源:国家统计局,文化和旅游部。)

(二)知识更新

随着经济的发展,对旅游企业会计人员知识的广度和深度要求越来越高,依据知识层次不同可以分为三个层次。

第一个层次是专业知识。会计人员除了掌握最基本的财务制度、会计准则、税收法规等知识,还要会熟练使用财务软件,在实践中不断积累工作经验,获取相应的职业资格证书,以胜任会计工作。

第二个层次是旅游相关方面的知识。会计人员要熟悉旅游产品销售、旅游服务采购、旅游人力资源管理以及行程、报价等方面知识,了解旅游行业内外部环境变化情况、国家宏观经济政策、金融市场信息等。还应熟悉企业的业务流程,参与业务活动事前、事中、事后全过程,做到业财融合,发现业务活动的关键点,并在此基础上全面地对企业的业务活动进行评价、预测与控制,以此发挥会计的反映、监督、控制和参与决策的作用。

第三个层次是文化修养类知识。会计人员所学知识应以强国、促社会发展为己任,时刻牢记提高个人文化修养和政治素养,认真学习如哲学、历史、文学、党史等,不能将知识置于名利圈,要以工匠精神做好各项管理和服务工作。

（三）高效务实

旅游企业财务人员每天与数据打交道,需要处理大量的数据,要与不同业务部门沟通与交流,对于经营中各部门需求,财务会计人员不仅要能提供专业准确的数据,更要能快速高效地将信息反馈给决策部门,提高企业应对市场变化的反应能力。

会计人员要严格审核、检查相关款项的结算过程,正确核算旅游款项,以真实、准确、及时地反映旅行社的财务状况、经营成果和现金流量。如果发生旅游团队退款,则应冲回收入,不能计入成本费用,否则就会虚增收入,导致会计信息不真实。对于各项结算表单,要能依据结算标准及时拨付或收款。

（四）健康心理

会计人员面临着诸多方面的压力,外部的压力包括会计技术上的压力、领导方面的压力、单位职工方面的压力,以及来自税务、审计部门的压力;内部的压力包括个体的职业发展、个体的身体状况等。因此,企业应建立良好的企业文化、完善相应的绩效考核机制及奖惩制度、缓解工作强度与工资薪酬不匹配的矛盾,完善人才培养机制,做好个体职业规划,为会计人员发展提供更多的资源和机会。

（五）创新意识

创新是市场经济时代的灵魂,没有创新就没有企业的发展。而会计作为一门管理学科,不管是法律法规还是制度方针,其理论创新从未间断。知识经济的到来,给会计人员带来了机遇,同时也带来了挑战。会计人员要及时变通、善于学习,要运用创新思维对会计业务进行处理。但是会计人员滥用创新手段进行会计处理,这种脱离规则和法规的创新是不可取的。

对于经济活动的创新,会计必然会发生相应的变化,产生新的课题。这就需要会计工作人员利用新知识对经济活动的变革进行财务模式的创新。只有不断创新、与时俱进,才能够保持会计市场的规范与健康发展。

（六）战略思维

会计人员要逐步从核算工作中解脱出来,加强与销售、采购、研发、设计等业务部门的联系,增强业务、财务、管理的融合程度,为企业经营管理提出有效决策。因此,会计人员不仅要掌握会计核算、成本管理、预算管理、财务分析等能力,还应当具备战略思维,不能仅限于财务数据和从业经验,还要综合分析内外部数据信息、资源配置、市场动态等,站在全局的角度,用战略思维推动企业的发展。

进入大数据时代,会计部经理要及时转变思维,及时更新知识,培养市场敏锐性,以全战略思维进行财务规划,面对复杂多变的环境,要保持健康的心理,高效务实地履责,创新性地开展线上与线下相结合的工作任务,以适应行业和社会发展需要。另外,电子商务的发展和电子会计凭证的出现,需要会计部经理根据财政部、国家档案局于2020年发布的《关于规范电子会计凭证报销入账归档的通知》,制定本部门的电子会计凭证报销管理办法,设定相应的经办、审核、审批等报销程序,有效防止电子会计凭证重复入账。

拓展阅读　违法的事情不能做

第二节　撰写个人实验报告

学习引导　中国旅游行业里的"工匠精神"

工匠精神,是指工匠对自己的产品精雕细琢、精益求精、追求完美的精神理念。工匠们喜欢不断雕琢自己的产品,不断完善自己的工艺,享受着产品在双手中升华的过程。工匠精神的目标是打造本行业最优质的,其他同行无法匹敌的卓越产品。

当今社会发展节奏较快,追求效率的同时可能会忽略产品的品质灵魂。企业要想在长期的竞争中获得成功,就要坚持"工匠精神",依靠信念、信仰,不断改进、不断完善产品,最终通过高标准要求历练之后,成为众多用户的骄傲。无论成功与否,在这个过程中,他们的精神是完完全全享受的,是脱俗的,也是正面积极的。

工匠精神在个人层面上就是一种认真精神、敬业精神。其核心是不仅仅把工作当作赚钱养家糊口的工具,而是树立起对职业敬畏、对工作执着、对产品负责的态度,注重细节,不断追求完美和极致,给客户无可挑剔的体验。比如,酒店的前台,她正在以微笑为客人做周到的服务,但很多人不知道,她们也许一站就是好几个小时;团队的导游,人前幽默地侃侃介绍,但很多人不知道,他们也许患有咽喉炎或严重的关节炎……正是因为千千万万个"工匠",让游客享受到了最精细的"服务"。

(资料来源:根据伍策,微信公众号:行走山西,https://mp.weixin.qq.com/s/UdV93qAy-A0u-bGvGM7gyw 整理。)

分析思考

上述案例列举了酒店前台、导游等旅游从业者尊重服务、体现工匠精神的例子,那么作为旅游企业会计从业者,我们可以学习到哪些知识?

思考:

(1)作为一名旅游企业会计从业者,我们应具备哪些工匠精神?

(2)作为一名旅游企业会计从业者,我们如何通过反复实验、观察、分析、综合、判断来提高自己灵活运用知识的能力?

一、实验报告

实验报告是用于记录和反映学生通过实验、观察、分析、综合、判断,如实记录创建旅行社,进行旅游线路设计、产品销售、旅游服务采购,进行旅游结算,编制财务报表,以及进行相应的财务分析等学习过程和学习结果的书面材料。撰写实验报告可以培养学生掌握旅行社业务运作全流程、熟练编制相关业务会计分录、及时提供对外财务报告的能力,以及培养学生总结提炼知识的能力,使学生能从实践中发现学习中存在的问题,并提出相应的解决方案。

实验报告按照不同的标准,可以划分为不同的形式。

1. 按照完成报告的主体不同划分

按照完成报告的主体不同,实验报告可以划分为个人实验报告和小组实验报告。

(1)个人实验报告是由学生独自在限定时间内按照要求完成的实验报告。这种实验报告聚焦学生个体课程学习中的收获和体会,以及对理论知识和实践的感知。

(2)小组实验报告是通过组建团队,由团队成员一起分工,在限定时间内按照要求完成的实验报告。这种实验报告的内容相比个人实验报告更丰富,要求也更高,融合更多的课程知识内容,需要小组成员事先在课程学习中做好积累,及时总结分析,最终高质量地完成小组实验报告。

2. 按照报告提交的内容不同划分

按照报告提交的内容不同,实验报告可以划分为模拟实验报告和对比实验报告。

(1)模拟实验报告是实验主体依据模拟实验项目,在规定时间内开展实验工作,如实记录和反映实验过程和实验结果的报告。这种模拟实验项目可以是旅游企业经营管理模拟、财务决策模拟、市场营销模拟等。模拟实验项目不同,对于模拟实验报告撰写要求及其提供的实验结果也不同。例如,旅游企业经营管理模拟看重企业的经营业绩;财务决策模拟聚焦于企业决策的有效性及评估收益;市场营销模拟关注企业市场占有率、市场占有份额及销售业绩。

(2)对比实验报告是实验主体设置两个或两个以上的实验组,通过实验结果的比较分析来探究各种因素与实验对象的关系,如实记录和反映实验过程和实验结果的报告。对比实验需要对实验条件进行一定限制,以保证对照组与实验组结果分析的可比性。

二、个人实验报告的内容

个人实验报告内容不限于旅游企业会计课程所学习的内容,鼓励学生补充相关的管理学、税法、市场营销学等相关知识,以全面反映旅游企业会计核算与业务流程的对接,揭示企业资金流转的规律,发掘提高企业经营业绩的有效方法。

(一)实验简介

(1)实验企业简介。说明个人所在模拟旅游企业的名称,以及旅游企业的经营范围。

(2)个人简介。说明个人在模拟旅游企业中担任的岗位名称及岗位职责,简要说明在旅游企业经营管理中工作开展情况。

(二)实验收获与体会

1. 获得知识

通过学习,说明在哪些方面的知识得到了加深和理解,如理论知识的提升,或是将以前所学知识灵活运用于问题分析中,拓展知识学习的能力。

2. 能力的提升

(1)说明信息收集能力的提升。在旅游企业会计学习中如何将所涵盖的知识点打通,通过全过程的实验,积累信息,分析比较,总结提炼。

(2)团队合作能力的提升。一个人学习可能会很慢,但是一群人学习会走得更远、学得更快。在旅游企业会计学习中,要说明小组成员之间是如何分工的,每个个体是如何发挥自己的专长的,以提高学习效率。

(3)相关办公软件运用能力。撰写实验报告,除了涉及 Excel 表格的制作,更注重将会计中的计提折旧、费用摊销、资产管理、财务分析等功能进行综合运用,能以简洁的图表展示企业的经营数据,并进行深入分析。

3. 就业的帮助

说明个人未来工作的选择方向及职业岗位,学习到了哪些方面的知识或者能力,对就业有哪些帮助。

(三)实验建议

实验建议是为了改善课程学习中教学内容的组织和教学方法的运用,而由学生个体所提出的针对性的学习建议。

(1)教学内容。教学内容编排是否合理?在实验中,你遇到哪些困难?是否通过学习得到解决?如不能解决,你认为在实验课程中应增加哪些内容?

(2)教学设计。你建议通过什么教学方式激发学生的学习兴趣?如何更好地让学生参

与项目设计、提高学生的业务操作能力?

(3)教学考核。教学考核是过程考核和结果考核相结合、小组考核与个人考核相结合。个人考核着重从旅游从业者的基本要求出发,从工作态度、工作表现、工作能力等方面进行评价,由小组成员之间的评价构成。小组考核注重的是小组实验报告的撰写质量、小组作业的完成质量、小组经营汇报。

(四)文献资料引用要求

在撰写实验报告的过程中,如引用相关资料,需要明确予以说明,参考文献建议引用不少于5篇,在正文引用处用方括号标示参考文献的编号,如[1][2][3]等,引用书籍还必须指出页码。参考文献按正文中的引用次序列出,其中:

(1)书籍的表述方式如下:

[编号]作者.书名[文献类型标识].出版地:出版社,出版年.

(2)期刊论文的表述方式如下:

[编号]作者.论文名[文献类型标识].杂志名,年,卷(期):起止页码。

(3)网上资源的表述方式如下:

[编号]作者.资源标题[文献类型标识].(更新或修改日期)[引用日期].网址.

(五)个人实验报告撰写格式要求

个人实验报告字数不少于3 000字,采购A4纸编排,由封面、目录、正文三部分构成。

(1)封面(见图11-2)。封面为固定格式,标题居中,学生按顺序填写班级、学号、姓名等,报告完成时间要填写具体的年、月、日。

(2)目录。本报告目录由实验简介、实验收获与体会、实验建议、参考文献构成,学生可以根据需要自行拟定行拟定二级、三级、四级目录,需要注意的是,在正文中显示的目录最多不超过四级。目录文字采用宋体、四号、加粗、1.5倍行距排版。

(3)正文。正文部分,除一级标题为宋体、四号加粗外,其他标题及正文均为宋体、五号。采用单倍行距排版。

三、个人实验案例的内容

实验案例是学生在完成各项模拟旅游企业会计核算中遇到的相关问题,可以选择一个案例描述问题发生的过程及其影响结果,然后结合所学知识分析问题产生的根源,运用哪些知识可以解决。最后,通过案例的分析,从中学习到哪些知识,培养了哪些方面的能力。

个人实验案例可以作为个人实验报告的补充来检验学生的学习效果,通过案例的交流和学习,发现知识盲区和实践中的不足,及时加以改进;同时可以促使学生多渠道查找资料,多角度分析问题,培养学生的探究精神。

个人实验案例采用A4纸编排,标题为黑体,三号,居中,表格内的文字为宋体、五号,单倍行距、两端对齐。个人实验案例范例如图11-3所示。

图 11-2 个人实验报告封面

班级：12024	学号：120502411	姓名：王年
一、案例介绍	介绍案例发生的经过、起因、时间、地点、人物	
2014年1月我进入上海印象旅行社工作，并担任人事总监一职。在担任人事总监一职的过程中，令我记忆最为深刻的是每周需要完成的指标性任务以及对人力成本的估算和工作人员职业技能考察等。这些工作非常的烦琐，也非常考验一个人的耐心。在工作期间令我印象最为深刻的是有一次我在完成每周例行上交的人事报表后，回头自查时发现报表里出现了几处小错误，内心十分的焦急，又联系不到负责人，怕他直接上交上去，只能亲自发邮件给他，将修改好的报表重新上传。		
二、案例分析	包括：专业成长及自我成长	
一直按照习惯机械地填写人事报表，没有认真仔细地审核，导致报表的错误。		
三、案例中所需专业知识简述	说明本案例发生过程中需要运用哪些专业知识和人文素质。	
一、专业知识 　　每张报表都需要进行审核，挽救弥补都要趁早。自查最重要。 二、人文素质 　　对报表的制作要认真仔细。不可因熟练而粗心大意。		

图 11-3 个人实验案例范例

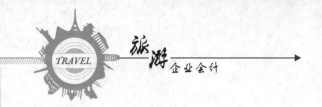

拓展阅读 财会人员能力结构的衰变与更新策略研究

第三节 撰写小组实验报告

学习引导 管理的任务

现代人类的目标和抱负,需要前所未有的努力合作才能实现。我们之所以能改造贫民区、治理污染、给予个人自我表现的机会、提高生活水平和实现社会以及个人的许多目标,全依赖于联合行动。如果个人,甚至一个群体,只想实现自给(生产他们自己所需的食物、衣着和住房),那么充其量也只能勉强维持生存。

但当人们在各种企业中联合起来,共同经营他们的资源,同众多的人或企业相互交换产品时,他们就掌握了走向共同富裕、繁荣的手段。

管理的任务就是这种合作努力得以顺利进行,这就需要管理人员把人力、机器和资金这样一些未经组织的资源转变为一个卓有实用价值的企业。

(资料来源:根据 W. H. 纽曼、小 C. E. 萨默《管理过程——概念、行为和实践》整理。)

分析思考

作为企业需要面对外部的竞争压力和内部的资金调度、人员分工、资产管理,一个人可以完成计划、组织、协调、控制等管理工作吗?

思考：
(1) 你所在旅游企业是如何分工合作开展各项工作的？
(2) 你所在旅游企业在工作中出现矛盾是如何协调解决的？
(3) 你所在旅游企业是如何撰写企业经营管理分析报告的？

一、课程分组学习基本要求

旅游企业会计课程学习在个人学习的基础上，还需要借助小组的学习与互动来高质量地完成各项分组学习任务。分组学习是一种小组合作学习的教学形式，由教师构建学习合作小组并指导学生开展合作，以发挥群体的积极作用，提高个体的学习能力和动力，完成旅游企业若干期的会计核算教学任务。

（一）分组的要求

学生分组采用自愿原则，一旦确定不得更改。每个班级分为5—6组，每组6人组成。组员分别担任总经理、销售总监、计调总监、接待总监、财务总监、人事总监职务。

（二）实训基本要求

(1) 每名学生都要参与所有的实训流程，并承担一个具体的工作岗位。
(2) 实训前要认真学习实训企业的基本资料、实训模拟的规则，明确实训目的、内容和相关要求，确保实训效果。
(3) 在实训过程中，要树立端正的实训态度和良好的团队精神。
(4) 在实训过程中要注意人身和财物的安全。
(5) 遵守实训纪律，保证按时出勤，并完成相关角色扮演；遵守国家法律法规，遵守实训教室的相关规定，听从教师安排。
(6) 做好时间管理分析、成绩比较分析、每位组员成绩评析等工作，为撰写小组实训报告做好准备工作。

二、小组实验报告的内容

小组实验报告是记录和反映小组成员之间通过模拟6年旅行社经营情况，解析国内旅游、入境旅游、出境旅游业务，从研发产品、产品上架销售、落实旅游服务采购、进行单团核算、财务成果分析中发现旅行社经营中存在的不足，通过不断优化决策、提高企业经营业绩水平。小组实验报告不仅要考核企业经营管理水平，还考核学生的团队合作能力和应变能力。由于现实企业的市场是多变的，只有具有敏锐的市场意识、灵活的应变能力和果断的决策能力，才能在瞬息万变的环境中，获取发展的机会。当然企业的发展要坚持遵纪守法、诚信经营，不能有欺诈行为。

小组实验报告由三个部分组成，包括实验企业设立及要求、实验企业财务报表编制及分析、实验企业经营管理总结及未来发展方向。

（一）实验企业设立及要求

实验企业设立及要求包含三部分内容。

1. 设立旅行社的程序及要求

本部分内容可以结合本书前面所介绍的内容进行描述。

(1) 依据《旅行社条例》说明创建旅行社的要求及程序,说明旅行社的中英文名称、Logo、企业网站、企业文化。

(2) 旅行社的组织结构设置及财务部组织结构设置。以期初创办的旅行社组织结构、财务部组织结构,以及随着学习的深入,对于旅行社组织结构及财务部组织结构的设置进行调整说明。

(3) 小组成员分工、各岗位职责及任职条件(政治思想和职业道德、知识水平、工作能力、学历、经历、职称、培训及身体素质)。

2. 旅行社会计核算和财务管理制度

(1) 旅行社核算制度,是指旅行社会计核算的基本原则和具体业务会计处理时使用的方法,如成本归集和计提的依据和方法、计算和计提折旧的方法、计算和分摊费用的依据、税费计算及缴纳方法等。

(2) 旅行社财务管理制度,是指旅行社对于货币资金管理、团队报账管理、结算业务管理、销售业务管理、接待业务管理、存货管理、固定资产管理、费用报销管理、发票管理、投资管理、融资管理、利润分配、内部控制等方面的财务管理制度。

(二) 实验企业财务报表编制及分析

1. 编制三张会计报表

旅行社设立后,开始运营,模拟实验企业——北京华新旅行社设计国内旅游、出境旅游等相关的旅游线路。学生根据该旅行社所发生的经济业务,正确编制会计分录,完成期末结转损益,编制三张会计报表(利润表、现金流量表、资产负债表)。

2. 旅行社业绩评价与分析

选择不少于两家旅行社,或虚拟标杆企业,或旅游上市公司,对它们的同期会计报表数据进行对比分析,从盈利能力、偿债能力、营运能力和发展能力四个方面对北京华新旅行社的业绩进行评价。

(三) 实验企业经营管理总结及未来发展方向

实验总结是各小组以本次模拟经营数据、财务数据为依据,在完成财务分析评价后,从企业经营情况、PDCA 循环管理及未来改进方向三个方面进行描述。

1. 企业经营情况

需要结合旅行社业务信息包括产品研发、旅游线路设计、旅游产品销售、旅游服务采购等以及根据旅行社的三张财务报表数据,对企业经营情况做总体评价。

2. PDCA 循环管理

PDCA 循环管理是由美国质量管理专家休哈特博士提出,由戴明采纳、宣传获得普及,又被称为"戴明环",这种管理办法是通过不断解决问题,总结经验,以此提升管理效率。PDCA 中 P(Plan)是指计划、D(Do)是指执行、C(Check)是指检查、A(Action)是指处理,即通过对本阶段的工作进行总结,发现不足,提出改进措施,对于未能解决的问题则放入下一个 PDCA 循环,如此周而复始,不断提升,不断改进,使管理工作更具科学性、条理性、先进性。各组需要结合 PDCA 循环管理知识分析实验中存在的不足以及改进措施及建议方案,来说明小组的时间管理、任务管理、团队协作、沟通机制、问题讨论与分析机制、组内成员个人评价机制等。

3. 未来发展方向

在总结分析的基础上,结合目前旅游行业发展趋势及国家相关的政策、经济、金融环境来说明企业未来的发展方向。

(四)小组实验报告撰写格式要求

小组实验报告字数不少于 5 000 字,采购 A4 纸编排,由封面、目录、正文三部分构成。

(1)封面(见图 11-4)。封面为固定格式,标题居中,学生按照扮演的角色,依次填写岗位名称,如总经理、财务总监、销售总监、人事总监、计调总监、接待总监。每个岗位名称旁边必须注明学生的姓名、学号,报告完成时间要填写具体的年、月、日。

图 11-4　小组实验报告封面

(2)目录。本报告目录由四个部分构成,学生可以根据需要自行拟定二级、三级、四级目录,需要注意的是,在正文中显示的目录最多不超过四级。目录文字采用宋体、四号、加粗、1.5 倍行距排版。

(3)正文。正文部分,除一级标题为宋体、四号、加粗外,其他标题及正文均为宋体、五号。采用单倍行距排版。

拓展阅读　　因素分析法在旅游企业中的运用

本章小结

本章主要介绍会计从业人员职业素养、旅游企业会计从业人员职业素养;介绍了实验报告的形式,以实际教学案例为范本介绍了个人实验报告的内容及撰写要求、小组实验报告的内容及撰写要求。

课后训练

Appendix 附 录

课后训练答案

期初建账视频

参考文献 Bibliography

[1] 陈永发.旅行社经营管理[M].2版.北京:高等教育出版社,2008.

[2] 刘爱月,王聚贤,栗惠英.旅行社经营与管理[M].北京:对外经济贸易大学出版社,2010.

[3] 中国旅行社发展现状与发展对策研究课题组.中国旅行社发展现状与发展对策研究[M].北京:旅游教育出版社,2002.

[4] 梁智.旅行社运行与管理[M].7版.大连:东北财经大学出版社,2020.

[5] 高翠莲.会计制度设计[M].北京:高等教育出版社,2018.

[6] 李亚利,张慧凤.旅游会计[M].天津:南开大学出版社,1998.

[7] 汪传才.旅行社质量保证金制度的重构[J].旅游学刊,2006(3).

[8] 姚延波,胡宇橙,张建梅,等.旅行社经营管理[M].北京:北京师范大学出版社,2010.

[9] 郑红,张踏青.财务部操作实务[M].北京:旅游教育出版社,2006.

[10] 国家税务总局.企业所得税管理操作指南(2013年版):旅行社[M].北京:中国税务出版社,2014.

[11] 国家旅游局人事劳动教育司.旅行社经营管理[M].2版.北京:旅游教育出版社,2006.

[12] 张静,何守伦.旅行社经营管理实务[M].2版.北京:机械工业出版社,2021.

[13] 代义国.旅行社会计真账实训[M].广州:广东经济出版社,2012.

[14] 陆勇.旅游会计学[M].天津:南开大学出版社,2015.

[15] 黄启国.行业会计比较[M].6版.北京:高等教育出版社,2019.

[16] 庞世明.中国旅行社业的增长与结构[M].北京:旅游教育出版社,2019.

[17] 郝慧娟.旅行社和服务采购现状与管理对策[J].平原大学学报,2007(6).

[18] 严天秀,马丹.亮出成本遏制"不合理低价游"[N].昆明日报,2021-7-11.

[19] 高玉娟.浅谈旅行社采购业务的内控管理[J].中国集体经济,2016(4).

[20] 中国旅行社协会法律工作委员会.旅行社常见疑难法律问题[M].3版.北京:中国旅游出版社,2015.

[21] 财政部会计资格评价中心.2021年度全国会计专业技术资格考试辅导教材财务管理[M].北京:经济科学出版社,2021.

[22] 洪颖晨.基于价值链的JZL旅行社作业成本管理研究[D].南昌:华东交通大学,2017.

[23] 崔九九.旅行社成本费用控制的探讨[J].市场研究,2014(12).
[24] 许桂芳.旅行社全面成本管理研究[J].财经界,2018(36).
[25] 段九利.旅游企业财务管理[M].2版.北京:中国旅游出版社,2016.
[26] 李伟,代冰彬.中外旅游企业财务案例分析[M].北京:旅游教育出版社,2014.
[27] 喻祥明.旅行社财务总监实战手册[M].北京:中国旅游出版社,2014.
[28] 钟丽娟,韩瑞,王丽飞.旅行社成本核算与控制[M].北京:清华大学出版社,2013.
[29] 喻祥明,陈建敏.积极规避入境游中的汇率风险[N].中国旅游报,2003-01-20.
[30] 中国注册会计师协会组织.税法[M].北京:中国财政经济出版社,2022.
[31] 中国注册会计师协会组织.会计[M].北京:中国财政经济出版社,2022.
[32] 中华人民共和国财政部.企业会计准则应用指南:2022年版[M].上海:立信会计出版社,2022.
[33] 孙延锋.浅析将银行承兑汇票纳入现金流量表列报的意义[J].冶金财会,2021(6).
[34] 杨松令.设立"现金保障天数"常态化财务分析指标探究——兼论现金基础财务分析指标的重要性[J].会计之友,2021(2).
[35] 林玲.从项目勾稽关系识别财务报表的异常[J].财会月刊,2020(5).
[36] 王媛.中国旅游上市公司环境信息披露研究[J].旅游论坛,2012(6).
[37] 田成瑞,卫琪琛.浅析旅游企业财务分析方法之杜邦分析法[J].财会学习,2016(14).
[38] 朱珊珊.基于公司战略的旅游行业上市公司财务分析——以众信旅游为例[J].财会月刊,2020(S1).
[39] 石冬莲,王博.全球哈佛分析框架:文献综述与研究展望[J].财会月刊,2019(11).
[40] 财政部会计资格评价中心.中级会计实务[M].北京:经济科学出版社,2021.
[41] 财政部会计资格评价中心.高级会计实务[M].北京:经济科学出版,2021.
[42] 邓曦涛.长城香山之旅"缺斤少两"[N].华东旅游报,2006-6-22.
[43] 刘理.旅游企业会计核算工作研究[J].当代会计,2019(3).
[44] W.H.纽曼,小C.E.萨默.管理过程——概念、行为和实践[M].李柱流,译.北京:中国社会科学出版社,1995.
[45] 刘霄峰.财会人员能力结构的衰变与更新策略研究[J].财会学习,2021(4).

教学支持说明

高等院校应用型人才培养"十四五"规划旅游管理类系列教材系华中科技大学出版社"十四五"规划重点教材。

为了改善教学效果,提高教材的使用效率,满足高校授课教师的教学需求,本套教材备有与纸质教材配套的教学课件(PPT 电子教案)和拓展资源(案例库、习题库视频等)。

为保证本教学课件及相关教学资料仅为教材使用者所得,我们将向使用本套教材的高校授课教师免费赠送教学课件或者相关教学资料,烦请授课教师通过电话、邮件或加入旅游专家俱乐部 QQ 群等方式与我们联系,获取"电子资源申请表"文档并认真准确填写后发给我们,我们的联系方式如下:

地址:湖北省武汉市东湖新技术开发区华工科技园华工园六路

邮编:430223

电话:027-81321911

传真:027-81321917

E-mail:lyzjjlb@163.com

旅游专家俱乐部 QQ 群号:758712998

旅游专家俱乐部 QQ 群二维码:

群名称:旅游专家俱乐部5群
群　号:758712998

电子资源申请表

填表时间：_____ 年 ___ 月 ___ 日

1. 以下内容请教师按实际情况写，★为必填项。
2. 相关内容可以酌情调整提交。

★姓名		★性别	□男 □女	出生年月		★职务	
						★职称	□教授 □副教授 □讲师 □助教
★学校				★院/系			
★教研室				★专业			
★办公电话			家庭电话			★移动电话	
★E-mail（请填写清晰）						★QQ号/微信号	
★联系地址						★邮编	
★现在主授课程情况		学生人数		教材所属出版社		教材满意度	
课程一						□满意 □一般 □不满意	
课程二						□满意 □一般 □不满意	
课程三						□满意 □一般 □不满意	
其他						□满意 □一般 □不满意	
教材出版信息							
方向一			□准备写 □写作中 □已成稿 □已出版待修订 □有讲义				
方向二			□准备写 □写作中 □已成稿 □已出版待修订 □有讲义				
方向三			□准备写 □写作中 □已成稿 □已出版待修订 □有讲义				

　　请教师认真填写表格下列内容，提供索取课件配套教材的相关信息，我社根据每位教师填表信息的完整性、授课情况与索取课件的相关性，以及教材使用的情况赠送教材的配套课件及相关教学资源。

ISBN（书号）	书名	作者	索取课件简要说明	学生人数（如选作教材）
			□教学　□参考	
			□教学　□参考	

★您对与课件配套的纸质教材的意见和建议，希望提供哪些配套教学资源：